U0586843

『通古察今』系列丛书

守正开新：新时代历史文献学的研究与发展

周少川 著

河南人民出版社

图书在版编目（CIP）数据

守正开新：新时代历史文献学的研究与发展 / 周少川著. — 郑州：河南人民出版社，2023.3（2024.1重印）
（"通古察今"系列丛书）
ISBN 978-7-215-13041-8

Ⅰ. ①守… Ⅱ. ①周… Ⅲ. ①史籍-文献学-研究-中国 Ⅳ. ①G257.35

中国版本图书馆 CIP 数据核字（2022）第 247853 号

河南人民出版社 出版发行
（地址：郑州市郑东新区祥盛街27号 邮政编码：450016 电话：65788072）
新华书店经销　　　　　　　　永清县晔盛亚胶印有限公司印刷
开本　787 毫米×1092 毫米　　　1/32　　　印张　11.75
字数　165 千字
2023 年 3 月第 1 版　　　　　　2024 年 1 月第 2 次印刷

定价：62.00 元

"通古察今"系列丛书编辑委员会

序　言

　　在北京师范大学的百余年发展历程中，历史学科始终占有重要地位。经过几代人的不懈努力，今天的北京师范大学历史学院业已成为史学研究的重要基地，是国家首批博士学位一级学科授予权单位，拥有国家重点学科、博士后流动站、教育部人文社会科学重点研究基地等一系列学术平台，综合实力居全国高校历史学科前列。目前被列入国家一流大学一流学科建设行列，正在向世界一流学科迈进。在教学方面，历史学院的课程改革、教材编纂、教书育人，都取得了显著的成绩，曾荣获国家教学改革成果一等奖。在科学研究方面，同样取得了令人瞩目的成就，在出版了由白寿彝教授任总主编、被学术界誉为"20世纪中国史学的压轴之作"的多卷本《中国通史》后，一批底蕴深厚、质量高超的学术论著相继问世，如八卷本《中国文化发展史》、二十卷本"中国古代社会和政治研究丛书"、三卷本《清代理学史》、五卷本《历史文化认同与中国统一多民族国家》、二十三卷本《陈垣全集》，以及《历史视野下的中华民族精神》《中西古代历史、史学与理论比较研究》《上博简〈诗论〉研究》等，这些著作皆声誉卓著，在学界产生较大影响，得到同行普遍好评。

除上述著作外，历史学院的教师们潜心学术，以探索精神攻关，又陆续取得了众多具有原创性的成果，在历史学各分支学科的研究上连创佳绩，始终处在学科前沿。为了集中展示历史学院的这些探索性成果，我们组织编写了这套"通古察今"系列丛书。丛书所收著作多以问题为导向，集中解决古今中外历史上值得关注的重要学术问题，篇幅虽小，然问题意识明显，学术视野尤为开阔。希冀它的出版，在促进北京师范大学历史学科更好发展的同时，为学术界乃至全社会贡献一批真正立得住的学术佳作。

当然，作为探索性的系列丛书，不成熟乃至疏漏之处在所难免，还望学界同人不吝赐教。

北京师范大学历史学院
北京师范大学史学理论与史学史研究中心
北京师范大学"通古察今"系列丛书编辑委员会
2019 年 1 月

目　录

前　言 \ 1

　　一、加强理论建设，推动持续发展 \ 2

　　二、把握科技发展，促进方法创新 \ 4

　　三、贯彻"双创"方针，体现中国风格 \ 7

我国古代典籍的产生 \ 10

　　一、典籍产生的传说 \ 10

　　二、典籍的概念及其构成 \ 13

　　三、早期典籍的产生 \ 17

　　四、正式典籍的产生 \ 24

胡三省的史学思想和文献考辨方法 \ 33

　　一、强调经史并重和历史借鉴 \ 36

　　二、以心性之学求盛衰之理 \ 42

三、阐发强烈的故国思绪和民族意识 \ 47

四、文献考辨的方法与评说 \ 52

《经世大典》辑佚考论 \ 64

一、《经世大典》的编纂体例及特征 \ 65

二、《经世大典》辑佚和研究的学术史观照 \ 81

三、《经世大典》佚文的收辑与考证 \ 97

四、《经世大典》类目体系的恢复及佚文编排 \ 118

钱大昕的目录学 \ 137

一、研究、整理古代目录 \ 138

二、揭示、考订各类典籍 \ 146

三、编撰《补元史艺文志》\ 151

百年古籍整理与古文献学的历史性发展 \ 158

一、民国时期：古籍整理与古文献学研究的初兴 \ 159

二、新中国前三十年：古籍整理与古文献学研究的
渐进 \ 165

三、改革开放以来：走向繁荣的古籍整理事业 \ 167

四、近三十年古籍整理的特点和古文献学科的发展 \ 173

论文化传承与《潮汕全书》的编纂 \ 178

一、潮汕文化与文献的深厚积累 \ 179

二、编纂《潮汕全书》的必要性和重要性 \ 184

三、《潮汕全书》的内容框架与编纂思路 \ 192

新世纪古文献学研究的交叉与综合 \ 200

一、新世纪古文献整理研究的新成就 \ 201

二、古文献学研究的交叉与综合 \ 204

21 世纪以来历史文献学学科建设的内涵与发展向度 \ 222

一、历史文献学学科建设的历史 \ 223

二、历史文献学学科建设的内涵 \ 226

三、历史文献学学科发展的向度 \ 234

整理古籍与弘扬优秀传统文化 \ 240

一、古籍是中华文明的宝贵遗产 \ 240

二、古籍整理是传承创新传统文化的重要途径 \ 242

三、古籍整理要加强理论和规范建设 \ 245

无愧于时代　无愧于后代

　　——论白寿彝先生对古籍整理事业与历史文献

　　　　学科建设的贡献 \ 248

　　一、古籍整理实践和历史文献学研究的建树 \ 249

　　二、推动古籍整理事业的发展 \ 261

　　三、古籍整理理论的阐发 \ 279

　　四、从历史文献学到"广文献学" \ 292

张舜徽先生在新时期对文献学学科建设的贡献 \ 307

　　一、文献学学科深层理念的阐发 \ 308

　　二、文献学学科体系的建构 \ 316

　　三、文献学学科建设的实践 \ 325

饶宗颐先生对潮汕历史文献的发掘与研究 \ 335

　　一、网罗乡邦文献，为潮学研究奠基 \ 336

　　二、不断拓展乡邦文献的收集和研究范围 \ 345

　　三、文献考辨：为潮学开路，供后学取法 \ 355

前　言

　　进入 21 世纪，随着我国综合国力的不断增强，人民文化需求的不断提高，人们越来越认识到，实现中华民族伟大复兴的中国梦，需要强大的精神力量作为支撑，没有中华文化的繁荣昌盛，没有全国人民精神生活的极大丰富，没有中华民族精神力量的不断增强，就没有中华民族的伟大复兴，在实现民族伟大复兴的征程中，需要中华优秀传统文化的滋养和支撑。中华典籍是记录中华优秀传统文化思想成果、具体内涵的重要载体，而历史文献学或曰古文献学则是传承、研究、发展优秀传统文化的重要学科，它通过古籍整理的实践工作，创造性地转化古籍文献的内容，使之成为当代文化建设的丰富资源。

　　近十年来，随着中华民族伟大复兴事业对于传承发展优秀传统文化越来越迫切的需求，随着当代学术研究和科学技术的高速发展，古籍整理事业与历史文献学承担着越来越多的文化建设重任，既面临发展机遇又要迎接新的挑战。那么，历史文献学如何紧跟时代，与时俱进，守正创新呢？以下可以从理论、实践和学科建设等几个维度来思考。

一、加强理论建设，推动持续发展

对于古籍整理和历史文献学的理论建设，历来有一种偏见，认为古籍整理与文献学研究只有方法，没有理论，也不需要理论。也可能受此影响，多年来古籍整理与历史文献学的理论建设是比较薄弱的。这种现象必须改变，因为从根本上讲，历史文献学研究和古籍整理实践，如果没有理论总结，就不可能有本质的、规律性的认识和系统化的积淀，也不可能有持续的传承发展。众所周知，中国古代的校勘成就显著，尤其是清代的乾嘉考据，更是硕果累累。然而，对于校勘之学则未有系统的学理总结。陈垣在《元典章校补释例》中，用近代科学的理论，将校勘方法概括为对校、本校、他校、理校的"校勘四法"，使得校勘学成为一门可以传承，并借以不断创新的专学。由此可见，理论建设并不是苍白空洞的说教，而是有血有肉、实实在在的法门。因此，必须加强理论和方法的总结，为历史文献学和古籍整理的持续发展奠定基础。20世纪以来的古籍整理实践积累了丰富的经验，应该把实践中的理性认识系统归纳，提升到理论层面。比如，要从古籍整理的性质、发展方向和时代要求的高度认识其意义；说明开展古籍整理所必备的前提和条件；要从时代发展的需要，领会和把握"创造性转化，创新性发展"的原则；要从学理上阐析各类整理方式的目的和功用、程序和方法、具体的学术标准和要求；从古籍整理的成功案例中梳理值得借鉴的技术和方法，作方法论上的总结，充实到历史文献学的学科内容中去。那种认为文献学研究和古籍整理只是技术，不需要理论的想法应该予以纠正。那种把理论探索只局限于文和献、历史文献和古典文献等名词解释的反复纠缠，亦可休矣。理论研究应深入到学科原理、性质、体系、研究对象、任务、程序、方法、规则等学理范畴的建设。古籍整理与历史文献学科的理论总结与提升，任重道远，仍应该引起充分的重视。

二、把握科技发展，促进方法创新

我国政治、经济、文化的不断繁荣为古籍整理事业与历史文献学科提供了新的发展机遇，科学技术的突飞猛进，特别是古籍数字化更是为之开辟了发展的广阔前景。因此古籍整理和历史文献学科应把握科技发展新态势，开发利用新技术，开展方法和理论的大创新。

20世纪80年代末到90年代初，我国的古籍文献数字化才刚刚发展，仅仅过去不到十年，21世纪初我国的古籍数字化就发生了根本性变化，出现了《国学宝典》《中国基本古籍库》《瀚堂典藏》等具有多种功能的大型古籍数据库；爱如生、书同文、国学时代等古籍数字化企业也具备了强大的开发和竞争的能力。公共图书馆的古籍数字化和线上阅览，成绩更为显著。以国家图书馆的线上阅览而言，不仅可以看到国内许多原来深阁秘藏的珍贵古籍，而且可以看到美国哈佛、日本东京等多处收藏的中文古籍善本。

　　当前古籍数字化已为古籍的存储、检索、传输、复制、整理提供了极大的便利，古籍数字化的发展对于古籍整理和历史文献学研究也带来方法上的革命。比如，随着信息处理功能的不断提高，有不少新技术可用于简牍字迹的辨认、古书版本的鉴别、古籍碎片的拼缀。而且，已经出现了计算机的联机自动校勘软件，在古籍数据库建设中实现了对古籍的自动校勘、校勘记的自动形成。又如，计算机对古籍自动标点的技术也已经取得明显成绩，首都师范大学电子文献研究所研制的古籍自动标点技术使用前沿的人工智能算法，在若干次演示中其自动标点的准确率超过99%。一些机构也正在研究计算机对古籍的自动辑佚、注释、翻译技术。这些方法的革新将为古籍整理和历史文献研究带来全新的发展前景。

　　应该注意到，古籍的数字化技术对于历史文献学也带来许多新的理念。古籍数字化的新成果、新技术，要求历史文献学给予及时的归纳和总结。首先，从文献学科来讲，可以说已经出现了数字文献学，应该把它作为一个特色学科来建设。其次，在文献载体材质上，文献生产的研究应该更多地重视电子文献这一类型。再次，在目录学的书目著录上，由于大量的古籍电子数据库出现，其技术不断成熟、功能越来越多、产品质量也越来越高，如产出《国学宝典》的电子公司提出建设古籍数据库的"定本工程"，要求一些数据库的质量要达到零差错率，因此古籍著录应考虑增加新的分类，著录一批流通广泛、使用频繁的优秀古籍数据库。如《中国基本古籍库》《瀚堂典藏》《国学宝典》等应属于多功能的综合古籍电子丛书；而像敦煌、家谱、方志等特色数据库，则应属于专类古籍电子丛书。版本学方面，不仅在传统的古籍版本中要增加电子版类型，而且在电子版中又可根据产出机构的不同而分类，还可根据古籍数字化的不同途径分为图像版、文字版或图文版等类型。至于校勘学、文献的 e 考据等，都可依据已有的新技术，总结出文献考校的新方法和新途径，深化历史文献学的研究，拓展学科的前沿视域。因此，今后历史文献学的教材要认真加以修订，为古籍数字化的发展和学理总结，增加大篇幅的内容。

当然，在重视科技发展对于学科影响的同时，也要注意警惕技术对于人的异化。要保持历史文献学科基本学理的定性，防止在网络的海量文献中陷入信息混乱，造成研究方向的迷失，甚至丧失对于文献材料的正确判断。比如，因为数字化、网络化的大功能检索，古籍辑佚现在好像成为一件易事，有人甚至随意拼凑材料，就声称已经完成了一些重要经典的辑佚，这就不是真正意义上的古籍辑佚。在高速发展的科技面前，古籍整理业界和历史文献学科仍然要坚持人的主导作用，用历史文献学的新理念去开发数字化科技，严格学术标准和学理规范。以古籍辑佚而言，汇辑佚文要严格判明文献的来源、文献的版本，严守辑佚学的规范，尽量恢复古籍原貌，而不是重编古籍，或生拼硬凑。

三、贯彻"双创"方针，体现中国风格

党的十八大以来，以习近平总书记为核心的党中央高度重视传承发展中华优秀传统文化，习总书记就此发表了一系列重要讲话，阐发了许多新思想新观点新论断，特别是提出了在传承发展优秀传统文化时，要坚持创造性转化和创新性发展的"双创"方针。古籍是传统文化的重要载体，古籍整理是弘扬中华优秀

传统文化的基础工程，因此习总书记说要让"书写在古籍里的文字都活起来"。历史文献学的研究和实践要以习总书记的系列重要讲话为理论指导，贯彻"双创"方针，一方面要从服务国家战略、保护国家文化安全的高度做好古籍保护和整理；另一方面要通过现代的表达方式，把深奥的古籍转化为人们喜闻乐见、易于接受的文本，从而丰富人民群众的精神生活，为新文化的建设提供资源。

历史文献学不仅要通过古籍整理服务现实，更要进一步总结历代文献学研究的重要成就，传承弘扬我国古文献学的优良传统，形成具有中国特色的话语体系，促进历史文献学的学科建设。

习近平总书记在哲学社会科学工作座谈会上号召哲学社会科学要建设有中国特色的学术体系、学科体系和话语体系。中国历史文献学源远流长、历史悠久，自孔子时就开始了文献整理考辨工作，历经数千年的积累沉淀，形成了"辨章学术，考镜源流""博采慎择，无征不信""言之有据，实事求是"的优良学术传统。因此，历史文献学是一门独具中国特色的古老学科，对我国人文社会学科的许多概念、术语、定义和演绎，有自身的表述方式。历史文献学要进一步总结这一优良传统的精神实质和具体内涵，深化学科的基本理念、充实学科内容，形成历史文献学科具有中国特色的学术体系、学科体系和话语体系，推进专业化研究，将其建设成为具有中国特色、中国风格、中国气派的人文社会学科。

　　为了探索历史文献学的守正开新，现将本人有关历史文献学研究的一些论文汇编成册，其内容包括历史文献、历史文献学和古籍整理的发展史，历史文献学、古籍整理的前沿动态与发展方向，历史文献学与古籍整理名家等几方面的研究，以作抛砖引玉。不足和谬误之处，敬祈方家赐正。

我国古代典籍的产生

　　中国古代典籍浩如烟海，源远流长，它是保障中华民族数千年文明不曾间断的重要载体，也是炎黄子孙承继文化传统的历史依据。中国古代典籍的产生经历了一个漫长渐进的过程，其早期形态也比较复杂，如何界定古代典籍的范畴与构成，了解古代典籍产生的历程，是我们传承发展中华传统文化时必须关注的课题。

一、典籍产生的传说

　　《周易·系辞上》说典籍出于"河图""洛书"，这是比较古老的一种说法。《汉书·艺文志序》也说："《易》曰：'河出图，洛出书，圣人则之。'故《书》所起远矣。"

汉朝人认为，伏羲时有龙马出于黄河，身有纹路，伏羲照样描画下来而成八卦。夏禹时有神龟出于洛水，背有文字，大禹据此演为《洪范》，所以《洪范》也称《洛书》。"河图洛书"的作者和内容，在解说《易经》的经书及子部的五行谶纬书中有许多说法，各不相同；宋人也有多种图画，但差异很大；清代学者胡渭的《易图辨》曾经加以辨伪。所以，用"河图洛书"来解释典籍的起源，只是古人的一种传说。

　　又有传说，早在"三皇五帝"的远古时代，我国典籍便已产生，"三坟""五典""八索""九丘"就是几种最早古书的名字。《左传·昭公十二年》曰："楚子狩于州来，左史倚相趋过。王曰：'是良史也，是能读《三坟》《五典》《八索》《九丘》。'"这段文字记载楚王夸奖倚相，说他是个有学问的史官，能读懂《三坟》等远古的典籍。伪西汉孔安国《尚书序》中解释说，《三坟》是伏羲、神农、黄帝等三皇的典籍，"言大道也"；《五典》是少昊、颛顼、高辛、帝尧、虞舜等五帝的典籍，"言常道也"；《八索》是八卦书；《九丘》是九州志书。不过孔安国并未说他见过这几种书，记录西汉时典籍的《汉书·艺文志》中也无这些典籍的记载。流传至今的古籍中，虽然也有名为《三坟》《五典》《八索》《九丘》的典籍，但早已被学者考定为伪造之书。至于我国远古的"三皇五帝"人物及时代，古代有各种各样的说法，目前文献考证及考古发掘的结果还不能证明确有"三皇五帝"人物的真实存在，"三皇五帝"时代只是对我国原始社会军事部落制度的传说。因此，以《三坟》《五典》《八索》《九丘》作为我国典籍之始也是不可信的。这种传说只不过反映了我国典籍产生的久远而已。

应该说，我国典籍的产生是古代社会文明进步发展的必然产物，典籍并非某位圣贤的独创，更不是天赐神书，典籍的产生是古代先民为了生产实践和社会实践的需要而发明创造出来的，它的产生有一个漫长的过程。由于远古文明初创，记载缺乏，这一过程的具体史实已不清晰，因此，探寻我国典籍产生的轨迹，还有赖于对各种文献的间接记载和考古发掘的实物进行综合考察。

二、典籍的概念及其构成

（一）典籍的概念

典籍之"典"，甲骨文作"𢁉"[1]，会意造字，作双手或单手捧册之状。金文的"𢁉"[2]与《说文解字》中的小篆"𤮺"比较相似，许慎在《说文解字》中说："典，五帝之书也。从册在丌上，尊阁之也。"丌是放书的底座或几案，将册子置于几案上或者以手捧册，皆有尊奉之意。《尚书》中有《尧典》，记述了古代君王尧训示臣民的言论和治国的法度，可知"典"是指记载法则、制度的重要文献。"籍"字出现较晚，未见甲骨文和金文，《说文解字》的小篆作"籍"，曰："籍，簿也，从竹，耤声。"即簿册、书册之意。

典籍二字联起来并作为一种名称大概始于战国时

[1] 郭若愚编集《殷契拾掇》初编图版四五〇，上海古籍出版社 2005 年版，第 77 页。

[2] 见《殷周金文集成》4293 "六年召伯虎簋"，中华书局 2007 年修订增补版，第 2638 页。

期,《孟子·告子下》曰:"诸侯之地方百里,不百里,不足以守宗庙之典籍。"《左传·昭公十五年》曰:"昔尔高祖伯黶,司晋之典籍,以为大政,故曰籍氏。"这里的典籍,或指先祖法度,或指国家典制。典籍的合称仍然包括了"典"的含义,指记载法则、制度等重要的书籍。只是到了汉代以后,典籍才用作各种书籍的统称。《后汉书·崔寔传》称崔寔"少沈静,好典籍"。《三国志·蜀书·谯周传》记载谯周耽古好学,以读书为乐,"诵读典籍,欣然独笑,以忘寝食"。此处"典籍"所用,便与当今泛指一切图书的意义相同了。

何谓典籍?仅仅依靠辞义的诠释自然是远远不够的,要想揭示典籍的实质还必须深入探讨我国古代文献中,典籍这一文化载体的具体构成;认识历史文化发展长河中,典籍这一文化产品所具的特征。

(二)典籍的构成

中华民族传统文化的内涵极其丰富,它既存在于民族的政治、经济、文化生活中,也存在于大量的文化遗存中。而文化载体是多样的,石器、玉器、甲骨、青铜器、秦砖汉瓦、竹简木牍、缣帛纸张都是形态与内涵各异的文化载体。典籍的构成必然具备若干特异的基本要素，这要通过文献学的学理来进行分析。

首先，典籍是用文字书写的，因此文字的形成是产生典籍的先决条件。

记载信息的完整性和系统性是构成典籍的第二个重要因素。典籍是人类文明发展到一定阶段的产物，文字的产生并不意味着典籍的产生。起初，文字写在各种材料上，往往只是对一事一物的简单记录，这样的记录材料只能统称之为文献，因为它并未形成某种知识体系。比如，商朝武丁时期的一片龟甲上锲刻的卜辞说："乙巳卜穀贞，王大令众人曰协田。其受年？十一月。"[1] 它的意思是：乙巳这一天占卜，史官穀问道："商王下了命令，叫平民们一起去种田。有好收成吗？"十一月是占卜的月份，这是一条有关农业生产的卜辞，有时间、人物、事件的记载，可以看出商代对于农业的重视及当时农耕采用了协田即集体耕作的形式。但由于它仅仅是对一时一事的零散记载，所以只能是单篇文献，还不能称之为典籍。这种单篇文献

---

[1] 郭沫若：《殷契粹编》八六六，见《郭沫若全集·考古编》第三卷，科学出版社 1982 年版，第 177 页。

只有在成批汇集，形成有逻辑性的档案时，才具备典籍的性质。

典籍的产生需要人类文明发展有一定的积累，当人们对自然和社会的认识逐步增加和累积，并通过有目的地总结，形成一定的知识体系以后，典籍的产生才成为可能。因此，典籍凝聚知识信息的系统性是与单篇文献的零星记载有根本区别的。

编连成册的形式是典籍构成的第三个重要因素，许慎在《说文解字》中引用庄都的话说："典，大册也。"指出典籍的外部形状是册子。"册"在甲骨文中作"卌" [1]，象形造字，如甲骨联缀之形。这些都说明自古典籍就有编连成册的形式。

典籍的形式是与内容相互联系的。随着人类对自然与自身认识的深化和发展，文字记录的内容由简单到复杂，独立单位的载体材料已不能容纳逐渐增多的记录内容，于是必须产生集合形式的载体材料来记录有关内容；或者，独立单位的载体所记录的内容必须有意识地排列组合，形成有系统的记录内容，这就产

---

[1] 金祖同：《殷契遗珠》一二〇八，中法文化出版委员会1939年版，卷下叶56b。

生了编连成册的典籍形式。特定的事物总是具有特定的形式，典籍正是依靠编连成册的形式区别于其他文献材料的。例如，我们前边提到的单片的甲骨文献，它与典籍的差别，不仅可以在内容体系上区分，也可在载体形式上区分。

认识典籍的构成其实便掌握了确定典籍的标准，确定典籍的标准是很重要的，它可以帮助我们区分典籍与其他文献，从而划定研究的范围，较为准确地判断典籍的产生。

三、早期典籍的产生

（一）文字的产生

典籍产生的基本条件是要有成熟的文字，那么中国的汉字是如何产生的呢？仓颉造字的传说在古代比较流行。战国后期的《吕氏春秋·君守篇》说："奚仲作车，仓颉作书，后稷作稼，皋陶作刑，昆吾作陶，夏鲧作城，此六人者，所作当矣。"这里的"书"，指的是文字。东汉许慎进一步说："黄帝之史仓颉，见鸟兽蹄远之迹，知分理之可相别异也，初造书契。""仓颉之初作书，盖依类象形，故谓之文，其后形声相益，即谓之字。"[1]这些说法也大多有传说的成分，不一定完全可信。因为文字绝不会是由个别人创造出来的，文字应该是古代先民不断创造积累的结果，其产生也有一个较长的过程。当然，不能否认有个别人在文字产生中起较重要的作用。《荀子·解蔽》中说："古之好书者众矣，仓颉独传者，壹也。"这话说得比较客观。荀子认为古来喜欢书写文字的人很多，但都没有传下来。仓颉的字之所以传下来，是因为他用心专一，字写得比别人好。这恐怕比较符合历史事实。

近代人类学与民族学的研究成果表明，各民族在自己产生繁衍的过程中，储存交流信息的手段大致经历了实物、图画、符号、文字记事等几个基本阶段。当然，随着现代科学技术的发展，人类信息传递与储存的手段已日新月异，不可限量了，这当是留待学者们深入总结的新课题。从中华民族的发展历史来看，汉文字产生以前，也大致经历了以上所说的几个基本

---

[1] 许慎：《说文解字》，中华书局 1963 年版，第 314 页。

阶段。结绳是我国远古先民实物记事的主要形式。《周易·系辞下》曰："上古结绳而治，后世圣人易之以书契。"《周易正义》引东汉郑玄的注释说："古者无文字，其有约誓之事，事大大其绳，事小小其绳，结之多少，随物众寡，各执以相考，亦足以相治也。"这些记载说明远古先祖曾以结绳作为实物记事的方法，来记载史事，传递信息，20世纪50年代的民族调查报告也表明，我国一些少数民族如云南的彝族、哈尼族等，仍保留下结绳记事的一些实物。此外，云南佤族还保存下来刻木记事的例证，就是在一些长木板上，刻下深浅不同的缺口，表示历年发生过的大小事件，以帮助记忆，再由族中耆老负责解释，代代相传。

我国古代学者很早就认为在文字产生之前图画曾经起过类似于文字的作用。《易·通卦验》曰："宓牺方牙苍精作《易》，无书，以画事。"这就是说，在文字产生之前，伏羲作《易》，是以图画的形象来表达他的思想的。在我国的北方和南方，都有大量的古代岩画遗址留存，有的历史非常久远。比如，1987年我国考古学者在西北贺兰山东麓发现了岩画1万多幅，刻画时间最早的应在商周时期，其丰富的内容反映了古

代贺兰山游牧民族在文字发明之前运用图画记载社会
生活和宗教习俗的情况。[1] 民族学研究成果证明，云
南纳西族就使用过图画文字，他们用图画文字书写的
典籍至今还有大量的遗存。这也证明图画曾是很多种
文字产生的前身。

　　某些图画为更多人所熟悉所共识之后，其笔画结
构就开始简化，这就出现了符号。在河南舞阳贾湖地
区出土了 8000 年前的龟甲，其上的契刻符号，有的
已类似殷墟甲骨文字；在仰韶文化早期的西安半坡遗
址和临潼姜寨遗址，出土了一批 6000 年前的土陶器，
上面刻画了一些几何形符号；在属于山东大汶口文化
晚期的莒县陵阳河和大朱村遗址，出土了一批 4000
年以前的土陶器上，则刻画了一些象形符号，它们都
是我国原始文字的先驱。

　　在文字产生以前的实物记事、图画记事及符号记
事，虽然也能表意，但是由于每一独立表意单位的构
成繁琐，包含的信息量少，很难表达复杂的事物；更
由于实物记事、图画记事和符号记事表意的不稳定性，

---

[1] 《光明日报》1993 年 8 月 21 日。

所以它们不可能成为记录知识信息的理想手段，只有相对成熟的文字，才能准确地代表事物及其相互关系，为人们共同理解和接受，因此，文字是典籍构成的重要前提和因素之一。

目前已知最早的较为定型的汉字是1899年从河南安阳发现的大批甲骨文字。

河南安阳是殷商王朝的都城遗址，从这里出土的甲骨，上面刻有文字，这些文字被称为甲骨文。甲骨指龟的腹甲或背甲和牛的肩胛骨，有时也用羊、猪或鹿的肩胛骨，这些甲骨多是殷人占卜的遗物。在殷商时代，崇拜祖先神和自然神的原始宗教占意识形态的统治地位，因此殷人有疑难事情或进行重大活动都要求神占卜，烧灼龟甲、兽骨，看上面出现的裂痕，以预卜事件的凶吉成败。甲骨上所刻的文字是对占卜的记载，这些甲骨卜辞为后人研究上古文化提供了丰富的材料。目前发现的刻字甲骨已有15万余片，总计出现的单字约5000字，这些文字基本上收录在郭沫若主编的《甲骨文合集》和胡厚宣主编的《甲骨文合集补编》里。

（二）完整性、系统性的甲骨窖藏

一片甲骨上的文字少则几个或几十，多则达100余字，这些卜辞的内容非常广泛，涉及征伐、狩猎、畜牧、农耕、祭祀及灾害、疾病、气象、地理等方面，全面反映了商代社会经济史、生活史、政治史、思想史面貌。从实地发掘的情况看，殷人对于某些甲骨的存储是堆置有序的，如有的是以某个商王的卜辞存于一个窖穴，这说明当时从事记言说事的丞、史在记录占卜情况后，曾将卜辞作为档案进行保存以备查检。这些累积保存的甲骨卜辞可以提供系列的档案材料，反映了一些相对完整、系统的信息。

（三）甲骨的编连

考古发掘的甲骨卜辞还存在有数片编连的情况。骨片的编连体现在"骨臼刻辞"上，这类刻辞在郭沫若的《殷契粹编》和容庚的《殷契卜辞》中有许多著录。郭沫若在他的书中认为骨臼刻辞与其他贞卜之辞不同，其性质类如后人所标的书签卡片，即将若干骨片打包编集后在其中的一支骨臼上刻辞标明编连的情况。如容庚《殷契卜辞》第 68 臼刻辞"己丑，羊立示，六个，岳"。就写明在"己丑"这个日子里，整理者经过检视，将 6 个单位的骨片编集在一起。"岳"则是卜辞原作者的名字。

龟甲的编连则体现在"龟尾刻辞"上，例如在安阳小屯村 YH127 坑出土的占卜龟甲靠近尾部处，记有"三册，册凡三"一辞，即说明这批龟甲原来是有 9 版集合在一起的。[1] 董作宾先生在《商代龟卜之推测》一文中说道，有一次他在整理发掘的甲骨时，发现有两块龟版粘在一起，揭而视之，见龟版的尾右角处，有"册六"二字，甲尾的梢上断处有孔，孔已残缺。据此发现，董氏推知此甲完整时，应在一编册之中，是全册 6 版中的一版，其孔正是为贯穿编连所用。[2]

甲骨文书的记录内容与编连痕迹表明，这些档案材料已经基本具备了典籍构成的三要素，这说明在这些甲骨文所处的商代中期，我国早期典籍已经出现了。

---

[1] 李学勤:《关于甲骨的基础知识》,《历史教学》1959 年第 7 期。

[2] 李济总编辑，傅斯年等编辑《安阳发掘报告》第一期,"国立中央研究院"历史语言研究所专刊, 1929 年 12 月。

（四）文献的记载

西周初年，周王室将殷朝遗民强行迁移到洛阳附近的成周进行监管。《尚书·多士》记载了周公对殷民的训话，在这篇诰词中，周公向殷民解释西周灭殷是秉承天命，就像当初殷商灭夏一样，所以殷民不必怨恚反抗。这里边有一句话说："惟尔知，惟殷先人有典有册，殷革夏命。"周公特别强调殷朝遗民的先人有典有册，记载殷商灭夏的事迹。如果按照这段材料来推测，商代前期已经有典籍了。且甲骨文中也出现了"典""册"二字。商朝开始于公元前 17 世纪，出现大量甲骨文的商王武丁时期约为公元前 1250 年，我们把早期典籍的产生定在公元前 1600 年至前 1250 年之间。

四、正式典籍的产生

（一）文字的继续发展

西周灭殷后，我国古代文化进入一个崭新的阶段。在社会生产力不断发展，社会活动日趋频繁，政治制度逐步完善的情况下，周公旦制礼作乐，大倡文治。孔子曰"周监于二代，郁郁乎文哉"[1]，是对西周尚文重礼文化氛围的高度概括。

从文字形态上看，西周时期仍有沿用甲骨进行占卜的习惯，但甲骨文字的数量逐渐减少。自 20 世纪 50 年代以来，相继有周代甲骨的发现，最大的一次是 1977 年，在陕西省岐山、扶风两县之间的周原出土甲骨 1.7 万多片，其中有刻字的甲骨近 200 片。

除刻字甲骨外，青铜器铭文是西周时期文字记载最显著的特点。青铜器的制作，起源于夏商之际，商代前期的青铜器铭文极为少见，如有铭文一般也仅一两个字。商代后期有铭文的青铜器渐多，但铭文内容仍很简单，主要是记载族名或先人称号，以示纪念。发展到西周，青铜器铭文的篇幅开始增大，记史的性质逐渐增强，其内容大多有关祀典、策命、赏赐、征伐、记功、法律、契约等，以"大盂鼎""大克鼎""虢季子白盘""毛公鼎"等铭文较长，其中记录周宣王任命毛公为执政大臣的"毛公鼎"铭文最长，共 497 字。

---

[1] 《论语·八佾》，中华书局 1980 年版。

从文字发展的角度看，西周的青铜铭文，字形渐趋方整，笔画横竖都较甲骨文更为整齐，已进入学界称之为"金文"的发展阶段。相比甲骨文，金文字形更具简约、平直的线条化特征，这不仅让书写更为简便，而且线条化还使字体结构逐步摆脱象形构造的局限，趋向规范和稳定，更有利于辨认和通行。近年统计，考古发现的金文字形已达 2 万字左右，虽不见得每个字形都代表独立的单字，但仍说明其字数比甲骨文有较大增加，从而有助于典籍内容的记述和表达。另外，根据许慎《说文解字》的记载，西周末周宣王和史籀一同发明了籀书，许慎还记录了许多籀书的字体，籀书的形成必然受到甲骨文、金文的影响。总的来说，随着记载的增多，汉文字在西周时期虽未形成统一使用的字体，但在同源多流的发展过程中，汉字的表达功能已有了长足的进步，足以为正式典籍的产生奠定基础。

从记载的内容上看，青铜器的长篇铭文表明，西周时期文字记载的内容已更为丰富。在我国现存最古的典籍《尚书》中，学术界认为可确信为西周作品的有 15 篇。其中如周初八诰：《大诰》《康诰》《酒诰》

《梓材》《召诰》《洛诰》《多士》《多方》等，记载了西周征服东土，加强对殷民统治的历史事实，这些记载成为学者们研究西周历史的重要材料。

（二）史官制度的出现

由于文字记载的频繁，西周时已建立起古代早期的史官制度。《周礼》记周朝设置的史官，有太史、小史、内史、外史、御史等，各有所掌。验以青铜铭文，也有"作册""内史""作册内史""内史尹"等史官的称呼。从《尚书》中可看到一些史官的活动，如《洛诰》篇曰："王命作册逸祝册，惟告周公其后。"这是有关周成王命史官将祷告先王的祝词写于典册上的记载。此外，《洛诰》还有关于周成王令周公留在洛邑，由"作册逸诰"，即让史官逸记录下这个命令等内容。《顾命》篇也有"命作册度"之说。《汉书·艺文志》更把周代史官的职掌描述为"左史记言，右史记事，言为《尚书》，事为《春秋》"[1]的具体分工。并认为周有采诗之官，负责搜集民间诗歌以备王者"观风俗，知

---

[1] 《汉书·艺文志·六艺略》，中华书局 1962 年版。

得失，自考正"[1]。《汉书·艺文志》关于左史、右史的记述虽未必确切无疑，但如结合《尚书》等文献材料，则可推知西周的文事制度已在逐步完善，这也是早期典籍向正式典籍发展的一个标志。

另外，从有关史料中还可以看到西周已有专门负责收藏典籍的史官。《左传》在昭公十五年（公元前527年）提到籍谈的九世祖孙伯黡是掌管晋国典籍的史官，以九世一百八十年算，孙伯黡当是西周后期的人物。《史记》则说老子是"周守藏室之史"[2]，所谓守藏室之史，也即负责保管周王室典籍的史官。

（三）"六经"的主体内容在春秋前期已经形成

自周平王东迁洛邑，我国历史进入春秋时期，随着这一时期政治变革的频繁，原来在周王室的文化中心开始下移，通过各诸侯国再逐步传递到士阶层之中。日益扩散、活跃的学术文化空气推动了典籍从形式到内容的进步。从孔子整理典籍的事实可以推断，被后

---

[1]《汉书·艺文志·六艺略》，中华书局1962年版。

[2]《史记·老子韩非列传》，中华书局1959年版。

世奉为"六经"的《诗》《书》《易》《礼》《乐》《春秋》等重要典籍的主体内容，至少在春秋前期已经形成。

孔子是生活于春秋后期的伟大文化名人，史载孔子创立私学，"弟子盖三千焉，身通六艺者七十有二人"[1]。孔子为了编写教材，"删诗书、定礼乐、修春秋、序易传"，对当时已出现的文化典籍进行了一番搜集和整理。以"六经"中的《诗》《书》《易》《春秋》来说，《诗》作为一部诗歌总集，在孔子之前就出现了，其中的"周颂""大雅""小雅"等篇多作于西周，反映了西周的社会生活状况。墨子见过《诗》，他说："诵诗三百，弦诗三百，歌诗三百，舞诗三百。"[2]《论语》中，孔子也常提到"《诗》三百"，认为《诗》"多识于鸟兽草木之名"[3]。《尚书》的大部分内容也都形成于孔子之前，他对《尚书》的整理是"序《书》传，上纪唐虞之际，下至秦缪，编次其事"[4]。《易》的内容也很古老，相传经的部分是春秋以前产生，传的部分为孔子

[1]《史记·孔子世家》，中华书局 1959 年版。

[2]《墨子·公孟》，中华书局 1993 年版。

[3]《论语·阳货》，中华书局 1980 年版。

[4]《史记·孔子世家》，中华书局 1959 年版。

所作。《史记·孔子世家》说："孔子晚而喜《易》，序彖、系、象、说卦、文言，读《易》，韦编三绝。"至于《春秋》经，则是周室和诸侯国史书的汇编，它虽按鲁国的历史年代编年记事，但却涉及了当时周王室与许多诸侯国的历史。孔子之前，周室和各诸侯国都有史书，这些史书常称为《春秋》，与孔子同时的墨子曾见到百国《春秋》，如周之《春秋》，燕之《春秋》，宋之《春秋》。[1]《国语·晋书七》曰："羊舌肸习《春秋》。"《国语·楚语上》记申叔时提议对太子要"教之以《春秋》"。《左传》昭公三年（公元前 539 年）晋国的大夫韩起到鲁国见到了《鲁春秋》，孔子时年 12 岁。至于礼、乐，也是在孔子前已有所记载的。《论语·为政》中孔子比较了夏、商、周三代之礼，曰："殷因于夏礼，所损益可知也；周因于殷礼，所损益可知也。"《论语·八佾》中孔子比较了舜的《韶》乐和周的《武》乐，认为《韶》乐尽善尽美，《武》乐尽美而未尽善。

---

[1] 《墨子·明鬼》，中华书局 1993 年版。

（四）正式典籍产生的若干分析

以上分析说明，在公元前 571 年孔子出生之前，古代正式典籍已经产生了。如果将西周典籍认为是早期典籍向正式典籍过渡的阶段，那么正式典籍应产生于公元前 770 年至公元前 570 年之间。所谓正式典籍，除文字、内容、编连方式等三要素比早期典籍更为进步之外，主要是指典籍在社会功用上已经脱离了早期典籍简单记录的档案性质，而充分体现了典籍在精神属性上具有表达思想、交流经验、积累和传播知识的作用。

在春秋前期产生的正式典籍，由于文字内容的增多，其载体材料已不再是早期典籍的甲骨了，那么应该是什么呢？

《仪礼·聘礼》称："百名以上书于策，不及百名书于方。"

《礼记·王制》曰："太史典礼，执简记奉讳忌。"

《周礼·司民》记："司民掌登易民之数，自生齿以上皆书于版。"

这些记载都间接说明产生于春秋前期的正式典籍

的情况，简、策当是竹质书写材料，版、方当是木质书写材料。从孔子读《易》"韦编三绝"的情形看，当时正式典籍的载体材料应是编连的竹木简。20世纪末以来发掘的大量战国出土文献，其中比较有代表性的典籍如《上海博物馆藏战国楚竹书》《清华大学藏战国竹简》，从它们的材质以及复原后的形制，应该能看出正式典籍产生后的基本情况。

（原载《历史文献研究》总6辑，北京师范大学出版社1995年版。此文稍作修订）

胡三省的史学思想和文献考辨方法

　　宋末元初史学家胡三省以毕生精力所作的《通鉴音注》，是中国古代最杰出的史注巨著。此后，他又撰写了《通鉴释文辩误》。在这两部有关注释《通鉴》的著作中，蕴含了胡三省丰富的史学思想和文献考辨的方法论。

　　胡三省（1230—1302），字身之，号梅磵，浙江宁海人。胡三省继承父亲遗命，立志史学时，年仅15岁。宋理宗宝祐四年（1256），他26岁时便与文天祥、谢枋得、陆秀夫等同科中了进士。曾任吉州泰和县尉，庆元慈溪县尉，在慈溪时因刚直不阿，得罪了庆元郡守厉文翁而被罢官。此后，又先后出任扬州江都丞，寿春府学教授，江陵县令，怀宁县令。按胡三省《新注资治通鉴序》所述，他校注《通鉴》的工作开

33

始于科举成功的当年，即理宗宝祐四年（1256）。约于度宗咸淳六年（1270）到杭州前，仿唐代陆德明《经典释文》体例，完成了《通鉴广注》九十七卷、《通论》十篇。宋度宗咸淳六年（1270），因他校注《通鉴》的名气，受延平廖氏聘请，"俾雠校《通鉴》以授其子弟，为著《雠校通鉴凡例》"。宋恭帝德祐元年（1275），胡三省因廖氏推荐而跟随贾似道，从军江上，曾上《江东十鉴》，"言辄不用，既而军溃，间道归乡里"。恭帝德祐二年（1276）元军攻陷临安，在避难新昌的路途中，凝结多年心血的书稿不幸在战乱中丢失。南宋灭亡后，胡三省隐居乡中，决不仕元。他在悲痛之余，再购异本，重新校注。这次校注与前次校注不同的是，注文不再独立成书，而是将《通鉴考异》和注文散入相应的正文中，全部工作于元朝至元二十二年（1285）冬天完成。[1] 由此算来，《通鉴音注》的撰写前后用了30年的时间。书稿虽然完成，但是胡三省却没有停歇，直到他去世前都在修订书稿，"诸子以年高不宜为言，

---

[1] 以上见胡三省《新注资治通鉴序》，《资治通鉴》（以下简称《通鉴》）卷首，中华书局 1956 年版。以下未注出处者，均见此序。

则曰吾成此书，死而无憾"[1]。据清人全祖望《鲒埼亭集·胡梅磵藏书窖记》和光绪《宁海县志》卷二十《胡身之墓碑》记载，胡三省的著述除《通鉴音注》外，还有《通鉴释文辩误》十二卷、《通鉴小学》一卷、文集《竹园素稿》一百卷、《江东十鉴》、《四城赋》等，今仅存前两种，而最有价值的则属《通鉴音注》。

然而，胡三省的生平事迹和重大的历史贡献，却长期被湮没无闻。《元史》无传，《宋元学案》卷八十五《深宁学案》将他列入"深宁门人"之首，而小传仅百余字，并摘附胡三省所撰《新注资治通鉴序》和《通鉴释辩辨误序》二文。民国初修的《新元史》也只为他补写了 53 字的小传。直到 20 世纪 40 年代，著名史学家陈垣先生及其弟子周祖谟先生才根据《宁海县志》卷二十《胡身之墓碑》，将胡三省的生平公之于世，陈垣先生更以他的不朽史著《通鉴胡注表微》，一方面介

---

[1] 清光绪《宁海县志》卷二〇《胡身之墓碑》。另按，《新注资治通鉴序》言《音注》完成于 1285 年；而考《通鉴释文辨误后序》则可知《辨误》完成于后，在 1287 年。然《通鉴》唐高祖四年"襄州道安抚使郭行方攻萧铣郡州"有注曰："'襄州'当作'襄州'，详见《辨误》。"（《通鉴》中华书局本，5926 页）后梁均王贞明四年"吴兵奄至虔州城下"则有注曰："注详见《辨误》。"（《通鉴》中华书局本，8824 页）可见《音注》完成后，仍有接续的修订。

绍胡三省注释的成就和民族意识；另一方面则结合胡注的内容，总结中国古代的史学传统，阐发自己的治史经验，并借古喻今，表达爱国情怀。[1]陈垣《通鉴胡注表微》的成就，后生已不能企及，而《通鉴音注》的内容又极其广博，本文拟就《通鉴音注》兼及《通鉴释文辩误》二书中的史学思想和文献考辨方法论，略抒己见，以见教于方家。

一、强调经史并重和历史借鉴

宋元之际理学兴起，成为当时许多学者思想认识的基础，胡三省也不例外。理学在历史观、心性论方面对史学思想的积极影响，使人们在考察以往的历史进程时，能够在一个较高的价值层面上展开哲学思考。然而，也有负面的影响，比如，经本史末、重经轻史则是当时许多学者对于经史关系的看法。胡三省却对当时流行的重经轻史思想不以为然，他根据自己对史学的感受和认识，提出了经史关系的独到见解。其曰：

---

[1]　参见拙文《陈垣史学的"记里碑"》，《北京社会科学》2006 年第 2 期。

世之论者率曰："经以载道，史以记事，史与经不可同日语也。"夫道无不在，散于事为之间，因事之得失成败，可以知道之万世亡弊，史可少欤！

他反对经史不可同日而语的意见，认为道无处不在，并不局限于经籍，史因记事而寓道，所以治史也是求道的重要途径。在此，他根据理学"理无处不在"的基本命题，大大扩展了求道的范围，从而提高了史学的地位，表达了经史并重的思想。为了说明经史并重的关系，他列举了孔子序《书》、作《春秋》之起讫，曰："以此见孔子定《书》而作《春秋》，《通鉴》之作实接《春秋》、左氏后也。"指出《通鉴》之作实接《春秋》经传，暗示孔子序《书》、作《春秋》也是记事，经史并无两样，地位相当。他以《资治通鉴》一书为例，全面阐述学史对于人生、社会的意义，他说：

为人君而不知《通鉴》，则欲治而不知自治之源，恶乱而不知防乱之术。为人臣而不知《通鉴》，则上无以事君，下无以治民。为人子而不知《通鉴》，则谋身必至于辱身，作事不足以垂后。乃如用兵行师，创法立制，而不知迹古人之所以得，鉴古人之所以失，则求胜而败，图利而害，此必然者也。

在这一段话里，他列举各阶层人物，从各个角度说明不知史则事不可为的必然道理。其精警之处，不仅在于交代他音注《通鉴》的意义，更在于启发世人对史学重要价值的认识。

胡三省经史并重的认识与其学术渊源密切相关。《宋元学案》将胡三省归入《深宁学案》，以他为王应麟（深宁）的门生，王应麟综罗文献，撰有《困学纪闻》这一考史论史名著；全祖望在《深宁学案》中又说王应麟"独得吕学之大宗"[1]，吕即吕祖谦，撰有《大事记》等史著，治学有"言性命必究于史"的思路，因此胡三省经史并重的思想是与吕、王的治学特点有继承关系的。胡三省重史求道还与他所处的时代环境有关。

---

[1] 黄宗羲著，全祖望补修《宋元学案》卷八五《深宁学案》，中华书局1986年版。

理学起于宋代，宋儒奢谈心性，却与救国扶世无益，于是他有意于史学求治乱兴衰之"大致"，这也应是一个原因。据胡三省自序，他第一次成稿的《通鉴》新注就包括有"自周迄五代，略叙兴亡大致"的《论》十卷。虽然这些对"兴亡大致"的议论在他第二次成稿时已散见于所注各史文之下，但仍反映了胡氏由史求道的认真思考和良苦用心。

经史并重的思想促使胡三省完成了《通鉴音注》这一巨著，从史注中可以看到他在治国方略、为政之道、边防之计、人臣气节和纲常伦理等方面，以史垂鉴、扬善贬恶，凸显了历史借鉴的重要作用。尤其在治国为政方面，他的阐述尤多。

从历史借鉴中，他强调为政勤勉。《通鉴》卷二七〇"后梁均王贞明四年"，记五代十国时前蜀国主王衍不亲政事，宠任佞臣。胡三省注曰："有政事则国强，无政事则国衰。衰者亡之渐也，可不戒哉！"指出勤政强国、荒政衰亡的历史教训。为政不仅要勤勉，还要常有忧患意识。《通鉴》卷二七三"后唐庄宗同光三年"，记南汉主刘岩闻后唐李存勖灭后梁而统一北方，势力强大，惧其南下攻汉；及使人探得后唐"骄淫无政"后，"汉主大悦，自是不复通中国"。胡注曰："无敌国外患者国恒亡。汉主及知唐之不足惧，奢虐亦由是滋矣。""无敌国外患"本是发展做大的绝好时机，但南汉却从此没有忧患意识，刘岩及其继承人开始纵奢无度，导致朝政腐败，境内曾爆发张遇贤为首的农民起义，于是国势日蹙，终不能久。

　　崇儒重文、以德治国，是理学的政治理念。胡三省也特别重视在历史借鉴中阐明儒治的作用，其曰："不有儒者，其能国乎！"[1] 他有鉴于唐初在天下既定之后，唐高祖、太宗对儒士的重视和任用，在《通鉴》卷一九二"唐高祖武德九年"的注文中曰："然则欲守成者，舍儒何以哉！"说明以武力得天下，以儒教治天下的历史经验。然而以儒教治天下还要注意对人才的选用，《通鉴》卷一九四"唐太宗贞观六年"记载了李世民和魏徵的一对对话："上谓魏徵曰：为官择人，不可造次。用一君子，则君子皆至；用一小人，则小人竞进矣。"胡三省赞同这种看法，特别表注曰："观此，则天下已定之后，可不为官择人乎！"

---

[1] 《通鉴》卷二七六《后唐纪》五，"明宗大成三年"注文。

　　节俭轻徭、使民不倦，也是治国的重要方略。胡三省在南北朝史中选取了两个典型用以取鉴。一是为政节俭的代表，《通鉴》卷一一四"晋安帝义熙元年"记刘裕主政，尚书殷仲文请增朝廷乐舞，刘裕一再拒之。胡三省称为"英雄"，并曰："世之嗜音者可以自省矣。"暗喻南宋朝廷歌舞升平，以失江山。反之，胡三省又批评北齐后主高纬贪奢糜费，卖官鬻爵，以致百官竞为贪纵，民不聊生，注曰："史极言齐氏政乱，以启敌国兼并之心，又一年而齐亡。有天下者可不以为鉴乎！"[1] 他认为人君要节俭轻徭，"君德以节俭为贵也"；他以为隋朝的短祚是与"君德"不俭、追求奢糜有密切关系的，隋君的奢费并不始于炀帝，而是在文帝时便初见端倪，因此他对开皇十九年隋文帝幸仁寿宫一事讥讽曰："仁者寿，帝穷民力以作离宫，可谓寿乎？"[2]

　　有鉴于外族入侵、宋朝之亡，胡三省对于历史上国家在边防之经略也颇着意，多有取鉴。比如，《通鉴》卷二六一"唐昭宗乾宁四年"，记王建镇守西川，"蛮人"

[1]《通鉴》卷一七二《陈纪》六，"宣帝太建七年"注文。

[2]《通鉴》卷一七八《隋纪》二，"文帝开皇十九年"注文。

不敢侵盗。胡三省认为王建颇有"安边之术"，因了知边境外族的情形，善于安抚防患，故"外夷不敢有所侮"。然而，要使边防无虞，重要的还在于国力的强盛。胡三省举唐玄宗开元盛世之际，边防虽有胜负，但最终契丹、奚两蕃仍"相帅来降"之事，认为"中国之势安强，有以服其心志也"[1]。

除了治国为政之鉴外，胡三省在臣节方面，则多强调为人臣守节忠君、守境安民之节；在伦理纲常方面，则宣扬了孝慈悌爱之道。《通鉴音注》正是以它在史注中对借鉴史观的阐述，为史学地位的不断提升，给予了有力的支持。

二、以心性之学求盛衰之理

在元代理学思想认识的影响下，元代史家在史学研究中多注意透过纷繁杂呈的史事，探求历史兴衰治乱之理。胡三省在他一生心血凝聚的史学巨作《通鉴音注》中，就没有把《通鉴》注释仅仅看作是文字训释

---

[1] 《通鉴》卷二一一《唐纪》二七，"玄宗开元四年"注文。

或名物考证的工作，而是通过对史事的分析，在注释文字中融入了他对历史运动过程的深刻思考。他说："物盛而衰，因其理也。"[1] 历史盛衰变化受"理"的支配，理存于史事之中，因此考察历史要善于求理。如何观史以求理呢？胡三省认为看待历史变动时，必须抓住影响盛衰的"大致"，"善觇国者，不观一时之强弱，而观其治乱之大致"[2]。他在分析一些朝代兴衰变化、鼎祚迁移时，特别注意从人心向背以观历史大势，便是他抓历史"大致"的具体体现。

首先，从"君心"看历史的盛衰治乱和不同的发展阶段。在理学思想的影响下，元代一些重要的史学著作中，可以或多或少地看到心性学说的观念，并且比较集中地反映在从"君心"的角度议论历史事物的变化和发展。胡三省的《通鉴音注》就是在司马光重"君心"的基础上，从历史教训方面进一步总结"君心"与盛衰治乱的重要关系。比如，他指出，人君在政治上要居安思危，"古之明主居安而思危，所以能常有

---

[1] 《通鉴》卷一四九《梁纪》五，"武帝天监十八年"注文。

[2] 《通鉴》卷二八六《后汉纪》一，"高祖天福十二年"注文。

其安也"[1]。人君要广开言路、喜闻规过，他对历史上人君暴杀谏官的悲剧提出警告："天子杀谏臣，必亡其国。"[2] 人君要有是非之心，《通鉴》卷二〇八"唐中宗景龙元年"，记右补阙权若讷上疏，请保留武则天生造的"天、地、日、月"等字，认为这是则天之能事；中宗竟然同意并加以褒奖。则天造字逞能，本为天下所讥，权若讷妄言取宠，而中宗却不辨是非，故胡注曰："史言中宗无是非之心。"除上述种种，胡三省还认为，人君更要有爱民之心。武则天信佛，她称帝晚年，江淮旱饥，饿死者众，而她仍诏令天下禁屠杀和捕鱼虾；胡三省批评说："后禁屠捕，而杀人如刈草菅，可以人而不如物乎！"[3]

胡三省在《通鉴新注》里对"臣心"也有探讨。例如他赞扬唐朝人臣多有"忠义之心"，注曰："唐屡更丧乱，至于广明，举家殉国，犹不乏人，恩义有结之素也。"[4] 他还谈到人臣的"是非之心"，《通鉴》记载唐

---

[1] 《通鉴》卷二五四《唐纪》七〇，"僖宗广明元年"注文。

[2] 《通鉴》卷二五四《唐纪》七〇，"僖宗中和元年"注文。

[3] 《通鉴》卷二〇五《唐纪》二一，"则天后长寿元年"注文。

[4] 《通鉴》卷二五四《唐纪》七〇，"僖宗广明元年"注文。

哀宗时昭义节度使丁会因不满朱温谋杀昭宗而降于李克用。其实朱、李都是反唐藩镇，后来各自立了王朝，随朱归李都是叛唐，并无本质差异，丁会是非不明，故胡三省讥之曰："'无是非之心，非人也。'丁会其有是非之心者乎？"[1]胡三省论"臣心"多与臣节相关，这是他刚刚经历了宋元鼎更，有感于易代人臣不同表现的思想反映。

重"民心"的思想是孟子最先提出来的，他说："桀纣之失天下也，失其民也；失其民者，失其心也。得天下有道，得其民，斯得天下矣。得其民有道，得其心，斯得其民矣。"[2]民心得失事关天下得失，这是孟子重民思想的出发点。元代学者继承了孟子的这一思想，胡三省就在《通鉴音注》中对"民心"与"君心"的关系作了正反两方面的探讨。比如，《通鉴》记五代十国时南唐失政，饥民渡淮而投后周，三省论曰："观民心之向背，唐之君臣可以戒戒。"[3]这是从民心的背离，看南唐政治之衰败。他对于玩弄政治手腕，收买

---

[1] 《通鉴》卷二六五《唐纪》八一，"哀宗天佑三年"注文。

[2] 《孟子·离娄上》，《十三经注疏》本，中华书局1980年版。

[3] 《通鉴》卷二九一《后周纪》二，"太祖广顺三年"注文。

民心的虚假"君心"也作了无情揭露。如西晋羊祜与吴兵对峙，羊祜帅兵不扰吴民，以示晋君怀柔之心。《通鉴》说此乃西晋"务修德信"，而胡三省则认为这是羊祜"正以陆抗对境，无间可乘，故为是耳。若曰'务修德信'，则吾不知也"[1]。指出晋军为了灭吴，行收揽民心之术。

军事上，胡三省注重点评攻心之策。《通鉴》卷七〇"魏文帝黄初六年"记马谡为诸葛亮献计曰："用兵之道，攻心为上，攻城为下；心战为上，兵战为下，愿公服其心而已。"胡三省评曰："此马谡所以为善论军计也。"又如汉末，曹操欲取徐州，以为荡平北方的基地；而谋士荀彧认为徐州曾经曹军蹂躏，民无降心，不利占有。胡三省评曰："徐州子弟既有父兄之仇，必不心服于操，纵破其兵，犹不能有其地也。"[2]

经济上，只有与民休息、让利于民，才能得天下之心。《通鉴》记载北周后期，杨坚为了篡周，尽革北周宣帝苛酷之政，宽大刑律，朝政躬行节俭，于是"中外悦之"。胡三省说："贾谊曰：'寒者利裋褐，饥者甘

---

[1]《通鉴》卷七九《晋纪》一，"武帝泰始八年"注文。
[2]《通鉴》卷六一《汉纪》五三，"献帝兴平二年"注文。

糟糠。天下嗷嗷，新主之资也。'古之得天下，必先有以得天下之心。"[1] 说明在经济上为民造福是取得民心的重要举措。

三、阐发强烈的故国思绪和民族意识

在元代一些史著或历史论述中，常有一些学者通过论说史事而流露故国思绪，表现出反对民族压迫的思想，这是对元代民族歧视和残酷统治客观事实的反映，因而这种感情是正当的，也自然与一般的狭隘民族情感不同。要求民族平等、反对民族奴役，也是元代进步民族史观的有机组成部分。

胡三省在《通鉴音注》中，就有许多内容表达了他的民族意识和故国思绪。著名史学家陈垣先生在他的《通鉴胡注表微》中对"胡注"反对民族压迫的思想有深入的分析，陈垣先生说：

> 胡三省亲眼看到宋朝在蒙古贵族的严重压迫

---

[1] 《通鉴》卷一七四《陈纪》八，"宣帝太建十二年"注文。

下，政治上还是那么腐败，又眼看到宋朝覆灭，元朝的残酷统治，精神受到剧烈的打击。他要揭露宋朝招致灭亡的原因，斥责那些卖国投降的败类，申诉元朝横暴统治的难以容忍，以及自己深受亡国惨痛的心情。因此，在《通鉴注》里，他充分表现了民族气节和爱国热情。[1]

胡三省的《通鉴音注》从历史总结和历史评论的角度，从几个方面抒发了他强烈的思想感情。

第一，反对民族压迫，主张民族平等、民族融合。他考察以往的历史，以南北朝史事为例展开议论，认为"不嗜杀"的人君才能统一天下，"不嗜杀人，然后能一天下，孟子之言，岂欺我哉！"[2]这是针对蒙古时期和元朝初期统一战争的滥杀行为而言，希望当朝能够戒杀。他又借史文中对西魏税法过重的记载，讥讽元初对人民的经济压榨，他说，虽然西魏税重，后周赋税更为繁苛，但是"自今观之，亦不为重矣"[3]。他认

---

[1]　陈垣：《通鉴胡注表微·后记》，科学出版社1958年版，第410页。

[2]　《通鉴》卷一三二《宋纪》一四，"明帝泰始五年"注文。

[3]　《通鉴》卷一七五《陈纪》九，"宣帝太建十三年"注文。

为物极必反，沉重的民族压迫必然会引起人民的反抗，所以针对史文中契丹主以为"中国之人"难制的说法反驳曰："中国之人困于契丹之陵暴掊克，咸不聊生，起而为盗，乌有难制者乎！盖亦反其本矣。"[1] 这实际上是对元初人民反抗斗争的支持。胡三省反对民族压迫，但不简单、一概地反对异族统治，他对历史上少数民族政权的一些民族和睦措施和积极的统治政策给予赞扬。比如，他在注文中称赞石勒"不使陵暴华人及衣冠之士"[2]，称许北魏拓跋硅崇文重儒之风尚[3]。他更希望元朝统一政权能够实行民族平等政策，抚民爱民，因此借北魏兼并刘宋淮北数州的史实，论述道："荀卿有言：'兼并易也，坚凝之难。'魏并青、徐，淮北四州之民未忘宋也。惟其抚御有方，民安其生，不复引领南望矣。《书》曰：'抚我则后，虐我则雠。'信哉！"[4] 这段话实质上包含了他规劝新统一政权的一片苦心，他赞成统一，要求元朝统治者不能只顾兼并土

---

[1]《通鉴》卷二八六《后汉纪》一，"高祖天福十二年"注文。

[2]《通鉴》卷九一《晋纪》一三，"元帝大兴二年"注文。

[3]《通鉴》卷一一一《晋纪》三三，"安帝隆安三年"注文。

[4]《通鉴》卷一三二《宋纪》一四，"明帝泰始五年"注文。

地人口，更要注意凝聚民心，抚民安民；他引用《尚书》"抚我则后，虐我则雠"的话，既表达了他对当时民族高压政策的愤慨，又表达他对各民族融合发展前景的渴望。

第二，故国思绪和坚贞气节。与反抗民族欺压思想相联系的是他在史注中流露出的亡国屈辱的惨痛感情。他在《通鉴》记述后晋灭亡，契丹入汴，帝后卑称"臣妾"而降时，联系到赵宋的两次亡国，不禁感慨万千，注曰："臣妾之辱，惟晋宋为然。呜呼，痛哉！""亡国之耻，言之者为之痛心，矧见之者乎！正程正叔所谓真知者也。天乎！人乎！"[1] 其悲愤之情溢于言表。胡三省赞同历史上进步的统一活动，但却痛恨那些在国家危难关头不保臣节，叛国投敌的行为，因此他认为"君子恶没世而名不传"，赞扬守节之臣"遂得名垂青史"[2]；嘲笑变节之臣"人得以面斥之"的可耻下场。[3] 这种思想感情自然也蕴含了他对南宋卖国臣将的斥责，表现了他的坚贞气节。

---

[1] 《通鉴》卷二八五《后晋纪》六，"齐王开运三年"注文。

[2] 《通鉴》卷一三五《齐纪》一，"高帝建元元年"注文。

[3] 《通鉴》卷一三五《齐纪》一，"高帝建元二年"注文。

第三，揭露了宋朝腐败，招致灭亡的原因。胡三省不仅在感情上悲宋朝之亡，还注意从历史总结的角度，揭示宋朝军政腐败的教训。这些历史教训，有的是通过其他史事喻刺，有的则是直接的抨击。比如，他评论东汉邓骘西征无功却大受荣宠之事曰："无功而还，当引罪求自贬以谢天下。据势持权，冒受荣宠，于心安乎？君子是以知其不终也。"[1] 隐刺南宋贾似道背主卖国议和，却假称胜绩的丑恶行为。他又讽刺南宋道学家只擅高谈，于救国无补的风气，说道："自古以来，多大言少成事者，何可胜数！"[2] 他以南朝刘宋宫中侈丽为例，指斥刘宋、赵宋奢侈之风如出一辙，叹曰："呜呼！我宋之将亡，其习俗亦如此，吾是以悲二宋之一辙也。呜呼！"[3] 他对于宋元襄阳之战更是耿耿于怀，在注文中多次提及，他总结这次大战宋军的失败在于水陆援断和诸将不能并力向前两个原因，"比年襄阳之守，使诸将连营向前，城犹可全，不至误国矣。

---

[1]《通鉴》卷四九《汉纪》四一，"安帝永初二年"注文。

[2]《通鉴》卷二八六《后汉纪》一，"高帝天福十二年"注文。

[3]《通鉴》卷一二七《宋纪》九，"文帝元嘉三十年"注文。

呜呼痛哉！"[1]胡三省痛惜襄阳之败，一方面固然因为襄阳之役是宋元关键性的一战，襄阳失守元兵可沿江直捣临安，宋军的长江防线则被拦腰击断，败局已定；另一方面也是遗憾宋将互相嫉妒，不能合力克敌，贾似道结党营私，不纳良策而错失战机。胡三省"呜呼痛哉"之叹，实在是抒发出他仰天扼腕的满腔悲愤。

四、文献考辨的方法与评说

《通鉴音注》的文献考辨内容极其丰富，涉及字音文义、名物典制、地理物产、人物和史事，展现了丰富的文献考辨方法，其中还有不少画龙点睛的评说，这些评说反映了胡三省的文献考辨思想，是方法论的提炼和总结。

与此相关的是胡三省存世的另一部著作《通鉴释文辩误》十二卷（以下简称《辩误》）。在胡三省作《通鉴音注》前，有关《通鉴》的注释有三本，一为署名司马康的《通鉴释文》，一为史炤的《通鉴释文》，一为

---

[1]《通鉴》卷一四六《梁纪》二，"武帝天监二年"注文。

费氏所作的《通鉴音释》。胡三省考证，指出署名司马康的《通鉴释文》乃书估冒称司马光之子司马康名，刻于海陵。[1]他的《辩误》以辩史炤书为主，其他两本同误者则在所辩条文下标示"海陵本同"或"费本同"。陈垣先生认为《辩误》与《音注》同时撰著，但《音注》成书在前，《辩误》成书在后[2]，所言极是。盖胡氏在作《音注》时，已逐步积累考辨材料，此后再演绎成另书。故《辩误》所考结论，皆在《音注》中体现，只是《音注》言简意赅，而《辩误》则详述考辨过程和材料。因此，本节将结合《辩误》内容，从以下几方面分析胡注的文献考辨方法和论说。

第一，关于注音释字。胡注最早以音注闻名，书中有关辨字读音的内容俯拾皆是。在《通鉴》的开篇周威烈王二十三年的"礼莫大于分"下，便有注曰："分，扶问翻。"在"夫以四海广之"下，则注："夫以，音扶。"在"子恶得与魏成比也"之下，注曰："恶读曰乌，何也。"胡三省以反切、同音、读曰等形式辨读字音，

---

[1] 胡三省：《通鉴释文辩误·后序》，与《通鉴释文辩误》同附《通鉴》卷末，中华书局 1956 年版。

[2] 陈垣：《通鉴胡注表微》，辽宁教育出版社 1997 年版，第 39 页。

从而疏通字词的词性和意义，达到训释的目的。对于其他释本在注音释字方面的错误，胡注也做了大量的考辨工作。然而，胡注的价值不仅仅在音注，陈垣先生说："其注《通鉴》，名音注，实校注也。"[1] 其考辨的范围实在是非常广泛的。

第二，对《通鉴》正文及有关文献的校勘考证。胡氏的校勘因战乱播迁的影响，所得异本不多，故对校、本校较少，他校、理校较多。《通鉴》卷一三七"齐武帝永明八年"，记魏帝曰："今昊天降罚，人神丧悼，赖宗庙之灵，亦辍歆祀。"三省注曰："'赖'，蜀本作'想'，当从之。否则'赖'字衍。"这是采用他本对校的结果。又《通鉴》卷二一二"唐玄宗开元十三年"记玄宗四个儿子分别改名，第四子原名"嗣真"；而前文却有"嗣真上之长子"之说；三省注曰："读《通鉴》至此，可以知前此'嗣直'之误为'嗣真'矣。"这是利用《通鉴》前后文本校的结果。

胡注的他校很多，如《通鉴》卷一五〇，梁武帝普通六年"魏高平镇人胡琛反，遣其大将万俟丑奴，

---

[1] 陈垣：《通鉴胡注表微》，辽宁教育出版社1997年版，第29页。

宿勤明达等寇魏泾州"。注曰："'萬'当作'万',音莫北翻。俟,渠之翻。万俟,虏复姓,《北史》曰:'万俟,其先匈奴之别也。'"这是利用《北史》对文字的校勘,以此辨证少数民族的姓名。《通鉴》卷一八三"隋炀帝大业十二年",记隋军败绩连连,"唯虎贲中郎将蒲城王辩、清河郡丞华阴杨善会数有功"。胡注考隋朝官制,指出隋"无中郎将";又据《隋书·王辩传》"辩自鹰扬郎将迁虎贲郎将"的记载,指出《通鉴》"虎贲中郎将"的"中"字为衍文。又如《通鉴》卷四〇"汉光武帝建武二年"记邓禹处斩李宝。《通鉴考异》曰:"更始柱功侯李宝,时为刘嘉相,此盖别一人同姓名。"胡注据范晔《后汉书》校曰:"究其本末,汉中王嘉,即以更始功柱侯李宝为相,非别一人也。"这是对历史人物的重要校订。以上数例,皆用他校法厘定文字,澄清了史实。

理校法,指以通识常理考订是非,故关涉考证。如《通鉴》卷一九一"唐高祖武德九年"记曰:"命长孙无忌、李靖伏兵于幽州。"胡注考证曰:"'幽州'当作'豳州'。自渭北北归,归路正经豳州,此史书传写误耳。"胡注以地理擅长,此处是理校中运用地理知识考校史文的明显一例。

胡注中也有许多专门考证的内容，这些考证不仅考订《通鉴》及其《考异》，还通过评说，反映了胡三省的考史理念。一是考史文所依据的材料是否可靠。如《通鉴》卷一八"武帝元光四年"记杀魏其于渭城，司马光在《考异》中引班固《汉武故事》详述其事，胡注曰："按《汉武故事》，语多诞妄，非班固书；盖后人为之，托固名耳。"从史源上指出司马光所据不真。二是考史文是否符合学理和常识。《通鉴》卷二二一"唐肃宗乾元二年"记史思明攻入洛阳后，郑州、滑州相继陷落。胡三省从地理路线上考证记载有误，注曰："思明既至洛阳，则郑、滑等州已陷落矣。《通鉴》用史家成文，失于删修也。"说明司马光未能以学理考订旧文，以讹传讹。三是考史文是否符合书法体例。《通鉴》本身有一套书法体例，然因史文繁复，司马光有时也难以照应，如后唐潞王清泰元年，先记潞王即位为帝，而后史文仍称"潞王"，胡注曰："以《通鉴》书法言之，潞王于此当书'帝'。盖承前史，偶失于修改也。"[1] 四

---

[1] 《通鉴》卷二七九《后唐纪》八，"潞王清泰元年"注文。

是考史文是否符合实际。《通鉴》记唐末官兵进攻裘甫义军，"城守甚坚，攻之不能拔，诸将议绝溪水以渴之"。胡三省根据实际，指出当地多用井水，断绝溪流对义军根本没有威胁，"作史者乃北人臆说耳"[1]。

第三，对《通鉴》史文的注释和补充。胡注的成就还表现在他运用了大量材料对《通鉴》的史文进行了注释、补充，从而疏通了史文，丰富了《通鉴》历史记载的内容。这方面的注文是很多的，例如《通鉴》卷一七七"隋文帝开皇九年"记："时天下既壹，异代器物，皆集乐府。牛弘奏：'中国旧音，多在江左。'"牛弘之言，是中国音乐史的宝贵材料，然而依据何在呢？胡注作了重要补充："典午南渡，未能备乐，石氏之亡，乐人颇有自邺而南者。苻坚淮淝之败，晋始获乐工，备金石。慕容垂破西燕，尽获苻氏旧乐。子宝丧败，其钟律令李佛等，将太乐细伎奔慕容德，德子超献之姚秦，以赎其母。宋武平姚泓，收归建康，故云'多在江左'。"胡注将永嘉乱后，中原伶官乐器流归江左的过程一一条理，厘为两个主要的阶段，先由

---

[1]《通鉴》卷二五〇《唐纪》六六，"懿宗咸通元年"注文。

石赵、前燕、苻秦归于东晋，再由后燕、南燕、姚秦归于刘宋。经如此补充，这段历史详细清晰，给人留下了深刻的印象。又如《通鉴》卷二一四"唐玄宗开元二十四年"记"补阙杜琎尝上书言事，明日黜为下邽令"。按唐代官制，上县令从六品上，补阙从七品上，从品阶来看，杜琎是升迁了，而史文言黜，令人费解；这里胡注则有解释曰："盖唐人重内官，而品之高下不论也，况遗补供奉官，地居清要乎！"胡注的解释从职官位置的具体分析上说明了杜琎的失宠，进而疏通了史文。再如《通鉴》卷一六三"梁简文帝大宝元年"记："齐主简练六坊之人，每一人必当百人，谓之百保鲜卑。""百保鲜卑"作何理解？胡注曰："百保，言其勇可保一人当百人也。高氏以鲜卑创业，当时号为健斗，故卫士皆用鲜卑，犹今北人谓勇士为霸都鲁也。"胡注以元代俗称霸都鲁（巴图鲁）解释北朝俗称，意义相近，恰如其分，使人易于明了。关于注释，胡三省也有深刻的见解，他说："凡注书者，发明正文大义，使读者因而求之，无所凝滞也。"认为注文要能疏通窒碍，阐发大义。他批评史炤《通鉴释文》的一些解释无关紧要、隔靴搔痒，以为那种可有可无的释文就大

可不必了 [1]。

第四，辩误及对致误原因的评说。胡注的辩误不仅校订了《通鉴》正文及其《考异》的不少误失，还多处指出前史或注释的错误，涉及对颜师古《汉书》注、李贤《后汉书》注、薛居正《旧五代史》、欧阳修《新五代史》、李心传《建炎以来系年要录》的辩误 [2]。至于对以史炤为代表的几种《通鉴》释文的辩驳，则又单独撰成了《通鉴释文辩误》12卷，予以逐条辨证，成就显著，不胜枚举。这里要着重分析的，是胡三省在《辩误》中对史炤等注文致误原因的评说。这些方法论上的总结，既可为文献考辨提供某种规律性的认识，亦可为学者治学提供前车之鉴。胡氏点评史炤等注文的致误原因有数端：

一是未晓文义而臆断。《通鉴》记汉献帝时"邴原性刚直，清议以格物"；史炤以为"格"是"废格之格，

---

[1] 胡三省：《通鉴释文辩误》(以下简称《辩误》)卷十二"通鉴二百八十三，齐王天福八年"条。

[2] 可举例如：《通鉴》卷十一《汉纪》三，"高帝六年"注文，《通鉴》卷三九《汉纪》三一，"淮阳王更始二年"注文，《通鉴》卷二七九《后唐纪》八，"王璠清泰二年"注文，《通鉴》卷二八一《后晋纪》二，"高祖天福二年"注文。

以清议废人"。《辩误》曰："格，正也，言以清议正物也。"又评论说："是知读《汉书》而未晓文义。夫因文见义，各有攸当，不可滞于一隅。"[1]指出史氏读史未通晓文义，只知其一不知其二。又如《通鉴》记东晋成帝时诏王公以下"皆正土断白籍"；史氏曰："白籍谓白丁之籍耳。"胡三省说，东晋因北方侨居南方的官民很多，因此在编定户籍时"土著实户用黄籍，侨户土断白籍"；白籍是指以白纸为籍，"若以为白丁之籍，则王公岂白丁哉！"[2]说明望文生义、随心臆断乃致误之由。

二是注地理常因同名而误。中国疆域辽阔，史炤之注常因同名异地而误，《辩误》曾在多处指正[3]。胡三省说："凡注地理，须博考史籍，仍参考其地四旁地名以为证据，何可容易着笔乎！"此言当为注释地理之通则。

三是以辞书为据而不考史文。辞书的注解毕竟有

---

[1] 《辩误》卷三"通鉴六十，汉献帝初平二年"条。

[2] 《辩误》卷四"通鉴九十六，晋成帝咸康七年"条。

[3] 如《辩误》卷四"通鉴七十七，魏高贵乡公甘露二年"条；卷五"通鉴九十八，晋穆帝永和六年"条。

限，而历史则变化万端，史炤注文好以宋朝陈彭年《广韵》、丁度《集韵》诸辞书为据，而不能详考史文，究其本末，故容易出错。胡三省就曾批评说："丁度《集韵》以宋朝疆理为据也，若引以注十六国地界，则疏矣。"[1]

四是不通观上下文而误。《通鉴》记唐德宗时朝臣陈京、赵需因政事争执不已，德宗大怒，群臣退避，"京顾曰：赵需等勿退"。史氏将"京顾"作姓名解。《辩误》认为京乃陈京，顾为回顾，其曰："史炤以京为姓，顾为名，大似不识文理。彼岂真不识文理哉！其病在不详观《通鉴》上下文，而轻为注释。"[2]

五是不能随时注意制度、地理之沿革。史氏曾把唐代属于扬州的高邮县，错误地归属于北方的兖州。何有此误？《辩误》指出史炤是把东晋南朝在南方侨置州县的"南兖州"，错误地用来解释唐代的建置。因此胡三省说："释《通鉴》者，当随事随时考其建置、离合、沿革也。"[3]此言也可为注释制度、地理之通则。

六是识闻不广致误。《通鉴》"陈文帝天嘉三年"

---

[1] 《辩误》卷五"通鉴一百一十四，晋安帝义熙四年"条。

[2] 《辩误》卷十"通鉴二百三十一，唐德宗贞元元年"条。

[3] 《辩误》卷十一"通鉴二百五十一，唐懿宗咸通九年"条。

记"齐和士开善握槊"。"握槊"乃西域传入中原的一种游戏，史氏不知，误释为："矛长丈八者为槊。"《辩误》指正曰："是但知槊之为兵器，而未知握槊之为局戏也。"[1]

诚然，识闻之广，不可限量；但正如胡三省所批评的，"既不能尚友古人"，"又不能亲师取友，以求闻所未闻，所以到底错了"[2]，则是人人当引以为戒的。

附记：对胡三省《通鉴音注》的认识，最早是从仓修良先生的论文和他的史学史专著《中国古代史学史简编》中得到的，后来又在业师刘乃和先生的指导下，进一步研读了陈垣老的《通鉴胡注表微》。1984年起，我跟随刘乃和先生参加中国历史文献研究会的活动，从此认识了早就敬仰的仓公。几十年来，仓公的学术，以及他实事求是、开拓进取的治学精神，刚正秉直的为人和勇于任事的品格，常常给我以教益。仓公不仅著述等身，在史学史、文献学、方志学、谱牒学等领

[1] 《辩误》卷八"通鉴一百六十八，陈文帝天嘉三年"条。
[2] 《辩误》卷四"通鉴八十三，晋惠帝永康元年"条；卷十"通鉴二百二十一，唐肃宗乾元元年"条。

域独擅胜场、硕果累累；而且以他卓越的学术活动与无私奉献，推进了中国历史文献研究会的发展繁荣。

我曾以此文祝贺仓公八秩荣庆。如今哲人虽逝，然其学术却将久久常青！整理此文，因追念仓公对我的帮助，对中国历史文献研究会的巨大贡献，故谨附数言。

（原载《仓修良教授八十华诞庆寿文集》，华东师范大学出版社2012年版）

《经世大典》辑佚考论

　　《经世大典》是元代文宗时期修纂的大型政书。元天历二年（1329）九月戊辰，文宗弑兄夺位，第二次登基之后，下诏由翰林国史院同奎章阁学士院纂修《经世大典》。至顺元年（1330）二月，为集中编纂力量，乃命奎章阁学士院专率其属为之，以赵世延、虞集为总裁。秋七月，赵世延以疾退[1]，由虞集专领其事。是年四月十六日开局，第二年五月一日即"草具成书，缮写呈上"[2]。此后大概因虞集目疾加重[3]，大典初稿的

---

[1]　《元史》卷一八〇《赵世延传》，中华书局1987年版，第4166页。

[2]　虞集：《道园学古录》卷五《经世大典序录》，《四部丛刊初编》本，上海书店出版社1989年版。

[3]　参见虞集《道园学古录》卷四《题蔡端明苏东坡墨迹后》："是日试郭屺墨，但目疾转深，不复能作字……至顺辛未二月望日蜀人虞集书。"《四部丛刊初编》本，上海书店出版社1989年版。

加工转由他人负责，经修订润色，装潢成帙后，由在奎章阁任职的欧阳玄于至顺三年（1332）三月表进皇帝[1]。

大典分类记载了元朝自漠北兴起至文宗朝的帝王谱系、诏训，以及职官、礼乐、经济、军事、法律、匠作等典章制度，尤其是总结了元朝立国以来典制的更替演变，是元代典制之集大成者。明后期大典失传，清中叶以后才逐渐为学者重视，出现了一些辑佚和研究成果，然至今仍未有一部较全面的辑本。如何更好地收录其佚文、最大限度地恢复大典原貌，本文拟就此作一粗浅探讨，以就教于方家。

一、《经世大典》的编纂体例及特征

分析《经世大典》的编纂体例及其特征，是研讨大典辑佚的前提和基础。《经世大典》880 卷，另附《目录》12 卷，《公牍》1 卷，《纂修通议》1 卷，全书暗分君事、臣事两大部分，君事分帝号、帝训、帝制、

---

[1] 欧阳玄：《圭斋文集》卷一三《进经世大典表》，《四部丛刊初编》本，上海书店出版社 1989 年版。

帝系等四篇，因要使用大量蒙古材料和档案，专设蒙古局纂修；臣事分治典、赋典、礼典、政典、宪典、工典等六篇，由奎章阁学士院修纂[1]，共 10 篇。

大典的编纂源于元朝君臣对于治国方略和国家典制总结的需要。早在蒙古政权建立初期，成吉思汗就在 1219 年出征花剌子模国之前专门召集会议，重新规定了自部落兴起以来颁布的各种约孙（习惯）、札撒（法令）和训言[2]，用蒙古文整理成卷，名为《大札撒》。成吉思汗的继承者窝阔台又据当时所新增的一些仪制，修订并再次颁布了《大札撒》。《元史·太宗本纪》曰："大札撒，华言大法令也。"[3]《大札撒》内容庞杂，涉及军事、行政、外交、宗教、民事、刑罚诸多方面，然零散杂碎，不成体系，因而不是一部真正意义上的成文法典，而只是对于习惯法的确定和文字记录而已。蒙古政权在入主中原、建立元朝以后，为了更好地治

[1] 虞集:《道园学古录》卷五《经世大典序录》、欧阳玄:《圭斋文集》卷一三《进经世大典表》，《四部丛刊初编》本，上海书店出版社1989年版。

[2] 波斯拉施特主编，余大钧、周建奇译《史集》第 1 卷第 2 分册，商务印书馆 1983 年版，第 272 页。

[3] 《元史》卷二《太宗本纪》，中华书局 1987 年版，第 29 页。

理我国历史上第一个以少数民族统治者为首的多民族统一国家，吸收了中原地区汉文化的进步因素，在国家体制法规的建设上不断发展丰富，在《经世大典》之前，元廷已颁布或编定不少法规法令。忽必烈即位不久，就在至元元年（1264）八月颁定新立条格，"定官吏员数""均赋役""劝农桑""平物价"等。[1] 至元二十八年（1291），他又命何荣祖"简除繁苛，始定新律"，编修《至元新格》，其内容包括公规、治民、御盗、理财、赋役等 10 篇，并予以刻板颁行。[2] 此后成宗曾于大德三年（1299）三月命何荣祖"更定律令"[3]，次年何荣祖选编了《大德律令》，但据《元史·何荣祖传》记载，此书并未正式颁行。[4] 仁宗时，曾允中书所奏，令臣下"以格例条画有关于风纪者，类集成书，号曰《风宪宏纲》。至英宗时，复命宰执儒臣取前书而加损

---

[1] 《元史》卷五《世祖本纪二》，中华书局 1987 年版，第 98 页。

[2] 《元史》卷一六《世祖本纪十三》，中华书局 1987 年版，第 348 页。

[3] 《元史》卷二〇《成宗本纪三》，中华书局 1987 年版，第 427 页。

[4] 现存《永乐大典》卷七三八五、卷一五九五〇中录有《大德典章》佚文。黄时鉴《元代法律资料辑存》（浙江古籍出版社 1988 年版）曾对此辑录标点，并认为《大德典章》可能与《大德律令》有一定联系。

益焉，书成，号曰《大元通制》"[1]。《大元通制》在英宗至治三年（1323）审定颁行，全书88卷，包括《制诏》《条格》《断例》三部分，是元朝第一部体例比较完备的法典，惜至今已严重残佚，仅存《条格》22卷，故通称《通制条格》。几乎与此同时，又有《元典章》刊行问世。此书编集刊行者不详，然从内容上看，并非新颁典制，乃法令公牍文书汇编，书分正集、新集两部分，正集所收文献自元世祖中统元年至英宗至治元年[2]，新集则补收正集所缺，并续收至至治二年。全书分诏令、圣政、朝纲、台纲、吏部、户部、礼部、兵部、刑部、工部10大类[3]，下分81门，467目，收文2391条，是研究元代典章制度不可或缺的重要历史文献。

《经世大典》的编纂在《元典章》刊行后不久，因此在编纂体例上也颇有借鉴《元典章》之处。在《经世大典》修成之后，元顺帝至正五年（1345）十一月又修

---

[1] 《元史》卷一○二《刑法志一》，中华书局1987年版，第2603页。

[2] 《四库全书总目》提要言收至延祐七年，不然。见《元典章》卷五七《刑部》一九《诸禁》"禁典雇蒙古儿女为躯"条，陈高华等点校本，中华书局、天津古籍出版社2011年版，第1892页。

[3] 新集分类略有不同。

成《至正条格》，并于次年四月"颁《至正条格》于天下"[1]。其体例仿照《大元通制》，分《制诏》《条格》《断例》三部分，所收条文"《制诏》百有五十，《条格》千有七百，《断例》千五十有九"。刊印颁行时仅有《条格》《断例》两部分[2]。此书是元代后期官修的重要法典，具有较高史料价值，然历来被认为已经亡佚。2002年在韩国庆州发现残本，并于2007年由韩国学中央研究院整理出版。元顺帝至正七年（1347）还曾诏修《六条政类》。次年八月，"《六条政类》书成"[3]，然此书不传。日本学者金文京认为此书性质与《经世大典》相仿，可看作是大典的续篇。所谓"六条"，当与《经世大典》的"臣事"六篇相同[4]。元代新修政书恐还不止以上所述，惜多已亡佚，至今仍有一些线索者，如《成宪纲要》，作者与年代不详，钱大昕《补元史艺

[1]《元史》卷四一《顺帝本纪四》，中华书局1987年版，第874页。

[2] 欧阳玄：《圭斋文集》卷七《至正条格序》，《四部丛刊初编》本，上海书店出版社1989年版。

[3]《元史》卷四一《顺帝本纪四》，中华书局1987年版，第881页。

[4] ［日］金文京：《韩国发现元刊本〈至正条格〉残卷简介》，载《中国传统文化与元代文献国际学术研讨会会议论文集》，中华书局2009年版，第39页。

文志》有著录，现存《永乐大典》残本卷一九四二五录有此书关于驿站的相关文字，曾有学者加以辑录[1]。

梳理元代政书修纂的大致线索，以其他政书与《经世大典》作简要的比较，可以对大典编纂的性质和体例特征有以下认识。

第一，从编纂性质来看，大典是一部重在表现国家机构组织体系，叙述制度沿革更替的政典。元朝自成吉思汗起就很重视制度法令的整理颁行，后来又陆续修纂颁布了多种政书。然而从内容和形式上审视这些政书，它们的编纂性质又是有所不同的。《四库全书总目》将这类典制体史籍又区分为通制、典礼、邦计、军政、法令、考工等 6 个子目。其中"通制"目著录"以一代之书收六职之全者"，如《唐会要》《元典章》之类；"法令"目收"官著为令者也，刑为盛世所不能废"，其中如《至正条格》等[2]。由此可见，元代所纂政书也可大致分为两类，一类是以政府机构和职掌为体

---

[1] 见黄时鉴《元代法律资料辑存》，浙江古籍出版社 1988 年版，第 77—81 页。

[2] 《四库全书总目·史部·政书类》，中华书局 1965 年版，第 701、713、712、726 页。

系，叙相关制度条令和事例，以明国家行政制度之沿革，为后世政务提供规范和借鉴的政典，如《经世大典》《六条政类》。一类是按刑事的涉及事类为体系，叙相关律令格式和事例，以明裁断刑法，是以服务现实为主要目的的法典，如《大元通制》《至正条格》。正因为性质的不同，元代后期才要将《大元通制》和《经世大典》《至正条格》和《六条政类》两两配套而行，以完善国家典制法令的规范。然而，从更长远的角度讲，《经世大典》"思辑典章之大成，以示治平之永则"[1]，它从通制编纂的需要，对国家体制作全面总结和确定，也必然包括刑法和民法的内容，因而范围更广，意义也更为深远。

第二，大典的 10 篇作为一级大部统辖具体类目，提纲挈领，条理清晰，在编纂结构上优于唐、宋会要。《经世大典》的编纂，"参酌唐、宋会要之体"，"仿六典之制，分天、地、春、夏、秋、冬之别"[2]。从大结

---

[1] 虞集：《道园学古录》卷五《经世大典序录》，《四部丛刊初编》本，上海书店出版社 1989 年版。

[2] 虞集：《道园学古录》卷五《经世大典序录》，《四部丛刊初编》本，上海书店出版社 1989 年版。

构上看，大典分君事、臣事两部分。"君事"中的帝号、帝训、帝制、帝系无疑是参酌了《唐会要》前 6 卷有关帝号、皇后、储君、诸王、公主等体例。"臣事"则主要是"仿六典之制"。"六典"之制始于《周礼》，《周礼》设官分职之法，即为天官冢宰、地官司徒、春官宗伯、夏官司马、秋官司寇、冬官司空等六大系统；六大系统的官职分别是治官、教官、礼官、政官、刑官、事官，此六官到隋唐之后，则用以统称吏、户、礼、兵、刑、工等六部的职官和职掌；六官所遵循的典章制度则所谓"建邦之六典"：治典、教典、礼典、政典、刑典和事典[1]。《经世大典》"臣事"六篇所仿"则《周礼》之六典"[2]，以其名略为改易而成治典、赋典、礼典、政典、宪典和工典，并以此六篇分叙吏部、户部、礼部、兵部、刑部、工部的职掌和典章制度、条令法规。大典"臣事"六篇的分部克服了唐、宋会要没有大部门区分、直接以细目分类，显得杂乱无章的缺点。以现

---

[1] 《周礼·天官冢宰·大宰》，中华书局影印阮元校刻《十三经注疏》本，1980 年版，第 645 页。

[2] 欧阳玄：《圭斋文集》卷九《元故奎章阁侍书学士翰林侍讲学士通奉大夫虞雍公神道碑》，《四部丛刊初编》本，上海书店出版社 1989 年版。

有的《唐会要》来看，100卷的内容分立为571个细目，由于全书不设部门以为统筹，导致结构散乱，类目琐碎，后世学者只能依靠其事类性质和内容起讫，大致将其归类为17大项或13大项。《经世大典》虽然也属于会要体典籍，然其绝大部分内容由于有"臣事"六典的分辖，则具备了提纲挈领、条理清晰的优点，这是会要体编纂在元代的发展和进步。

第三，大典结合元代的具体情况，创新二级类目，反映了时代的特点。大典在君事、臣事10篇下的类目，是它的二级分类。由于"君事"的帝号、帝训、帝制、帝系四篇序录外的佚文已经难寻，其二级类目今已不详。然从现存佚文中，仍可确认"臣事"六篇的128个二级类目，因"臣事"内容在大典中超过三分之二，则可从六典以见大典在编纂体例上的继承和创新。六典的治典之下，分官制、宰臣年表、入官、补吏、儒学教官、军官、钱谷官、投下、封赠、承荫、臣事等11类，其中宰臣年表、钱谷官、臣事等3类名为新建，其余官制、承荫、军官、投下、封赠5类则分别沿用《元典章·吏部》或《兵部》中的二级或三级类目；入官、补吏、儒学教官则从《元典章·吏部》的《官制·选格》

《吏制》《官制·教官》等类目加以改造而来，当然内容范围也不尽相同了。

赋典之下，分都邑、版籍、经理、农桑、赋税、海运、钞法、金银珠玉铜铁铅锡矾卤竹木等课、盐法、茶法、酒醋、商税、市舶、宗亲岁赐、俸秩、公用钱、常平义仓、惠民药局、市籴粮草、蠲免、赈贷等 21 类。其中都邑、经理、宗亲岁赐、赈贷、海运、公用钱等 6 类为新建。如海运类，反映了元代漕运业中以海运为主、内河运输为辅的新格局；公用钱也为元朝官俸的特殊现象，记述政府在官员俸廪之外，另赐资供官吏贷人以取息，为"贺上、燕集、交好"[1]之用，这也可以看作是元廷对官员的一种养廉之法。农桑、钞法、市舶 3 类则直接沿用《元典章·户部》中的二、三级类目，其余 12 类则分别利用《元典章·户部》中的二、三级类目加以改造而成。

礼典之下，分朝会、宴飨、行幸、符宝、舆服、乐、历、进讲、御书、学校、艺文、贡举、举遗逸、求言、进书、遣使、朝贡、瑞异、郊祀、宗庙、社稷、岳镇

---

[1] 苏天爵编《元文类》(《国朝文类》) 卷四〇《经世大典序录》之《赋典·公用钱》，《四部丛刊初编》本，上海书店出版社 1989 年版。

海渎、三皇、先农、宣圣庙、诸神祀典、功臣祠庙、谥、赐碑、旌表、释、道等32类。其中宴飨、求言、进书、遣使、朝贡、三皇、先农、赐碑、艺文等9类为新建,尤其是"艺文"一类,则专述元朝之文事机构,并特别表彰"自我朝之所作者",如"制国字以通语言文字于万方",以及"至若奎章之建阁,断自宸衷,缉熙圣学,表彰斯文"[1]等新气象。因元代礼仪也多承儒家传统,变动不大,故其他23类目,多承袭或改造唐、宋会要和《元典章》之类目而来。

政典之下,分征伐、招捕、军制、军器、教习、整点、功赏、责罚、宿卫、屯戍、工役、存恤、兵杂录、马政、屯田、驿传、弓手、急递铺、袛从、鹰房捕猎等20类。其中征伐、招捕、教习、功赏、责罚、宿卫、屯戍、工役、兵杂录、弓手等10类为新建。军器、整点2类直接沿用《元典章·兵部》的类目,存恤、屯田直接沿用《通制条格》的类目,马政类则从《唐会要》卷72的马、诸监马印、诸蕃马印等类目组合改造而成,其余5类据《元典章·兵部》类目改易。

---

[1] 苏天爵编《元文类》卷四一《经世大典序录》之《礼典·艺文》,《四部丛刊初编》本,上海书店出版社1989年版。

宪典之下，分名例、卫禁、职制、祭令、学规、军律、户婚、食货、大恶、奸非、盗贼、诈伪、诉讼、斗殴、杀伤、禁令、杂犯、捕亡、恤刑、平反、赦宥、狱空等22类。其中卫禁、职制、祭令、学规、军律、食货、大恶、恤刑、狱空等9类为新建，诈伪、诉讼、杂犯3类直接沿用了《元典章·刑部》的二级类目，捕亡沿用于《通制条格》，其他9个类则分别由《元典章·刑部》和《通制条格》的类目改易而成。

工典之下，分宫苑、官府、仓库、城郭、桥梁、河渠、郊庙、僧寺、道宫、庐帐、兵器、卤簿、玉工、金工、木工、抟埴之工、石工、丝枲之工、皮工、毡罽、画塑、诸匠等22类。其中宫苑、仓库、郊庙、僧寺、道宫、庐帐、卤簿、玉工、金工、木工、抟埴之工、石工、皮工、毡罽、画塑、诸匠等16类为新建，城郭、桥梁直接沿袭了《唐会要》卷86的类目，其余4类则分别由《元典章》和《通制条格》的类目所改造。从现存大典128个二级类目来看，创新类目即有53类，接近总数之半。类目承袭其他政书者仅20类，其余则据实际情况对内容作必要的合并或离析，并适当改易类目名，而且这种承袭或稍作改易也以参照元代政书者居多，参酌唐、宋会要者居少，因而较好地反映了时代的发展和变化。

第四，在会要体例中首创于每篇每类正文之前加以序录，起到介绍内容梗概、勾勒演变原委的作用，也反映了大典述典制以经世的思想。序录分为四个层次：全书有总序；10篇有大序；128类有小序；有的类目之下又分子目，子目也有序录[1]。因各类目中有的拆分为上下，有的还有附录，有的又分子目，所以共存有序录210篇。序录之作源于书目，西汉刘向受命整理中秘书藏书，"每一书已，向辄条其篇目，撮其旨意，录而奏之"[2]。刘向在序录中揭示书籍的各种情况，以便皇帝观览。这些书前之序录后来结集为我国第一部综合性书目《别录》。《经世大典》吸收了刘向序录的优良传统，当时的主观意图自然也是为了便于"皇览"，但客观上却具有创新体例、提纲挈领之意义。除总序对于修纂背景和过程作扼要交代外，大典的各篇各类序录都具有提要的性质，或交代各篇各类的设立宗旨，或阐明内容梗概，或勾勒典制的演变原委和线索，为

[1] 现保存于苏天爵所编《元文类》卷四〇至四二《经世大典序录》。

[2] 《汉书》卷三〇《艺文志序》，中华书局1962年版，第1701页。

读者了解各部分内容、把握元代典制之因革大势，发挥了画龙点睛的作用。

序录还深刻反映了大典述典制以济世的经世致用思想。在序录的经世意识中，有几点是比较突出的。一是高度总结了元朝多民族统一国家的历史发展。自唐朝以后，我国历史上长期存在宋、辽、金、夏等分立政权。大典在《帝号》《赋典》序录中肯定了元朝"致四海之混一"的历史功绩，叙述了"若夫北庭、回纥之部，白霫、高丽之族，吐蕃、河西之疆，天竺、大理之境"皆归于一，"八纮万国，文轨攸同，总总林林，重译归化"这种多民族组合、国家一统的宏大规模，因而盛赞曰："自古有国家者，未若我朝之盛大者矣。"至于在"臣事"各典大小序录中对元朝立国几十年间在经济、政治、文化方面成就的叙述，更是反映了大典对元朝历史发展的深刻认识。二是从典制总结中提倡和彰扬爱民厚生的经世思想。大典序录把养民厚生的方略作为元朝的基本国策反复强调。《赋典》大序就说："我祖宗创业守成，艰难勤俭，亦岂易言哉。大率以修德为立国之基，以养民为生财之本，布诸方策，昭示后裔，以垂宪万世者，宁有既乎？"至于如何具体地实施养民厚生之道，大典序录中则有多方面的论述，如《赋典·农桑》序录中提倡重农桑，使民有所养；《赋典·经理》序录中认为养民厚生要善于理财；《工典》大序中则提出要"重民力，节国用"的主张。三是在典制总结中强调德治教化的社会作用。这一思想在《宪典》各篇序录中有比较集中的体现，比如认为"天地之道，至仁而已。国以仁固，家以仁和"[1]。把仁道作为治国治家之本，提倡以王道德治管理和教化百姓。《宪典》本是记载刑狱诉讼制度的，但是大典认为国家刑法只是德治之余的辅助手段，"古者圣人以礼防民，制刑以辅其不足"[2]，他们所期望的是以王道德治达到"无讼""无刑""狱空"的局面。

第五，大典在具体的编纂中注意前后呼应，使之详略得当，又采用灵活的表现手法，为后世的元史研究保存了大量宝贵资料。一是使用"互见"方法编排材料，使之该详者详，该略者略，各篇之间又可互相

---

[1] 苏天爵编《元文类》卷四一《经世大典序录》之《宪典·大恶篇》，《四部丛刊初编》本，上海书店出版社1989年版。

[2] 苏天爵编《元文类》卷四一《经世大典序录》之《宪典·奸非篇》，《四部丛刊初编》本，上海书店出版社1989年版。

照应。大典编纂中当遇到不同类目的内容有联系或交叉时，力避重复，同时又注意标明内容可参见之处。如《治典·军官》中曰："武臣之入官也，其始以功，其子孙以世继，兹著其大概，详在军旅之典矣。"也就是说，《治典·军官》与《政典》内容相关，此处略述，他处详记，可参照阅读。在同典同类之中也有"互见"之例，如《政典·征伐·占城》曰："二十一年之征，则以安南道阻，不果。语在《安南》事中。"则指至元二十一年（1284）元军攻打占城，假道安南受阻之事，详情记载在《政典·征伐·安南》目中。二是大典一些类目中还善于用灵活的表现手法，对传统政书的体例适当变通。从现存佚文可以看出，大典有些内容不限于叙述典制，而较多地记载了政治事件和人物传记，用以佐证典制。如《政典》的《征伐》《招捕》，用较多的篇幅记述了元朝国内统一战争中对南宋、云南及南方少数民族地区的军事行动和招降过程；另一方面则记述了对周边国家如高丽、日本、安南、占城和南海诸国的征伐与政治、经济交往。《治典》的《臣事》则收录了一批在元朝历史上发挥过重要作用的文臣武将的传记。上述内容虽不属于典制范围，然亦可佐证相

关的政治制度，同时为后来修撰《元史》和元史研究
保存了大量宝贵的史料。

二、《经世大典》辑佚和研究的学术史观照

元至顺三年（1332）三月，大典纂成，装潢成帙，
表进皇帝，群臣振奋。时人萨都剌有诗曰：

> 文章天子大一统，馆阁词臣日纂修。万丈奎
> 光悬秘阁，九重春色满龙楼。
> 门开玉钥芸香动，帘卷金钩砚影浮。圣览日
> 长万机暇，墨花流出凤池头。[1]

惜大典表进后数月，元文宗去世，之后随即因皇
位的变易又陷入混乱。又因大典卷帙浩繁，故无暇
刊印颁行而束之高阁。明初，大典被运往南京，修
《元史》《永乐大典》时皆曾取资于大典。永乐帝迁都
后，《经世大典》也被运回北京，"初贮在左顺门北

---

[1] 萨都剌：《雁门集》卷二《奎章阁观进皇朝经世大典》，上海古籍出
    版社 1987 年影印文渊阁《四库全书》本。

廊，至正统六年而移入文渊阁中"[1]。今传《文渊阁书目》卷 11 盈字号第三、四橱记："《元朝经世大典》一部，七百八十一册，阙。《经世大典纂录》一部一册，阙。"[2]苏振申据《千顷堂书目》所载明弘治十年（1497）修《明会典》时参考《经世大典》事，又查万历三十三年（1605）张萱撰《内阁藏书目录》已不载大典，认为大典应在此段时期散佚[3]，所言极是。

　　大典在明后期散佚后，并未引起重视。清乾隆时修《四库全书》，从《永乐大典》中辑出大批佚书，或因大典卷帙浩繁，也未组织人力进行辑佚。此后，随着学界对元史研究兴趣的提升，才出现一系列对大典的辑佚和研究成果。为了深入展开大典的辑佚和研究，在此有必要对以往大典的辑佚和研究作学术史的梳理和总结。

---

[1]　沈德符：《万历野获编》卷一《访求遗书》，中华书局 1959 年版，第 4 页。

[2]　杨士奇：《文渊阁书目》卷一一，《丛书集成初编》本，中华书局 1991 年版，第 142 页。

[3]　苏振申：《元政书经世大典之研究》，台北中国文化大学出版部 1984 年版，第 18 页。

（一）对大典内容的辑录和辑佚

首先开始辑录《经世大典》内容的是元人苏天爵。苏天爵（1294—1352），字伯修，真定（今河北正定）人，《元史》有传。苏氏23岁就步入仕途，先在史馆任职，后官至江浙行省参知政事。他"博而知要，长于纪载"。苏天爵生活于元朝后期，面对中原前辈凋谢殆尽，旧文散落的状况，"独身任一代文献之寄"[1]，注意对元朝文献的收集、编纂。他所修纂的《元朝名臣事略》15卷、《元文类》70卷是保存元代史料的重要汇编，在当时就引起重视，时人赵汸曰："山林晚进得窥国朝文献之盛者，赖此二书而已。"[2]纂成于元顺帝元统二年（1334）的《元文类》所收资料更为宏富，元人陈旅说苏氏为此书"积二十年"之功，"百年文物之英，尽在是矣"；他说苏氏编纂《元文类》的宗旨并非取美文佳构、华丽辞藻，而是"必其有系于政治，有补于世教，或取

---

[1] 《元史》卷一八三《苏天爵传》，中华书局1987年版，第4226—4227页。

[2] 赵汸：《东山存稿》卷五《书苏参政所藏虞先生手帖后》，上海古籍出版社影印1987年影印文渊阁《四库全书》本。

教，或取其雅致之足以范俗，或取其论述之足以辅翼史氏，凡非此者，虽好弗取也"[1]。从务实致用的要求出发，可以看到《元文类》所收的歌诗、赋骚并不多，就是在所收仅8卷的"雅致"诗赋中，也仍负有"足以范俗"之任，而余下的62卷为散文，则都是"辅翼史氏"的各类史料。其中卷四〇至卷四二的"杂著"，即辑录了《经世大典序录》210篇。由于苏氏生当元朝，所录大典内容应该最为真实，更重要的是因这些序录所述梗概，为后世重现《经世大典》框架、最大限度地恢复大典原貌提供了宝贵的线索和依据，因而苏天爵乃《经世大典》重生的首要功臣。

元亡以后，明初修《元史》、编纂《永乐大典》也都利用了《经世大典》。据学者考证，《元史》的不少志、传都摘录或引用了大典的内容，只是由于《元史》囿于正史体例，未将摘引之处标出，所以至今也不能有具体确切的指认。《永乐大典》则是修于明成祖永乐年间的大型类书，此书以"毋厌浩繁"为宗旨，广收各类文献，其编纂以韵系字，以字系事，有时字头之

----

[1] 陈旅：《元文类序》，见苏天爵编《元文类》卷首，《四部丛刊初编》本，上海书店出版社1989年版。

下全收一书，有时又将一书拆开，按内容主题附于相关字头。《经世大典》是被离析而辑录于相关字韵之下的，因而材料比较分散。1900年八国联军入侵北京后，《永乐大典》被焚，残本流散世界各地。据苏振申研究并条列《〈永乐大典〉存本所收〈经世大典〉条目表》所示，《永乐大典》残本所存《经世大典》佚文有100处，21条目[1]。苏氏虽仍有漏列，但由此可知《永乐大典》残本现存《经世大典》佚文足有十多万字，虽然有少量内容和《元文类》的《经世大典序录》重复，然而因所录多为正文，弥补了《经世大典序录》之外的大量缺逸，辑佚价值弥足珍贵。

《永乐大典》在四库馆臣大量辑佚之后，被视为"菁华尽采，糟粕可捐"的余物而送翰林院贮存。不过，清中期以后，仍有一些供职于翰林院又深谙其价值的文人学者利用《永乐大典》开展一些辑佚活动。其中，徐松为《经世大典》的辑佚作出了贡献。徐松（1781—1848），字星伯，原籍浙江上虞，幼时随父居官北京，侨居顺天府大兴（今属北京）。嘉庆十年（1805）进士，

---

[1] 苏振申：《元政书经世大典之研究》，台北中国文化大学出版部1984年版，第36—40页。

授翰林院编修，入直南书房。他为学贯通经史、文字音韵、目录版本，金石、舆地无所不通，是嘉道间一位渊博的学者。嘉庆十四年（1809）全唐文馆开后，他入馆任提调，第二年出任文颖馆（唐文馆）总纂官。他在全唐文馆任职期间，得阅《永乐大典》，私下辑抄佚书多种，其中以《宋会要》500卷最知名，也辑得《经世大典》的"马政"部分2卷。徐松身后，他的辑本数易其主，《马政》辑稿后归缪荃孙，今国家图书馆仍藏有缪氏的抄本[1]。但其中除《马政》之外，还有《经世大典》的另一篇佚文《阜通七坝》。据文廷式在他的《经世大典》辑本中为《马政》题识所言："此卷从缪筱珊（荃孙）编修处转抄，盖徐星伯录出之本也。今翰林院所藏，已佚此两卷矣。丁亥十月三十日校毕记，萍乡文廷式。"[2] 则未言《阜通七坝》是否亦为徐松所辑录。此外，王国维在《〈大元马政记〉跋》中还说："星伯先生所钞《驿站》一门尚存"，"唯《驿传》一门卷帙颇大，原稿今在俄都圣彼得堡博物馆"，"传钞刊印殊非易事，

---

[1] 缪荃孙抄《经世大典》1册，绿格抄本，页11行，行24字，四周单边，单鱼尾，卷末钤"荃孙读过"。见《艺风抄书》丛编。

[2] 文廷式辑《经世大典》抄本第2册，《马政》卷后。

是可憾也"[1]。日本人羽田亨在《元朝驿传杂考》中提到他1914年曾在莫斯科抄录徐松所辑《永乐大典·站赤门》相关章节，也指出王国维所闻原稿在彼得堡乃莫斯科之误[2]。今查《康·安·斯卡奇科夫藏汉籍写本和地图题录》第11《类书和手册、书目》中著录："No.254（787），经世大典。阜通七坝，游牧。14世纪政书。""No.256（51）经世大典站赤，14世纪政书驿传，卷八百八十。""根据伯希和《俄国收藏之若干汉籍写本》，徐松也曾抄录了上述8卷《永乐大典》。"[3] 可以看出，徐松所辑《经世大典》佚文，似不止《马政》二卷，可能还有"阜通七坝""驿传"等内容。至于王国维所言《驿传》一门远在海外，抄刻不易之叹，则因包括"驿传"内容的《永乐大典》残本卷19416至卷19423至今仍存，可以无憾了。

---

[1]　王国维：《〈大元马政记〉跋》，见姬佛陀辑《广仓学宭丛书甲类》，上海仓圣明智大学1916年铅印本。

[2]　〔日〕羽田亨：《元朝驿传杂考》，见《日本学者研究中国史论著选译》第9册，中华书局1993年版，第487—563页。

[3]　〔俄〕麦尔纳尔克斯尼斯著，张芳译，王菡注释，李福清审订《康·安·斯卡奇科夫所藏汉籍写本和地图题录》，国家图书馆出版社2010年版，第155—157页。

　　继徐松之后，晚清文廷式辑录大典佚文，成果也颇多。文廷式（1856—1904），字道希，号芸阁，晚年自称纯常子，江西萍乡人。光绪十六年（1890）进士，授翰林编修，擢翰林侍读学士，并任光绪帝宠妃珍妃的业师，备受光绪帝器重。他学识渊博，长于史学，被誉为"江南才子"，著述多达五六十种。在供职翰林院侍读期间，他借读过大量《永乐大典》，其晚年著作《纯常子枝语》卷三曰："《永乐大典》今存于翰林院者仅八百余册，余乙酉、丁亥在京时，志伯愚锐[1]詹事方协办院事，曾借读三百余册，其可采之书唯宋元地志为最伙，惜未募写官，不能尽录，唯集《经世大典》得六七卷。"[2] 即述其在光绪十一年（1885）至十三年（1887）时借阅《永乐大典》事，据文廷式所言，其辑录佚书多种，可惜所辑佚书大多未能刊行而不知所终，除在他的《纯常子枝语》中保存有一些古书佚文外，所幸有关《经世大典》的辑本 2 册，今仍保存在

---

[1]　志锐，字伯愚，珍妃之兄。

[2]　文廷式：《纯常子枝语》卷三，《续修四库全书》第 1165 册，上海古籍出版社 2002 年版，第 56 页。

辽宁省图书馆[1]。文氏辑本包括大典的辑文共 11 种，以及文氏对辑文的题识、批注共 4 处，柯劭忞跋文 1 处。其中有关大典的辑文，除文氏在《马政》篇后题识说明抄录缪氏抄本外（见前揭），其他各篇应为文氏所辑。据辽宁省图书馆特藏部王清原考证，文氏辑本在文廷式身后辗转多处，先由易培基收藏；后转入柯劭忞手中，柯氏利用辑本的材料为所撰《新元史》增添了内容；后辑本又转为罗振玉收藏。罗氏将辑本交由王国维整理，选出《大元马政记》等 6 种，列入《广仓学窘丛书甲类》第一集、第二集；最后，文氏辑本由罗振玉哲孙罗继祖教授于 1950 年捐赠东北图书馆[2]。

1916 年年初，王国维应海宁同乡邹寿祺（字景叔）介绍，受聘于上海犹太富商哈同，任《学术丛编》编

---

[1] 文廷式辑《经世大典》本，原为 2 册，现分装为 4 册，仍按 2 册著录版本状况。白棉纸，无行格，楷书。第 1 册每半叶 9 行，行 24 字，小字双行，卷端上题"经世大典"，下题"萍乡文廷式集"，首页右下有"继祖印信""罗村旧农"二白文印。第 2 册每半叶 11 行，行 24 字，首页右下有"海山楼"朱文印，右上有"柯回"朱文印。

[2] 王清原：《〈永乐大典〉中元代史料举隅——以文廷式辑元〈经世大典〉佚文为例》，见《〈永乐大典〉编纂 600 周年国际研讨会论文集》，北京图书馆出版社 2003 年版，第 191、195 页。

辑[1]。哈同在上海致富后，为粉饰文事，由其妻罗迦陵及汉人买办姬觉弥[2]操办建立上海仓圣明智大学，创办《学术丛编》《艺术丛编》等。王国维于1916年年初由日本到上海就任，虽然对哈同夫妇的为人及姬觉弥的不学无术甚为不满[3]，但为了弘扬学术仍勉力参与其事。1916年罗振玉从柯劭忞处得文氏辑本《经世大典·马政》，王国维于当年5月整理出《大元马政记》并撰长篇跋语，刊行于姬佛陀辑印《广仓学宭丛书甲类》（即《学术丛编》）第一集。次年，柯氏又将文氏辑本二册转赠罗振玉。王国维分别于当年4月、6月、7月、9月整理出《元高丽纪事》《元代画塑记》《大元仓库记》《大元毡罽工物记》《大元官制杂记》等5种，并各撰跋语，刊行于《广仓学宭丛书甲类》第二集[4]。于是《经世大典》佚文6种借《广仓学宭丛书》得以广

---

[1] 袁英光、刘寅生：《王国维年谱长编》，天津人民出版社1996年版，第139页。

[2] 姬觉弥（约1885—1964）本名潘林，佛号佛陀。早年为哈同听差，后被罗迦陵招为哈同花园大总管，兼任仓圣明智大学校长。

[3] 参见罗继祖《王国维先生笔下的哈同仓圣明智大学》，《社会科学战线》1982年第2期。

[4] 袁英光、刘寅生：《王国维年谱长编》，天津人民出版社1996年版，第210、212、219、235页。

为流传，而王国维在每种之后所撰跋语，则详述该篇在大典中之类别、辑录者姓名、佚文出处以及对佚文内容之考证或评价等。

除上述辑本外，《经世大典》佚文的收录，还有几个辑本。一是清代胡敬所辑《大元海运记》二卷[1]，胡敬于嘉庆年间和徐松等人编修《全唐文》，故有机会得阅《永乐大典》。除于《永乐大典》卷 15949、卷 15950 中辑得《大元海运记》外，还辑得宋代《淳祐临安志》部分内容，汇同宋代《临安志》残卷编成《临安志辑逸》8 卷。《大元海运记》后附有清人罗以智撰于咸丰二年（1852）跋语，考订元代海运史实，纠补《大元海运记》若干内容。二是《皇元征缅录》1 卷，《招捕总录》1 卷，此二种乃阮元所收并进呈内府者。他在所撰《四库未收书目提要》中，认为出于元朝"政典"，推为秘籍[2]。实际上此二种乃书胥抄于《元文类》卷四一《经世大典序录》中的《征伐·缅》及《招捕》，见《招捕总录》最

---

[1] 刊于罗振玉辑《雪堂丛刻》，民国四年（1915）上虞罗氏排印本。苏振申认为此二卷与《大元马政记》等 6 种亦刊于《广仓学窘丛书甲类》，有误。《大元海运记》不刊于《广仓学窘丛书》。

[2] 分别见阮元《研经室外集》卷三、卷五，清道光二年刻本。又见《四库全书总目》下册《附录》，中华书局 1965 年版，第 1859、1866 页。

后一句"招捕事不止此"云云可证，此乃苏天爵摘取大典《政典·招捕》类正文入注的说明，非《经世大典》原文 [1]。上述《大元海运记》因《永乐大典》残卷仍存有这部分内容，《皇元征缅录》和《招捕总录》又抄自《元文类》，故史料和辑佚价值都大为逊色。

（二）对《经世大典》的研究

对大典的研究自清代就已开始，钱大昕、赵翼除利用大典的史料研究元史外，还注意到《元史》和大典的关系。如钱大昕认为《元史·宗室世系表》来自《经世大典·帝系》[2]，赵翼认为《元史》的百官、兵、刑诸志源于《经世大典》[3]。晚清学者重视对大典的辑佚后，也引起外国学者的注意。1901年，俄国学者布莱脱胥乃德最早将大典中的《地理图》介绍到西方 [4]。此

[1] 《皇元征缅录》1卷、《招捕总录》1卷，除阮元刊于《宛委别藏》丛书外，还可见于《守山阁丛书》《皇朝藩属舆地丛书》《端溪丛书》《丛书集成初编》等。

[2] 钱大昕著，方诗铭、周殿杰校点《廿二史考异》卷九一《宗室世系表》，上海古籍出版社2004年版，第1264页。

[3] 赵翼著，王树民校证《廿二史札记校证》卷二九《元史》，中华书局1984年版，第561页。

[4] 见唐长孺译《经世大典图释》，《国学论衡》第6期，1935年12月出版。

后，洪钧、沈曾植、屠寄、丁谦等曾对此图有所利用或考释，丁谦《元经世大典图地理考证》3卷，以元代在西北的藩属察合台、钦察、伊利三大汗国为纲，对大典地理图作了详细考证[1]。

进入20世纪，国内外学者对大典的研究不断丰富、深化，包括几个方面：一是对大典与《元史》关系的探讨。王慎荣认为《元史·后妃传》可能抄自大典《宗亲岁赐》篇，温岭认为大典的《治典·臣事》中有人物传记，它们是《元史》列传史源[2]。余元盦撰文对可能采用大典内容的《元史》志表作了推测，指出《元史·天文志》中从"简仪""仰仪"到"西域仪象""四海测验"等9目源于大典《历》篇；王慎荣则在余文基础上对《元史》诸志如何取材的问题提出一些补充和看法，并以大典《政典·驿传》与《元史·兵志》相对照，以示《元史》取材于大典。刘晓则分析了大典《宪典·职制》篇中"检尸"的一段佚文，指出这正是《元史·刑法志》

---

[1] 见《浙江图书馆丛书》(《蓬莱轩地理学丛书》)第2集，1915年刊本。

[2] 王慎荣：《〈元史〉列传史源之探讨》，《吉林大学社会科学学报》1990年第2期；温岭《元代政书〈经世大典〉中的人物传记》，《中国史研究》1992年第1期。

的史源之一 [1]。

二是对大典编纂的讨论。日本市村瓒次郎《元实录与经世大典考》一文不仅探讨《元史》各表与大典的关系，还分析了大典参修人员 [2]。张韶华在前人研究基础上对大典的监修、纂修、缮写者，作了分析和补正 [3]，魏训田则利用大典佚文，从档案公文、元人著作、大臣献书、口头文献、前朝文献等方面分析了大典的史料来源 [4]。

三是对大典部分内容的研究。其中有对大典《宪典》佚文的分析 [5]；有对《大元毡罽工物记》所载毛纺

---

[1] 余元盦：《〈元史〉志表部分史源之探讨》，《西北民族文化研究丛刊》第一辑，1949 年；王慎荣：《〈元史〉诸志与〈经世大典〉》，《社会科学辑刊》1990 年第 2 期；刘晓：《再论〈元史·刑法志〉的史源——从〈经世大典·宪典〉一篇佚文谈起》，北京大学历史学系编《北大史学》第 10 辑，北京大学出版社 2004 年版。

[2] 牟傅楷译，见《史学年报》1931 年第 3 期。

[3] 张韶华：《元代政书〈经世大典〉参修人员辨析补正》，《中国典籍与文化》2013 年第 3 期。

[4] 魏训田：《元代政书〈经世大典〉的史料来源》，《史学史研究》2010 年第 1 期。

[5] 沈仁国：《〈经世大典〉尸检法令及断例辩证》，《江苏公安专科学校学报》1997 年第 4 期；刘晓：《〈大元通制〉到〈至正条格〉；论元代法典编纂体系》，《文史哲》2012 年第 1 期。

织品名目、生产机构、染料及其他物料名目的研究[1]；有利用大典《政典·征伐》篇佚文，论述元朝与东亚、东南亚等周边国家的关系[2]。日本学者中村和之则讨论了《经世大典序录》"招捕"篇中所论"果夥"一地的地理位置[3]。对《经世大典地理图》的研究也不少，中国学者冯承钧、朱杰勤、胡逢祥、刘迎胜、钮仲勋、林梅村，日本学者青山定雄、松田寿男都在他们的论著中参与了讨论。其中，胡逢祥在清人研究的基础上，探讨了地图的来源、流传及绘制方法，认为大典《地理图》本系回回人所绘，收入《经世大典》《永乐大典》《海国图志》时分别作了些修饰润色，方成今日之面貌[4]。林梅村的论文则总括了《地理图》的流传及研究概况，然后将地图与《元史·地理志·西北地附录》进行比勘，考校两者异文，论证《地理图》所载各

[1] 赵翰生：《〈大元毡罽工物记〉所载毛纺织史料述》，《自然科学史研究》2013年第1期。

[2] 魏训田：《从〈经世大典〉佚文看元王朝与周边国家的关系》，《淮北煤炭师范学院学报》2008年第3期。

[3] ［日］中村和之：《关于〈经世大典序录〉中的果夥》，《黑河学刊》1993年第1期。

[4] 胡逢祥：《〈元经世大典地图〉探源》，《西北史地》1986年第1期。

地的地名和地理位置沿革[1]。此外，又有王永刚的硕士论文《元〈经世大典〉初探》，多方面讨论大典的作者和史料来源、体例与现有佚文，以及大典的史料价值。内容虽显单薄，但也有独立之见[2]。

20世纪以来研究《经世大典》诸成果中，以台湾学者苏振申《元政书经世大典之研究》一书的成就最为突出，是目前学界对大典作系统研究的唯一专著[3]。该书分上、中、下三编共10章，上编论《经世大典》的纂修、散佚和体裁；中编论与大典辑佚有关的原文和各种典籍；下编举辑佚之若干范例并论大典之史学价值。其中最有价值的是中编"辑佚"，该编对保存于《永乐大典》和《元文类》中的原文及清末学者辑自《永乐大典》的单篇佚文作出研究，并作《〈永乐大典〉存本所收〈经世大典〉条目表》《〈永乐大典〉所引〈经世大典〉条目表》，尤其是前表，以现存《永乐大典》残

---

[1] 林梅村：《元经世大典图考》，见北京大学考古文博学院编《考古学研究》第6集，科学出版社2006年版。

[2] 王永刚：《元〈经世大典〉初探》，北京师范大学古籍研究所2003年硕士学位论文。

[3] 苏振申：《元政书经世大典之研究》，台北中国文化大学出版部1984年版。

本为据，查得残本所存佚文共 100 处、21 条目，详细标举了《经世大典》佚文所在《永乐大典》的册数、卷数、页数、字数和所属类目，虽仍有误漏，然嘉惠学界甚巨。苏氏还对晚清学者从《永乐大典》中辑出大部分单篇佚文作出介绍，扼要述其内容及版本，以便学者访求。另外，又分析《元史》《元明事类钞》《元史类编》等引用《经世大典》的情况，认为《元史》诸志乃删节大典"臣事"六典而成。他对元代其他政书与《经世大典》的关系也有研究，并将它们的类目与《经世大典》进行比较，以便辑补。总之，苏氏之作为研究和辑佚《经世大典》奠定了坚实的基础。

三、《经世大典》佚文的收辑与考证

已有的辑佚和研究成果为《经世大典》全本的辑佚准备了充分的条件，然而也留下不少值得考证和纠谬补缺的空间。一是现存于《元文类》中的《经世大典序录》和《永乐大典》残本中的材料，虽然保留了大量佚文，但不是现存佚文的全部，需要利用资料补充，特别是文廷式辑本辑于《永乐大典》全部散亡之前，有不少文字可补现存《永乐大典》残本之不足。二是晚清学者所辑各种单篇辑文或辑本也不是大典现存佚文的全部，可借《永乐大典》残本进行互补。如《永乐大典》残本现存《经世大典·宪典》中有关"尸检"的大量文字则为晚清学者未曾辑录。此外，清人辑本中有些内容现仍保存于《永乐大典》残本之中，亦需利用残本校正文字。三是仍有少量散见于其他史籍文集的大典佚文需要钩稽辑录。最后，在采录佚文时，对于佚文在存书中的起止亦需认真辨识；对于佚文所在典籍的版本以及各类辑本的版本优劣也需考证。

《经世大典》辑佚最需要参考的成果自然是苏振申《元政书经世大典之研究》，苏著虽是研究大典的集大成之作，为收集大典佚文提供了广泛的线索，对辑佚工作提出了一套设想，但也存在一些问题。一是苏著的辑佚方案不能达到复原大典的目的。辑佚是将佚书现存的片段材料加以搜辑整理，最大限度地恢复佚书原貌的文献整理方法。复原大典应按大典原书的框架结构，把收到的佚文辑入各目之下，从而得到一个接近原书面貌的文本。苏著的中编虽言"辑佚"，实乃"辑补"，即在大典佚文之外又辑他书相关内容以填补大典类目。中编第六章《经世大典辑补关系书考》，对大典成书前的《元朝秘史》、扎撒、《至元新格》、《元典章》及实录，以及大典成书后的《宪台通纪》《南台备要》加以分析，指出各书相关内容可作大典某些类目的辑补。如第三节《大元圣政国朝典章与大典关系》之吏部云"可将此条全部辑出，分别置入《经世大典》之内"[1]。此外，第七章《经世大典辑佚综考》谈的也是辑补，就连大典类目也套用他书。如第二节《臣事治典卷目之辑佚》，作者设计将《元典章·吏部》中的职制、吏制、公规等类目和内容一并归入大典《治典·官制》类中[2]。很显然，如果按苏著的方法，辑出的文本将是一部以大典框架为线索，添加他书类目，杂糅《元典章》《元史》等典籍相关内容的一部新书。这种做法达不到复原大典的目的，只是以大典为纲进行一次资料的分类汇编。

二是苏著对大典佚文的辑查仍有误漏。首先是对

---

[1] 苏振申：《元政书经世大典之研究》，台北中国文化大学出版部1984年版，第104页。

[2] 苏振申：《元政书经世大典之研究》，台北中国文化大学出版部1984年版，第120页。

《永乐大典》残本的辑查，苏氏详列《条目表》，提供了充分广泛的辑佚线索。然经仔细查检，发现仍漏列大典佚文 5 个条目，即大典《宪典·职制》中的"检尸""检尸式""尸帐式""检尸法"；《礼典·郊祀》中的"祖宗配侑"等，字数可达 1 万余字[1]。此外，苏氏对《永乐大典》所存相关佚文的钩辑也有误收之处。如《条目表》中所列辑自《永乐大典》卷一九四一六至卷一九四二三共 8 条"站赤"材料，乃《经世大典·政典·驿传》内容，字数多达 6 万余字；但最后一条标示有误，因卷一九四二三第 14 页 A 面第 10 行之后乃《六条政类》内容，苏氏误把此后 12 页的材料也纳入《经世大典》佚文了[2]。其次，对散见其他史籍的佚文考查也有误漏。如中编第五章第三节论清初姚之骃《元明事类钞》所引大典佚文，漏列"社长"条目 112 字[3]，

---

[1] 详见文后所附《〈永乐大典〉残本所存〈经世大典〉佚文表》，其中带 ＊ 号者为苏著所漏。

[2] 苏振申：《元政书经世大典之研究》，台北中国文化大学出版部 1984 年版，第 40 页。所标"卷 19423、1A—26A"应为"卷 19423、1A—14A"。

[3] 见姚之骃《元明事类钞》卷七，上海古籍出版社 1993 年影印文渊阁《四库全书》本。

此条应归于大典《赋典·农桑》之下。苏氏列表标示《元明事类钞》引大典佚文9条，认为姚之骃未见大典原文，乃间接引自《元文类》或《永乐大典》[1]，所言大致不错。不过这9条佚文绝大多数都出自《元文类》所收大典《序录》，只有姚书卷三〇"帝押"条不在《序录》之内，但姚氏也不一定引自《永乐大典》。因明清学者有十几人在著述中引用过《经世大典》这条材料，如明人杨慎在他的《词品》《升庵集》《丹铅总录》中都引用过[2]。此外苏氏表中考释内容亦有失误，如表中考释姚书卷四"制大宝"条目，认为原条文字可归于大典《工典·玉工》而不必改易；其实此条内容已在《元文类》卷四一《经世大典序录·礼典·符宝》之中，苏氏以为此条乃《序录》之外佚文，所以归类也有错误。又如姚书卷二三"神风弩"条目，苏氏以为原属大典《工典·兵器》，卷四三"西域炮"条目，苏氏认

[1] 苏振申：《元政书经世大典之研究》，台北中国文化大学出版部1984年版，第75—77页。

[2] 杨慎《词品》卷二"银蒜"，明刻本；《升庵集》卷六七"银蒜"条，上海古籍出版社1987年影印文渊阁《四库全书》补配文津阁《四库全书》本；《丹铅总录》卷八"银蒜"条，上海古籍出版社1987年影印文渊阁《四库全书》本。

为应在《工典·兵器》或《政典·军器》，其实这两条佚文都在《元文类》卷四一所收《序录》的《政典·军器》之中。再次，苏著对大典佚文辑查的另一重要遗漏，还在于他未能得见文廷式辑本。文氏辑本不仅是《广仓学窘丛书甲类》6 种单篇辑文的底本，二者之间可有互校之功，更重要的是文氏辑本中还有不少内容是《广仓学窘丛书甲类》来不及刊行的大典佚文。具体而言，仍有张邦杰等名臣的 6 篇传记，以及《进士及第唱名仪》《进士后思仪》《阜通七坝》等共计 9 篇佚文为苏著所漏记。此外，文廷式的《纯常子枝语》中也收有大典佚文，即张德辉、张柔、张禧 3 篇传记[1]，虽然内容与文氏辑本大致相同，但苏氏也因失检而未能著录。

三是苏著对大典辑佚的论述也有一些小的失误，可试举数例以说明之。比如，《〈永乐大典〉存本所收〈经世大典〉条目表》中所列第 46 册"常平仓"条所在的卷数应是卷七五〇七，误为"7511"；第 72 册"君谊·极深研几"条所在卷一三三四五中的页数应是"6A"，误

---

[1] 文廷式：《纯常子枝语》卷七，《续修四库全书》第 1165 册，上海古籍出版社 2002 年版，第 547—548 页。

为"2A";第92册卷一九七八一页21A—22A佚文类目"金钵局",应为"盒钵局";第93册卷一九七九二"公服"条下考述曰"《元史·百官志》公服条与此有出入",应是"《元史·舆服志》百官公服条"[1]。又如,苏著中编第四章第三节在介绍《大元马政记》《大元海运记》等7种晚清单篇辑本时,先说《大元马政记》收入《雪堂丛刻》《广仓学宭丛书》,后又说其他6种辑本的版本与《大元马政记》相同[2],此说有两误:首先,《大元海运记》只刊于罗振玉1915年编印的《雪堂丛刻》,并不见于《广仓学宭丛书》;其次,《大元马政记》等6种单篇辑本则见于《广仓学宭丛书》,而不见于《雪堂丛刻》。再如,苏著中编第七章第二节《臣事治典卷目之辑佚》最后一段,谈到对"臣事"材料的辑佚,认为可取《元史》诸帝本纪中所载名臣事迹,按11朝次序辑录11卷内容,外加《元文类》所收奏议表疏和史

---

[1] 苏振申:《元政书经世大典之研究》,台北中国文化大学出版部1984年版,第38、40页。

[2] 苏振申:《元政书经世大典之研究》,台北中国文化大学出版部1984年版,第42—49页。

籍序言附于各朝编年事迹之中[1]。这种设计也是不恰当的，因为这并非大典原貌。大典《治典·臣事》序录已表明，这一类目是为功勋卓著或有特殊贡献之文武百僚设立专传，文氏辑本中所收若干人物列传佚文，即为此类内容，并非编年事迹。

四是苏著对于大典的类目复原以及佚文、佚图的辑录归类也存在不少值得商榷之处，这些问题留待分析大典类目体系的恢复和佚文编排时再来讨论。至于苏著中涉及辑佚之外的一些问题，则由于不在本文研讨之范围，就不涉及了。总体而言，苏著对于大典的辑佚为功甚巨，只是因为时代发展了，对于大典的辑佚探索也应有所推进，上述的种种讨论，是新的辑佚思路必不可少的考证。

《经世大典》佚文的辑录和考证可依据以下路径来展开。

---

[1]　苏振申：《元政书经世大典之研究》，台北中国文化大学出版部 1984 年版，第 127 页。

（一）对苏天爵《元文类》所录大典佚文的收辑及其版本辨析

《元文类》（即《国朝文类》）卷一六收有欧阳玄撰《进经世大典表》，卷四〇至卷四二收有《经世大典》各类序录计210篇，这些序录包括全书总序，君事4篇、臣事6篇的10篇大序，128个二级类目的小序，以及部分类目下再分子目的序录。如《宪典·名例》之下又分五刑、五服、十恶、八议等4个子目，《政典·征伐》下又分"平宋""高丽"等，这些子目的序录也被辑录下来；除此之外，一些门类的附录也有序录，如君事中的《帝系》则有《帝系附录》的序录。因此《元文类》所收大典序录的篇数很多，大大超过了大典二级类目的总数，这是一笔宝贵的材料。

《元文类》所收大典序录还有一个特殊的现象值得注意，即《政典》之下的征伐、招捕、军器、存恤、马政、屯田、驿传、弓手、急递铺、鹰房捕猎等10个类目中，编者苏天爵以小字的形式摘取大典正文为各类序录作注。这种做法和目的可从苏天爵在《政典·招捕》注文最后的一句说明得见端倪，其曰："《招捕》事不止此，是惟取其人名、地名及事与序相干者入注中。"[1] 由此可见，采正文入注是为了以史实说明相关序录，更好地阐述元朝典制的发展沿革。因此，除非相关类目的正文佚文仍存，否则这些注文自然也应是收辑的对象。序录中采正文入注的内容以"征伐""招捕"两类最多，"征伐"之下分10个子目，只有最后一个子目"平倒剌沙"没有注文；"招捕"分13个子目，每个子目则只有注文而没有序文。采正文作注也有两种形式，一种是夹注的方法，如"征伐"之下的"平宋"，将注夹杂在序文中，对序中所述平宋过程的沙阳、阳罗、芜湖、焦山、毗陵等5大战役及帝昺之死作详细注解。另一种方法是在序文之后，取大典正文作注。有的是摘取正文或浓缩正文内容作注，这一点可以从序录注文与现存大典正文佚文的比勘中看出来。如《政典·马政》序录"抽分羊马"一段的注文曰："宪宗时，百取其一。"对勘文氏辑本《马政》的正文"抽分羊马"一节，则可看到原文要详细得多，其曰："宪宗皇帝二年壬子十月

---

[1] 苏天爵《元文类》卷四一《经世大典序录》之《政典·招捕》，《四部丛刊初编》本，上海书店出版社1989年版。

十一日，奉旨谕诸人，孳畜百取其一，隐匿者及官吏之受财故纵者、不得财而骚扰者，皆有罪。"[1] 通过这样的比勘还可发现另一个问题，即清人所辑《马政》的内容也并不完整。《元文类》中《马政》序录的第一段注文述及太仆寺烙官印于马，其印有数种名号；又述及养牝马以供马乳，马乳又有挏乳、细乳、粗乳之分。这些内容皆不见于清人的《马政》辑本。可见在辑佚时，《序录》中注文也不能因相对应的正文佚文现存而随便放弃，要审慎地取舍。将注文置于序录之后的形式，有时是将本类目的正文全部采用作注。如《政典·征伐》之下的"缅""占城"两个子目就是如此。试以"缅"目为例，"缅"目序录述元廷遣使招缅及缅人动乱而征伐概要，从至元十年始，至大德四年止。其后所附注文详述缅事始末。从至元八年始，历至元十年、十二年、十四年、二十年、二十二年、二十四年，大德元年、二年、三年、四年，至大德五年止，几乎有事必载，述至具体月、日，注中还有大量诏令、对话，内容详实、首尾完具，可看出此乃

---

[1] 文廷式辑《经世大典》抄本第 2 册《马政》。

相关正文之全部[1]。

为了收辑更为真实可靠的大典佚文，需要对辑有大典佚文的原书版本作认真辨析。《元文类》目前较为重要的版本大致有以下几种：元翠岩精舍刻本；海源阁所藏元刻明修本，此本大致为《四部丛刊》本所据底本的同一印本，已为《中华再造善本》所影印；涵芬楼藏本，即《四部丛刊》本之底本，现藏国家图书馆；钱泰吉批校明修德堂本，现藏国家图书馆；明晋藩本；《四部丛刊初编》本。《四部丛刊》本所据底本为元刻明修本，即元至正二年（1342）西湖书院刻、明成化九年（1473）补印本。比较上述几种版本而言，《四部丛刊》本的底本初刻时间较早，虽然在此之前元西湖书院于后至元二年（1336）曾有刻本，然今已不存。曾有学者认为现存之翠岩精舍本可能是后至元本的翻刻[2]，但是至正刻本是因至正元年在大都苏天爵家中发现原编稿本而校补后至元本9000余字的基础上刊刻

---

[1] 苏天爵编《元文类》卷四一《经世大典序录》之《政典·征伐》"缅"目，《四部丛刊初编》本，上海书店出版社1989年版。

[2] 魏亦乐：《〈国朝文类〉元明诸版本杂考》，见李治安主编《元史论丛》第14辑，天津古籍出版社2014年版，第327—328页。

的[1]，故应更为佳善。虽然又有学者认为《四部丛刊》本在缩版描润过程中对原本漫漶之处进行加工，可能有失真之处[2]。然综合比较而言，《四部丛刊》本仍为上述诸本中较为精善，且通行便用的版本，故当作为收辑大典序录及《进经世大典表》佚文所在底本之首选。将《四部丛刊》本作为相关佚文的底本后，仍当选有关《元文类》的其他版本作为《四部丛刊》本的校本，以校订佚文，择善而从。在上述几种版本中，清人钱泰吉批校明修德堂本因汇校多种版本，值得重视。据钱泰吉《甘泉乡人稿》卷四《跋校本元文类四则》所载[3]，钱氏于道光十年（1803）、十二年、十六年先后以自藏元翠岩精舍本、庄仲方藏元西湖书院本、蒋光煦藏元西湖书院本校明修德堂本。他校勘了两种元刻一种明刻的异文，也有一些他校和理校的成果，其校语批于卷中天头或文中。

---

[1] 苏天爵编《元文类》卷首《公文》，《四部丛刊初编》本，上海书店出版社1989年版。

[2] 魏亦乐：《〈国朝文类〉元明诸版本杂考》，见李治安主编《元史论丛》第14辑，天津古籍出版社2014年版，第338页。

[3] 钱泰吉：《甘泉乡人稿》，《续修四库全书》第1519册，上海古籍出版社2002年版，第278—279页。

（二）对《永乐大典》残本所存《经世大典》佚文的收辑

《永乐大典》在庚子之役散亡后，残本陆续得到重视和收藏，1949 年新中国成立后，更加重视对散佚残本的征集，并有几次重要的汇编影印出版。首次集中影印出版在 1960 年，中华书局将历年征集到的《永乐大典》残本之仿钞本、传钞本、摄影本、旧影印本、显微胶卷等凡 730 卷全部影印出版，线装套印为 20 函 202 册。1984 年中华书局又将陆续征集到的 67 卷残本、5 页残叶影印出版，分装 2 函 20 册，是为《永乐大典》残本的续印本。1986 年中华书局合并上述两次印本共 797 卷，后附山西灵石杨氏刊《永乐大典目录》60 卷，印制为 16 开精装本 10 册。2003 年上海辞书出版社又将从海外新发现的残本 17 卷复制影印出版为《海外新发现永乐大典十七卷》，其中 16 卷为首次公之于世，另有 1 卷原中华书局影印本已收，但有缺页，此次影印已得补全[1]。至此，国内的《永乐大典》残本影印出版已达813卷，虽仍有极少数残本为世人未见，但影印本可以说基本已囊括了海内外《永乐大典》残留的卷帙。在苏振申著作研究的基础上，查检现存《永乐大典》残本，并作补充，可收辑大典佚文45条目[2]，约13万字。

《永乐大典》残本所存资料为现存《经世大典》佚文之多数，从史源学的角度看，其真实性和可靠性也比清代各种辑本高，因此在收辑《元文类》所存《经世大典》序录之后，则应收辑保存于《永乐大典》残本中的资料。虽然《元文类》所收大典序录中的小注也来自《经世大典》正文，但多处出于摘录，已经零断失真，除有些注文为《永乐大典》残本不存之外，其他皆应以《永乐大典》残本所存资料为据。此外在采集《永乐大典》残本资料时还应该注意认真辩证厘定相关文字，

---

[1] 又据《北京日报》2013年10月1日报道，国家图书馆在全国古籍保护普查活动中又发现和入藏新的一册残卷，此册为《永乐大典》卷二二七二一二二七四"模"韵中的"湖"字第2册。"湖"字有4册，原已收藏第1册、第3册，本次所见残本虽不增加卷数，但增添了新的内容，且与旧藏两册形成连贯。

[2] 详见文后所附《〈永乐大典〉残本所存〈经世大典〉佚文表》，条目统计方法与苏振申《元政书经世大典之研究》第36页所言"21条目"的统计方法不同。

以免将他书内容误为大典佚文，上文所述苏振申《〈永乐大典〉存本所收〈经世大典〉条目表》将《六条政类》佚文纳入辑录范围，则为误收之例。

（三）对清代各种辑本的考辨和收辑

如前所述，清代有关《经世大典》的辑本中较为重要的有4种，即徐松本、缪荃孙本、文廷式本、《广仓学窘丛书》本。其中徐松辑本在国内已经失传，所幸其中内容经人辗转抄录，一抄于缪荃孙，二抄于文廷式，保存了部分资料；至于王国维与日本羽田亨所言俄罗斯藏有徐松辑本《经世大典·政典·驿传》佚文，也因《永乐大典》残本仍存有这部分内容，所以损失不大。缪抄本今仅存1册，内容为《马政》及《阜通七坝》，从文廷式所言他移录缪抄本的内容来看，今存缪抄本非全本，然所存大典佚文可为校勘文廷式辑本所用。

文廷式辑本2册，是今传清代各类辑本中最重要的一种，其中第1册辑录内容为：元张邦杰等张氏人物传6篇，进士及第唱名仪，进士后思仪，元代毡罽工物记，君谥、后妃谥、臣谥，元代官制杂记，元代仓库记等 7 种。其中《臣谥》后有文廷式光绪十三年（1887）十月二十三日题记，言佚文出处及分布，并疑《永乐大典》对《经世大典》"谥"目有未尽引者，题记云"夜漏四下，大风极寒，手腕欲脱"，可见其时辑录之辛苦。此外，在《元代仓库记》的"常平仓"条下也附有小字双行的题记，《永乐大典》标示"常平仓"条录自《宋会要》，文氏据佚文中关于元世祖六年立仓的记载，认为《宋会要》怎能记元代史事，经考证后将此条作为大典佚文辑出[1]。第 2 册辑录内容为：元高丽纪事，元代画塑记，阜通七坝，元代马政等 4 种。《马政》卷后又有文廷式光绪十三年十月三十日的题记，述此本抄录之来源，内容之重要，并抄录柯劭忞跋文："《元典章·马政》殊简略，得此二卷补之，真一快事。"[2]文氏辑本保存大典佚文的贡献很大，在文氏抄录徐松辑文"马政"时，《永乐大典》虽未完全散亡，但残佚已较严重，正如文氏题记所言，当时翰林院所藏已无《马政》二卷；庚子之役后《永乐大典》完全散佚，至今而

---

[1] 文廷式辑《经世大典》抄本第 1 册，《君谥》《后妃谥》《臣谥》卷后，《元代仓库记》卷后。

[2] 文廷式辑《经世大典》抄本第 2 册，《马政》卷后。

言，文氏辑本有元张邦杰等张氏人物传、进士及第唱名仪、进士后思仪、元代毡罽工物记、元代画塑记、元代官制杂记、元高丽纪事、阜通七坝、元代马政等9种《经世大典》佚文为今存《永乐大典》残本所无。因此，王国维在民国初年看到了文氏辑本的价值，从中选出《大元马政记》等6种（其中《大元仓库记》1种仍存于《永乐大典》残本）整理刊行于《广仓学窘丛书甲类》。尽管如此，仍余下张邦杰等张氏人物传6篇、进士及第唱名仪、进士后思仪、阜通七坝等4种9篇大典佚文至今为文氏辑本独有，而苏振申的《经世大典》辑佚研究中，也正是由于未能得见文氏辑本而造成辑录对象的较大缺漏。综上所述，文氏辑本的内容则应作为《经世大典》辑佚的第三序次辑录，以补第一、第二序次之缺。此外，文氏辑本中文廷式的三段题记也应录入作为附录，以为考校《经世大典》佚文之用。

王国维从文氏辑本中选出而刊于《广仓学窘丛书甲类》的大典单篇佚文共6种，分别称为：《大元马政记》《元高丽纪事》《元代画塑记》《大元仓库记》《大元毡罽工物记》《大元官制杂记》。这6种单篇辑文因后来又曾翻刻重印，流传较广，为《经世大典》佚文的流传和利用发挥了作用。因此6种乃移录于文氏辑本，故不必作为新辑佚文收录，但因刊印之前王国维略加整理，所以可作为校勘文氏辑本之用，两者相较，择善而从，或校出异文，供阅读利用者参考。此外，王国维为此6种写有跋文6篇，也应连同附于《雪堂丛刻·大元海运记》后的罗以智跋文[1]一并收为附录，为考校大典佚文之用。

（四）对其他史籍文集所存大典资料的考辨与收辑

散见于其他史籍、文集并明确标记为《经世大典》引文的资料较少，又常有重出[2]，故多可忽略不计。经考辨筛选，仅余两种文献有收辑校补价值。一是姚之骃《元明事类钞》卷七所引大典"社长"佚文、卷三〇所引大典"帘押"佚文可以辑录，具体情况已如前文

---

[1] 罗以智：《〈大元海运记〉跋》，见胡敬辑《大元海运记》卷后，《雪堂丛刻》本。

[2] 仅《元明事类钞》中所引"帘押"条佚文，就出现在明代杨慎以后的15种明清文献中，或曰"帘押"或曰"银蒜"。

所述。二是文廷式晚年所著《纯常子枝语》卷三七所收大典佚文，即元名臣张德辉、张柔、张禧传记[1]。此三人传记虽已收入文氏辑本，但辑本中有缺字、误字，尤其是张柔传记较为严重，比较之下，《纯常子枝语》所收大典佚文有较多的校勘价值。

大典除存有佚文外，还有一幅非常珍贵的地图存留于世，此图通称《元经世大典地理图》，是我国最古老的西域地图之一，详载了元朝藩属察合台汗国、伊利汗国和钦察汗国的地理位置以及西域众多地名。《经世大典》修成后，明人修《元史·地理志》时只抄录了图中的文字作为《西北地附录》，明修《永乐大典》时收入《地理图》，曾在图中"不赛因所封地"下注"即驸马赛马而罕之祖"几字。《经世大典》亡佚后，1841年，清人张穆从《永乐大典》中绘出《地理图》，后转赠魏源[2]。魏源得图后，在图上标出斜贯南北的虚线，以示葱岭，并分别标注"葱岭东""葱岭西"6字，又于图

---

[1] 文廷式：《纯常子枝语》卷三七，《续修四库全书》第1165册，上海古籍出版社2002年版，第547—548页。

[2] 张穆《月斋签记》曰："穆于辛丑七月，从《永乐大典》画出《元经世大典西北图》，以贻魏君默深，刻入所辑《海国图志》。"见何秋涛编《朔方备乘》卷五〇《考订诸书》之十，清光绪七年畿辅通志局刻本。

中添"天竺、土伯特、于阗、沙洲"4个地名[1]，将大典《地理图》收入道光二十四年（1844）活字版刊印的《海国图志》50卷本，又收入道光二十七年（1847）刻印的60卷本，均置于该书第二卷。后因在图中作不甚恰当的增添，受洪钧等人诟病[2]，魏源于咸丰二年（1852）刻印《海国图志》百卷本时删去了大典《地理图》，而代以自绘的《元代西北疆域沿革图》。此后，《地理图》被多家摹绘或编印入地图册，但仍应以《海国图志》中所附为收辑对象，又以60卷本所刻《地理图》为善，因50卷本为活字印刷而容易失真。

综上所述，《经世大典》的辑佚应以《元文类》所存佚文、《永乐大典》残本所存佚文、文氏辑本、其他史籍文集所引佚文为先后顺序，依次辑入大典框架；佚文有重出者，择善而存，删去重复；又以清人多种辑本为校勘。并收入《进经世大典表》《地理图》，收相关考证大典佚文的题识跋语为附录，以求大致恢复大典面貌，并提供部分可供参考的考订资料。

---

[1] 魏源：《海国图志》卷二《元代西北疆沿革图附〈元经世大典地理图〉并叙》，清道光二十七年刻60卷本。

[2] 洪钧：《元经世大典图跋》，见《同声月刊》1943年第2期。

四、《经世大典》类目体系的恢复及佚文编排

从文献学的角度看，尽可能地恢复佚书原貌当然比按佚书框架作史料汇编更具学术价值。要充分体现辑本的还原性和可信度必须具备两个标准，一是佚文的真实性；二是尽可能地恢复原书的框架体系，并将佚文准确地编排归位。

（一）类目体系的恢复

在确认和收集大典佚文之后，辑佚进入恢复框架和编排佚文阶段。首先要尽可能地复原《经世大典》的各级类目，所幸《元文类》中保存的大典序录提供了大量信息。一方面，大典序录在"臣事"的6篇大序中，大多交代了各篇的二级类目，其中只有《治典》序录内容较少，只交代了3个类目的名称。另一方面，大典序录则通过直接提供二、三级序录的形式，弥补了某些未曾交代的缺憾。比如《治典》就提供了"官制""宰臣年表"等11个二级类目的序录，填补了这些类目的空缺；又如，大典的一级、二级序录一般是

不提及三级类目的（其中只有《宪典·名例篇》序录
例外），但在《政典·征伐》之下则辑录了"平宋""高
丽"等10个三级序录；《政典·招捕》之下虽无三级序
录，却提供了"云南""大理金齿"等23个三级类目
及其注文[1]，据此而补足了《征伐》《招捕》下的三级类
目。由此可见《元文类》所收大典序录在恢复大典类
目体系中的重要作用。苏振申的著作也意识到这一点，
但在利用大典序录还原类目时却存在一些问题。比如，
苏著上编第三章第二节"目录初探"在还原大典类目
时，《治典》类目中遗漏了"臣事"；《政典》中把"军制"
作为"招捕"下的三级类目，把"军器"到"鹰房捕猎"
等17个类目作为"军制"下的四级类目，与大典类目
体系的原型完全不符。因《政典》序录中明言："是作
政典，其类二十，其帙百二十三。"此后则历述其20
类目为"作征伐第一""作招捕第二""作军制第三""作
军器第四"，直到"鹰房捕猎第二十，终焉"。可见"军
制"后的17个类目都是《政典》中与"征伐""招捕""军
制"平行的二级类目，并非"招捕"之下的三、四级

---

[1] 见苏天爵编《元文类》卷四一《经世大典序录》之《政典·征伐》《政典·招捕》，《四部丛刊初编》本，上海书店出版社1989年版。

类目，而"招捕"之下本来就有"云南"至"圆明和尚"等23个三级类目 [1]。

当然，只靠大典序录并不能完全解决恢复大典类目体系的问题，由于遗缺很多三级、四级和五级类目，将导致许多收集的佚文难以归类。如何尽可能地还原大典三级及其以下类目呢？这里以还原大典《治典·官制》以下各级类目为例，作进一步的讨论。苏著在其中编第七章第二节《臣事治典卷目之辑佚》中，设计以《元典章·吏部》《元史·百官志》《新元史·百官制》的内容形成官制、职制、公规、百官等一系列类目，入《治典·官制》之下，以囊括现存大典佚文和上述三书材料 [2]，这不符合大典的实际情况。其实现存大典序录的《治典·官制》已述及中书省、枢密院、御史台等中央机构的11个三级类目，以及行省、行枢密院等地方机构的6个三级类目 [3]。这些类目对比已辑到

[1] 见苏天爵编《元文类》卷四一《经世大典序录·政典》，《四部丛刊初编》本，上海书店出版社1989年版。

[2] 苏振申：《元政书经世大典之研究》，台北中国文化大学出版部1984年版，第120—124页。

[3] 见苏天爵编《元文类》卷四〇《经世大典序录》之《治典·官制》，《四部丛刊初编》本，上海书店出版社1989年版。

佚文，有的有对应材料，如中书省、御史台、宣徽院等；有的则有佚文而无对应类目。在这种情况下，审慎而较为恰当的办法，是利用《永乐大典》以韵系字，以字系事，事有标目的体例，先按《永乐大典》中的标目和所辖佚文内容详考其对应类目，再参照《元史·百官志》的官制逻辑体系，来恢复三级或三级以下类目。比如，从《永乐大典》中已辑出一批匠作管理机构的材料，这些匠作的任务是制造专供内府御用或诸王所用器物，以及营造宫阙殿宇。材料内容虽涉百工之事，然所记乃管理匠作的官员设置及职掌，故不属《工典》，应属《治典·官制》。其中有佚文标目为甸皮局、祗应司等[1]，佚文皆云"隶大都留守司"，参照《元史·百官志》相关职官体系[2]，即可在大典"官制"类下增设"大都留守司"为三级类目，其下再设"甸皮局""祗应司"等四级类目。又阅"祗应司"佚文，其中云"国初建开平府宫阙、燕京琼花岛上下殿宇，始置祗应司，以供备之"。又云"今掌内府诸王邸第异巧工作、修襄应办

---

[1] 参见本文所附《〈永乐大典〉残本所存〈经世大典〉佚文表》第三十、三十三条。

[2] 《元史》卷九○《百官志六》之"大都留守司"，中华书局 1987 年版。

寺观营缮，管匠七百户，隶大都留守司"[1]。其所述内容与《元史·百官志六》"祗应司"条相似而更为详细，因此可将所辑有关宫殿髹漆装鑾的佚文如司属油漆局、销金局、烧红局等条归于"祗应司"下，设为五级类目；其他有关制造御用或诸王所用精致造作、轻细物品的部门，如《永乐大典》辑文标目所示之车局、竹作局、绳局、盒钵局、银局等，皆可依上述"祗应司"之例，按《元史·百官志六·大都留守司》所辖修内司、器物局、犀象牙局内的部门设置，一一归类[2]。

（二）佚文的归类编排

大典的类目体系大致恢复之后，则应将所辑得佚文按类目归类编排，然材料的编排也并非如按图索骥那么简单，有些细微之处仍需深入审察。以下举若干例证，对佚文编排与前人所述看法不同之处加以辨析，以见佚文编排之基本原则。

---

[1] 《永乐大典》残本影印本第 8 册，卷一九七八一，中华书局 1986 年版，第 7386 页上。

[2] 参见本文所附《〈永乐大典〉残本所存〈经世大典〉佚文表》第十九至三十七条。

　　例证 1，《经世大典地理图》的归属。此图乃详载元廷宗藩察合台汗国、伊利汗国、钦察汗国所在的元代西域地理图。苏振申认为此图可还原于大典《赋典·都邑》[1]，此说值得商榷。《赋典·都邑》序录曰："惟我太祖皇帝开创中土而大业既定，世祖皇帝削平江南而大统始一，舆地之广，前所未有。遂分天下为十一省……"以下述都省、行中书省等地方行政建置。这里可以看出"都邑"所述城邑区划之沿革，乃元廷直接统辖的中土十一省范围，没有涉及《地理图》所主要记载的西域地理。与《地理图》所载三大汗国相关者乃述元廷宗藩之《帝系附录》，其序录曰："圣朝宗藩之蕃且大，自古莫及，而累朝为之法制以保之者，有分地、人民、赐予之厚。"[2] 可见其中也涉及宗藩的封地，则《地理图》理应归于《帝系附录》。

　　例证 2，"御史台"佚文的归属。《永乐大典》残本所存有关"御史台"的内容很丰富，可见于中华书局

---

[1]　苏振申：《元政书经世大典之研究》，台北中国文化大学出版部 1984年版，第 30 页。

[2]　分别见苏天爵编《元文类》卷四〇《经世大典序录》之《赋典·都邑》《帝系附录》，《四部丛刊初编》本，上海书店出版社 1989 年版。

1986 年版影印本第 2 册卷二六〇七第 1277 至 1279 页。苏著在《〈永乐大典〉存本所收〈经世大典〉条目表》中将这些佚文都归属于大典《治典·官制》[1]，这是不妥当的。细审这些佚文，其实应据其不同内容归于大典不同类目。其中第 1227 至 1228 页内容确属阐述御史台官制之沿革，应归于《治典·官制》，不过这部分内容分别涉及了三个部门，即中央御史台和江南行御史台、陕西诸道行御史台的官制，编排时则应分属于"御史台"和"行御史台"两个不同的小类。第 1279 页自"至元十八年七月"起的这部分佚文所述为御史台公廨的建造情况，则应归属于《工典·官府》之下。

例证 3，"常平仓""仓库""仓库官"佚文的归属。这部分佚文分布于《永乐大典》残本卷七五〇七、卷七五一一、卷七五一七等 3 处，苏著将 3 处佚文都归于《工典·仓库》[2]。"仓库"佚文的开头是《工典·仓库》序录，然后分述各地仓库之设置、库房数量、总容量、

---

[1] 苏振申：《元政书经世大典之研究》，台北中国文化大学出版部 1984 年版，第 37 页，以下引苏氏对《永乐大典》所存《经世大典》佚文的看法皆据此表。

[2] 苏振申：《元政书经世大典之研究》，台北中国文化大学出版部 1984 年版，第 38 页。

建库用料等，所以它和"常平仓"佚文同属《工典·仓库》无疑。然"仓库官"述及管理仓库职官的选任、升迁等制度，因而不能归《工典·仓库》。王国维在《大元仓库记》跋语中认为"仓库官以下当入《治典·钱谷官》中"[1]，此说也值得斟酌。"仓库官"佚文开篇明言"元《经世大典》官制仓库官"[2]，可知此条佚文录自大典《治典·官制》。再看大典《治典·钱谷官》序录所云，"国家既有中原，国用所系，赋税为重"。"世祖皇帝始置宣课官，多择明敏忠厚之士用之，民用稍舒。"[3]即钱谷官乃宣课之官，是负责征收赋税的官员，与管理仓库官员的职责明显不同，故"仓库官"佚文应属《治典·官制》。

例证4，"恭人""宜人"佚文的归属。这两条佚文在《永乐大典》残本卷二九七二第1614页中。苏著将此两条记为"恭人"，注明25字，可知是两条字数

[1] 王国维：《〈大元仓库记〉跋》，见姬佛陀辑《广仓学窘丛书甲类》。

[2] 《永乐大典》残本影印本第4册，卷七五一七，中华书局1986年版，第3460页。

[3] 苏天爵编《元文类》卷四〇《经世大典序录》之《治典·钱谷官》，《四部丛刊初编》本，上海书店出版社1989年版。

之合计，并将此归入《治典·官制》[1]。其实应属《治典·封赠》。封赠制度是古代帝王用以褒奖功勋、鼓励臣下的一种制度，有功官员除本人可得到封赠爵位、勋位之外，还可推封至父祖辈、母辈及妻室。"恭人"佚文曰："正、从六品，母、妻并封恭人。""宜人"佚文曰："元命妇，夫官正、从七品者，并封赠宜人。"所言并非职官设置沿革的官制之事，乃封赠推及母、妻之事。

例证 5，"鲜卑仲吉"佚文的归属。此条佚文见《永乐大典》残本卷二八〇六第 1424 至 1425 页中，乃鲜卑仲吉及其子孙合传，所述为一家三代历年征战事迹。苏著将其归于《政典·征伐》，并在考证备注中说"观其文似属平宋条"[2]。鲜卑仲吉为蒙元早期战将，灭金有功。细审此条佚文内容，并无平宋事迹，倒是提到其子孙曾征高丽，又"领兵征爪哇，攻八百媳妇国"，事涉"征伐"与"招捕"。然此佚文实不应归于《征伐》

---

[1] 苏振申：《元政书经世大典之研究》，台北中国文化大学出版部 1984 年版，第 37 页。

[2] 苏振申：《元政书经世大典之研究》，台北中国文化大学出版部 1984 年版，第 37 页。

或《招捕》，应属《治典·臣事》。考大典"臣事"类修纂宗旨，《治典》序录云"附之以臣事者，则居其官、行其事，其人、其迹之可述者也"。《治典·臣事》序录更详其言曰："以为宗藩大臣、中外文武百僚有近侍帷幄，远将使旨，内议典则，外授征讨，或各有所授而传焉。"[1] 鲜卑仲吉三代事迹属于"外授征讨"而其迹有可述者，故应入《治典·臣事》。其实大典现存佚文还有不少这样的杰出人物传记，大概因苏氏未能得见文氏辑本中有关"臣事"的人物传记，所以未能作此推断。

上述有关佚文归类编排的若干例证，大致可见佚文编排的一个基本原则，即应根据佚文内容，结合大典序录所述制度的要旨和内涵，深入分析，才能得出对应较为恰当的归类。至于大典其他佚文材料的具体归类和编排，可参阅本文所附《〈永乐大典〉残本所存〈经世大典〉佚文表》，以《永乐大典》残本材料为例，见其大概。

最后，《经世大典》辑本各类目之下，还应附有"考

---

[1]　分别见苏天爵编《元文类》卷四〇《经世大典序录》之《治典》《治典·臣事》，《四部丛刊初编》本，上海书店出版社1989年版。

校记"，记述佚文出处，考证有关类目的设置和佚文的归属，以及文字取舍的原因，交代异文校勘的情况。

附记：本文在一些材料的收集和考证方面，得到魏训田、王永刚的帮助，特此致谢。

附《永乐大典》残本所存《经世大典》佚文表

一　御史台（《永乐大典》册二、卷2607、页1277上—1279上）：

第1277页上到本页下，属治典·官制·御史台。

第1278页上从"至元十四年"到本页下右第5行"书吏亦如其数"，属治典·官制·行御史台·江南行御史台。

第1278页下从"设官品秩同内台"到"书吏二十人"，属治典·官制·行御史台·陕西诸道行御史台。

第1279页上从"至元十八年七月"到"旧殿中司二间"，属工典·官府·御史台。

第1279页上从"至元五年五月"到"临街房十六间"，属工典·官府·上都御史台。

二　鲜卑仲吉（附鲜卑准、鲜卑诚、忽笃土）（《永乐大典》册二、卷2806、页1424下—1425上）：

属治典·臣事·鲜卑仲吉。

三　恭人（《永乐大典》册二、卷2972、页1614上）：

属治典·封赠·恭人。

四　宜人（《永乐大典》册二、卷2972、页1614下）：

属治典·封赠·宜人。

五　神位（《永乐大典》册三、卷5453、页2505下）：

"神位，神州地祇，在方坛第二成东南设位"句，属礼典·郊祀·神位。

从"岳镇海渎"到"议行祭祀"，属礼典·岳镇海渎·岳镇海渎二十八位。

六　户部侍郎（《永乐大典》册三、卷7303、页3030下）：

属治典·官制·中书省·户部·户部侍郎。

七　只儿哈郎（附秃鲁不花、咬住哥）（《永乐大典》册三、卷7329、页3112下—3113上）：

属治典·臣事·只儿哈郎。

八　潀源仓（《永乐大典》册四、卷7506、页3343下—3344上）：

属治典·官制·宣徽院·光禄寺·澧源仓。

九　常平仓（《永乐大典》册四、卷7507、页3369上）：

属工典·仓库·常平仓。

十　仓（《永乐大典》册四、卷7511、页3397下—3400下）：

属工典·仓库。

十一　官制·仓库官（《永乐大典》册四、卷7517、页3460下—3463上）：

属治典·官制·中书省·户部·仓库官。

十二　别鲁古（附脱欢不花、兀鲁思）、别里古（附脱合安、脱欢不花、秃满）（《永乐大典》册五、卷10889、页4508下）：

属治典·臣事·别鲁古、治典·臣事·别里古。

十三　市籴粮草（《永乐大典》册五、卷11598、页4880下—4884下）：

属赋典·市籴粮草。

十四　谥（《永乐大典》册六、卷13345、页5741下—5750下）

属礼典·谥。

十五　急递铺（《永乐大典》册七、卷14575、页6458下—6464下）：

属政典·急递铺。

十六　通远铺（《永乐大典》册七、卷14576、页6467下）：

该条内容已见于"急递铺"目，兹略。

十七　海运（《永乐大典》册七、卷15949—15950、页6965下—6980上）：

属赋典·海运。

十八　站赤（《永乐大典》册八、卷19416—19423、页7191下—7257下）：

属政典·驿传。

十九　银局（《永乐大典》册八、卷19781、页7382上）：

属治典·官制·大都留守司·器物局·银局。

二十　销金局（《永乐大典》册八、卷19781、页7382上）：

属治典·官制·大都留守司·祗应司·销金局。

二十一　烧红局（《永乐大典》册八、卷19781、页7382上）：

属治典·官制·大都留守司·祗应司·烧红局。

二十二　犀象牙局（《永乐大典》册八、卷 19781、页 7382 下）：

"犀象牙局"条中从"中统四年"到"司吏一人"，属治典·官制·大都留守司·犀象牙局；从"至元十一年"到"管勾一员"，属治典·官制·大都留守司·犀象牙局·牙局。

二十三　司属雕木局（《永乐大典》册八、卷 19781、页 7382 下）：

属治典·官制·大都留守司·犀象牙局·司属雕木局。

二十四　旋局（《永乐大典》册八、卷 19781、页 7382 下）：

属治典·官制·大都留守司·器物局·旋局。

二十五　帘网局（《永乐大典》册八、卷 19781、页 7384 下）：

属治典·官制·大都留守司·器物局·帘网局。

二十六　减铁局（《永乐大典》册八、卷 19781、页 7384 下）：

属治典·官制·大都留守司·器物局·减铁局。

二十七　司属铁局（《永乐大典》册八、卷19781、页7384下）：

属治典·官制·大都留守司·器物局·司属铁局。

二十八　刀子局（《永乐大典》册八、卷19781、页7384下）：

属治典·官制·大都留守司·器物局·刀子局。

二十九　鞍辔局（《永乐大典》册八、卷19781、页7385下）：

"鞍辔局"条中"中统四年始置，掌成造御用鞍辔象轿。提领三员"句，属治典·官制·大都留守司·器物局·鞍辔局。从"鞍子局"到"大使一员"，属治典·官制·大都留守司·器物局·鞍子局。从"羊山鞍局"到"提控一员"句，属治典·官制·大都留守司·器物局·羊山鞍局。

三十　甸皮局（《永乐大典》册八、卷19781、页7386上）：

属治典·官制·大都留守司·甸皮局。

三十一　盒钵局（《永乐大典》册八、卷19781、页7386上）：

属治典·官制·大都留守司·器物局·盒钵局。

三十二　绳局（《永乐大典》册八、卷 19781、页 7386 上）：

属治典·官制·大都留守司·修内司·绳局。

三十三　祗应司（《永乐大典》册八、卷 19781、页 7386 上）：

接"绳局"佚文之下有小目"祗应司"佚文，属治典·官制·大都留守司·祗应司。

三十四　司属油漆局（《永乐大典》册八、卷 19781、页 7386 上）：

属治典·官制·大都留守司·祗应司·司属油漆局。

三十五　车局（《永乐大典》册八、卷 19781、页 7386 下）

属治典·官制·大都留守司·修内司·车局。

三十六　轿子局（《永乐大典》册八、卷 19781、页 7386 下）：

属治典·官制·大都留守司·器物局·轿子局。

三十七　竹作局（《永乐大典》册八、卷 19781、页 7386 下）：

属治典·官制·大都留守司·修内司·竹作局。

三十八　皇太子服（《永乐大典》册八、卷 19785、页 7430 下）：

属礼典・舆服・皇太子服。

三十九　公服（《永乐大典》册八、卷 19792、页 7478 上）：

属礼典・舆服・公服。

四十　毕林（附毕泉、毕澍）（《永乐大典》册八、卷 20205、页 7574 上）

属治典・臣事・毕林。

*四十一　检尸（《永乐大典》册九、卷 914 、页 8662 上—8664 下）：

属宪典・职制篇・检尸。

*四十二　检尸式（《永乐大典》册九、卷 914 、页 8664 下—8865 上）：

属宪典・职制篇・检尸式。

*四十三　尸帐式（《永乐大典》册九、卷 914 、页 8665 上—8666 上）：

属宪典・职制篇・尸帐式。

*四十四　检尸法（《永乐大典》册九、卷 914 、页 8666 上—8667 上）：

属宪典・职制篇・检尸法。

*四十五 祖宗配侑(《永乐大典》册九、卷5456、页8848上—8849上)：

属礼典·郊祀·祖宗配侑。

注：此表以中华书局1986年版影印本《永乐大典》为据，检索《经世大典》佚文，并考证归类编成。表中页数后所注"上"或"下"，指该页上栏或下栏。

（原载《文史》2016年第2辑，此文稍作修订）

钱大昕的目录学

  清代乾嘉二朝，是我国古代目录学的鼎盛时期。在这一时期中，许多博识多才的学者纷纷从学科理论、校勘版本，乃至具体典籍的研究揭示、订讹补正等方面，丰富充实了目录学学科的内容。钱大昕在这些有功于目录学的学者中，是一位卓然杰出的人物。

  纵观乾嘉时期的目录学，大致可以分为两种不同的学术倾向，一种是注意发凡起例，阐明目录学的理论和方法，认为目录书"盖部次流别，申明大道，叙列九流百氏之学，使之绳贯珠连，无少缺逸，欲人即类求书，因书究学"[1]。主张应通过恰当的类序提要及合理的分类体系来条别学术源流，辨明家传授受，反

---

[1] 章学诚撰，叶瑛校注《校雠通义校注·互著》，中华书局1985年版，第966页。

137

映学术演变，使目录学发挥"辨章学术，考镜源流"的功能。章学诚的目录学研究，就是这一学术流派的突出代表，他的《校雠通义》集中反映了他继往开来，变革拓新的目录学思想。

另一种学术倾向的学者，则不是突出地强调和阐发目录学的理论、方法及目录书的"义例"，而是更注重目录学在研究、整理古代典籍中的实际运用，在考据经史、校勘文字、选择善本、搜辑佚文、辨别伪书的过程中，发展目录学。因此，他们一方面利用目录学著作博览群书，在浩如烟海的文献材料中条理头绪，展开各个领域的学术研究；另一方面又在目录学研究中大量地引进了考据、校勘、版本、辑佚、辨伪等学科的研究成果，充实和丰富了目录学的内容，推动了目录学研究的发展。钱大昕的目录学研究，就是这一种学术流派的突出代表，他的目录学成就可以从以下三方面来分析。

一、研究、整理古代目录

在钱大昕之前，中国古代的目录工作已经走过了漫长的历程，积累了一批优秀的目录书和目录学著作，涌现了大量成就突出的目录学家，因此概括前代目录工作的发展和演变，彰示前代目录学家的事迹和成就，了解古代目录书的流传并订正其中的讹误，就成为清代目录学者总结经验、承前启后的重要任务之一。

钱大昕是乾嘉时期著名的考据学者，乾嘉考据学在学术上一反宋明理学家束书不观、空谈义理的做法，把"实事求是"作为治学的宗旨，把"不漏不误"作为学术研究的目标。作为考据大师的钱大昕，自然把考据之功运用到对于古代目录学的研究和整理之中，具体说来，他的研究、整理，包括正事实、究原委、订讹漏等几个部分。

所谓正事实，就是考察古代目录学发展史中存在的一些公案，稽以实据，还其本来面目。《崇文总目》是北宋时官修的著名目录，原本是一部具备小序、解题等内容的详细目录，由于它的体例完备，内容丰富，所以南宋的晁公武、陈振孙都取法于它而各成专著。可惜在南宋以后，《崇文总目》被删去小序和解题，流传至明清，《崇文总目》成为一部仅录书名的简目。清初学者朱彝尊认为，《崇文总目》的序释是由于南宋目录学家郑樵"嫌其文繁无用"，在绍兴年间删除的 [1]。《四库全书总目》也采用这种说法，以为"郑樵作《通志》始谓其文繁无用，绍兴中遂从而去其序释"。

郑樵是南宋时著名的目录学家，他的目录学思想主张"类例既分，学术自明"，反对目录书中"泛释无义"的小序和解题，也确实认为《崇文总目》中"有不应释者，而一概释之，谓之繁" [2]。但是否由于他的主张而删节了这部目录书的小序和解题呢？钱大昕认为不是。

他在考证这一问题时，专门借阅了朱彝尊题跋的天一阁藏本《崇文总目》，发现这确实是一部删掉序释、只有书名的简目，但他又发现，这部简目在许多书名下注有"阙"字。依据这条线索，他要广稽文献，终于看到《续宋会要》中有这么一条材料，记载南宋初年，由于金兵掳掠，图籍失散，为了重新收集典籍，绍兴十二年十二月，有人向秘书省建议，以《新唐书·艺

---

[1] 朱彝尊：《曝书亭集》卷四四《崇文书目跋》，上海古籍出版社 1987 年影印文渊阁《四库全书》本，第 158 页。

[2] 郑樵撰，王树民点校《通志二十略·校雠略》，中华书局 1995 年版，第 1819 页。

文志》和《崇文总目》为依据，在流失的典籍书名下注上"阙"字，发送到各地去搜访阙失的典籍。经过考证，钱大昕指出：第一，原来具备序释的《崇文总目》已经失传，流传下来的是作为访求书目的简本，这个简本为了访求方便，删掉了原目中的序释，并非因为郑樵的主张而删除的；第二，绍兴末年，郑樵才被推荐为官，但未入馆阁就去世了，名位卑下，"若绍兴十二年，渔仲（郑樵）闽中一布衣耳"，因而也不可能由他建议删节《崇文总目》[1]，他的考证可以说是解决了目录学史中的一桩公案，反映了历史的真实情况。

所谓究原委，则是要追究古代目录的授受源流，分清各种传本的优劣、真伪，以指示后来学人。晁公武的《郡斋读书志》在南宋时就有两种刊本，一是淳祐九年刊行的二十卷衢州本，一是淳祐十年刊行的四卷袁州本。钱大昕在《十驾斋养新录》卷十四的题跋中指出，袁州本后来虽经赵希弁补充"附志"和"后志"，但"盖已非完书矣"。可是南宋以后，材料较少的袁州本得到流传翻刻，甚至《四库全书》所收的《晁

[1]　钱大昕：《十驾斋养新录》卷一四《崇文总目》跋，见陈文和主编《嘉定钱大昕全集（增订本）》第 7 册，凤凰出版社 2016 年版，第 393 页。

志》也是袁州本，而内容完整的衢州本却无人问津。因此题跋又说，"马氏《经籍考》所引晁说，皆据衢本不用袁本，当时两本并行，而优劣自判"。他分析了《郡斋读书志》两种版本的刊刻源流，并以南宋时马端临作《文献通考·经籍考》采用衢本为据，说明衢州本的使用价值要比袁州本高[1]，目的在于引起学人的注意。由于钱大昕等学者的题识，引起了清代学术界对衢本《郡斋读书志》的重视和使用，清末学者王先谦终于将衢、袁二本合校刊行，从而形成《郡斋读书志》的善本。

再如《菉竹堂书目》，本是明代藏书家叶盛编写的藏书目录，但是到了清代，社会上流传着不少手抄伪本，钱大昕得阅叶盛五世孙叶恭焕所传录，六世孙叶国华所跋的抄本《菉竹堂书目》，将叶盛的自序与此目的内容相对照，就发现了问题，他在《十驾斋养新录》卷十四《菉竹堂书目》跋文中说："以文庄（叶盛）自序证之，殊不合，序称：书目六卷，叙列本鄱阳马氏

---

[1]　钱大昕：《十驾斋养新录》卷一四《郡斋读书志》跋，见陈文和主编《嘉定钱大昕全集（增订本）》第 7 册，凤凰出版社 2016 年版，第 394 页。

（马端临）。其不同者，首圣制，而终以叶氏书为后录。此目不分卷第，自圣制而下，初不依马氏之次，亦不载叶氏书，则非文庄手定之本也。"叶国华后跋提到曾见其先祖《箓竹堂书目》草稿，在书名下著录"每部册若干，每册卷若干"，但传抄本上却有册数无卷数。根据这些情况，钱大昕进一步追究传抄本出现流传的来源说："今所传之目，则平日簿录所藏书，粗分门类，将有事于刊正，而未定之本也。文庄既没，好事者从其家得此稿传之，故与序不相应。"他指出当时的传抄本并非《箓竹堂书目》的真本，而是后人将叶盛平时随手记录、未经审定的藏书清册，拿出来抄录流传的。[1]在他之后，清季目录学家陆心源也考证粤雅堂刻本《箓竹堂书目》是一部伪本，并指出它是从《文渊阁书目》抄撮后，改头换面以欺人的[2]。

追述古代目录的出现、流传，还包括对一些目录学家生平事迹的考证。例如在《十驾斋养新录》卷

[1] 钱大昕：《十驾斋养新录》卷一四《箓竹堂书目》跋，见陈文和主编《嘉定钱大昕全集（增订本）》第7册，凤凰出版社2016年版，第395—396页。

[2] 陆心源：《仪顾堂题跋》卷五《粤雅堂刻伪箓竹堂书目跋》，见《清人书目题跋丛刊》第2册，中华书局1990年版，第63页。

一四中，钱大昕就分别稽考、记录了《读书附志》的作者赵希弁、《直斋书录解题》的作者陈振孙的世系、爵里和事迹，这些内容对于了解目录学家和他们的学术活动都是大有裨益的。

所谓订讹漏，是指对目录书的著录错误进行订正。钱大昕强调研治典籍，包括研治古代目录，其首要的工作乃是"祛其疑""指其瑕"，唯有如此，才能"坚其信""见其美"。[1]他对古代目录的正讹补漏主要集中在《廿二史考异》对《汉书·艺文志》《隋书·经籍志》《旧唐书·艺文志》《新唐书·艺文志》《宋史·艺文志》等史志目录的考证中。以对《新唐书·艺文志》的考证为例，其拾遗规过之功可概括为六条：

1. 一书在同类中前后重出。如"艺文志一，小学类，蔡邕《今字石经论语》二卷，一类之中，前后重见"。

2. 一书在他类中重出。如"艺文志二，伪史类，刘昞燉《实录》二十卷，此书又见杂传记类"。

3. 书名错讹。如"艺文志三，儒家类，章怀太子《春秋要录》十卷，'秋'当作'宫'"。

---

[1] 钱大昕：《廿二史考异》自序，见陈文和主编《嘉定钱大昕全集（增订本）》第2册，凤凰出版社2016年版，第3页。

4.作者姓名讹误。如"艺文志四，总集类，褚令之《百赋音》一卷，'令'当作'诠'"。

5.志与传内容抵牾。如"艺文志二，起居注类，《文宗实录》四十卷，注云：卢告字子有，弘宣子也，历吏部侍郎。案：弘宣传已有之，但此云吏部侍郎，而传云终给事中，为异尔"。

6.注解矛盾、错误。如"艺文志三，儒家类，储光羲《正论》十卷，注云：兖州人。案：别集类云包融与储光羲皆延陵人，里居互异"。此乃注文前后矛盾。"艺文志二，刑法类，《开元后格》十卷，注云：吏部侍郎兼侍中宋璟。'侍郎'当作'尚书'"，此乃注文有误。[1]

由此推及其余，可见他对史志目录的订正精密详尽，这种对古代目录的研治补正，必然提高了古代目录的学术价值，同时也为后人的研究和利用，提供了方便。

---

[1]　钱大昕：《廿二史考异》卷四五，见陈文和主编《嘉定钱大昕全集（增订本）》第3册，凤凰出版社2016年版，第836—841页。

二、揭示、考订各类典籍

揭示书籍的主旨和用途，向读者指示门径和提供方便，是目录书基本的社会职能，是目录学达到"辨章学术，考镜源流"的主要目的。我国古代的目录学发展到清代，出现了一种新的目录体裁，就是以题跋和读书札记的形式，对书籍进行综述和评论，这些题跋和札记在揭示典籍的要旨和用途，介绍治学途径方面，为清代目录事业增添了内容，具有很高的学术价值。

钱大昕是个博览群书的学者，他早年供职翰林，有机会接触馆阁的图书，又适逢四库开馆，天下奇书会集京师，为他提供了广泛阅读的条件。他本人虽不以藏书家著称，但也雅好"聚书"。由于他晚年已成为学术泰斗，当时的大藏书家卢文弨、鲍廷博、黄丕烈、袁廷梼等，也常将收藏的异书珍本请他题跋评定。因此他对历代典籍的涉猎极广，为揭示、评判书籍所写的题跋、札记也极多。他在许多题跋和札记中，阐幽发微，准确地揭示书籍的学术价值，为人们充分利用各类文献指示门径。常常有些不被人注意的典籍，经他独具慧眼的揭示和评定，便成为学术界所重视的资料。这种"化铁成金"的功夫，是当时目录学界许多人所不能及的。

以他谙熟的元代文献为例，他就发掘了几部学术价值极为珍贵的典籍。如《元朝秘史》，这是一部记述蒙古史和元史的原始著作，明初从蒙文翻译为汉文以后，数百年无人问津。《四库全书总目》只是在评介孙承泽的《元朝典故编年》时才顺便提到他著录此书，并认为《元朝秘史》"所记大都琐屑细事……未足尽以为据"，因此摒于《四库全书》和存目之外。钱大昕则不作如是观，他肯定了这部书重要的史料价值，利用此书的记载补正了《元史》本纪的多项误漏，指出："论次太祖、太宗两朝事迹者，其必于此书折其衷。"[1]

《长春真人西游记》作为游记，也是一部鲜为人知的记载异地风情的史部著作，有人在《辍耕录》中见过书名，竟误以为就是吴承恩的小说《西游记》。钱大昕从《道藏》中发现此书，即断定它"于西域道里风俗

---

[1] 钱大昕：《潜研堂文集》卷二八《跋元秘史》，见陈文和主编《嘉定钱大昕全集（增订本）》第9册，凤凰出版社2016年版，第456—458页。

颇足资考证”[1]，于是经他抄录，得以流传利用。

再如《四库全书总目》将《元典章》和《圣武亲征录》都摒入存目，评价也很低，认为《元典章》"所载皆案牍之文，兼杂方言俗语……不足以资考证"；《圣武亲征录》"序述无法，词颇蹇缁"。钱大昕却指出：《圣武亲征录》"虽不如《秘史》之完善，然元初事迹，亦可稽以考证"[2]。至于《元典章》，在他刚到京城时，就曾慕名前往某藏书家处借读而不得，耿耿于怀，十年后终于有友人以家藏抄本相赠，他喜不自禁，"如获百朋"[3]。又如《元统元年进士题名录》是元代仅存的一份进士题名录，《四库全书》不得收，藏书家黄丕烈得诸书肆，诧为稀有宝籍，转请钱大昕提示。钱在题跋中详细分析，一一指出了该录对于考证元代选举制度

---

[1] 钱大昕：《潜研堂文集》卷二九《跋长春真人西游记》，见陈文和主编《嘉定钱大昕全集（增订本）》第9册，凤凰出版社2016年版，第478—479页。

[2] 钱大昕：《十驾斋养新录》卷一三《圣武亲征录》跋，见陈文和主编《嘉定钱大昕全集（增订本）》第7册，凤凰出版社2016年版，第358—359页。

[3] 钱大昕：《潜研堂文集》卷二八《跋元圣政典章》，见陈文和主编《嘉定钱大昕全集（增订本）》第9册，凤凰出版社2016年版，第456-458页。

和人物传记珍贵的史料价值。对此，黄丕烈叹服地说："跋语元元本本，殚见洽闻，苟非胸熟元史者何能轻吐一字？余既重其书之有补于元史，且重先生之跋足以表彰是书也。"[1]

以上几种都是研考元史最基本的材料，通过钱大昕的发掘和揭示才得以流传开来，以后的一百多年中，吸引了国内外大批学者的注意和利用，促进了元史研究的开展和深入。

梁启超说过："乾嘉间之考证学，几乎独占学界势力。"[2] 这话道出了乾嘉考据学无所不及的状况。钱大昕在目录学的研究中，考订经史，融会贯通，对历代典籍进行疏通整理、校讹补漏，赋予目录学以考据的方法和内容，这不仅适应了目录学研究深入发展的需要，而且与他的治学精神和学术特点是相一致的。

对于历代典籍，钱大昕认为，如果"略不校雠，

---

[1] 黄丕烈撰，潘祖荫辑，周少川点校《士礼居藏书题跋记》卷二，书目文献出版社 1989 年版，第 33 页。

[2] 梁启超：《中国近三百年学术史（新校本）》，商务印书馆 2011 年版，第 28 页。

错本书散满天下，更误学者，不如不刻之为愈也"[1]。他说："学问乃千秋事，订讹规过，非以訾毁前人，实以嘉惠后学。"[2] 它于目录学研究方面的著述，非常鲜明地贯穿了这种精神。他在学术笔记《十驾斋养新录》中对 92 部典籍的题跋，在《潜研堂文集》中对 153 部典籍的题跋，以及他平日阅书随手札记，由后人汇编成《竹汀先生日记抄》中的题跋，对典籍中的文字、事实乃至行款格式，皆拾遗规过，反复考证。他用 15 年时间撰写的考史名著《廿二史考异》，对 22 部纪传体史书的内容逐条考订，辨证史籍的讹误，补充漏载的史实，阐释疑难，沟通史料之间的联系，使之条理贯串。

有关他在是正典籍文字、考订典籍误失方面大量的工作和成就，限于篇幅，在此不能作逐一论列。但是可以肯定地说：钱大昕考订典籍的学术成果，为后人利用古代文献扫清了障碍，开通了道路，提供了许

---

[1] 钱大昕：《十驾斋养新录》卷一九《宋椠本》，见陈文和主编《嘉定钱大昕全集（增订本）》第 7 册，凤凰出版社 2016 年版，第 494 页。

[2] 钱大昕：《潜研堂文集》卷三五《答王西庄书》，见陈文和主编《嘉定钱大昕全集（增订本）》第 9 册，凤凰出版社 2016 年版，第 569 页。

多确凿可靠的依据。他在这方面的著述，是乾嘉考据学者在目录学领域的代表之作。

三、编撰《补元史艺文志》

钱大昕晚年所撰写的《补元史艺文志》，是他对编目工作的具体实践。

《补元史艺文志》本来属于钱大昕重修《元史》工作的一部分。早在他供职馆阁的时候，他就感到明修《元史》匆促成事，内容冗杂漏落，潦草尤甚，准备仿效范晔编《后汉书》、欧阳修编《唐书》的例子，重修《元史》。他先是改定《元史》的目录，或删或补，已按次序重新起草，但来不及最后完成，自他40多岁离京归乡以后，停止了这项工作。[1]后来只撰成《补元史艺文志》和《补元史氏族表》两种补史专著。

由于元朝统治的时间较短，没有留下记载一代藏书、著述的国家书目。至正年间由王士点等人编写的《秘书监志》又"仅记先后送库若干部、若干册，而不

---

[1] 参见钱大昕《补元史艺文志》自序，见陈文和主编《嘉定钱大昕全集（增订本）》第 5 册，凤凰出版社 2016 年版，第 131 页。

列书名"。再者，明初修《元史》又不设艺文志，"遂使石渠、东观所储，漫无稽考"[1]，元朝一代的学术文化状况无从了解。因此钱大昕从大量的文献典籍和目录中寻找线索，搜取材料，补写了元史《艺文志》，对元代的学术著述，作了较为全面的记载。

《补元史艺文志》4卷，卷首有钱大昕的自序和这部目录的总序。在总序中，钱大昕除交代编撰这一目录的动机外，又用数百字清晰地阐述了目录学对书籍的分类由六分法到四分法的演变、发展源流。他先勾画了两汉时期六分法的产生和使用，而后又概括地叙述了四分法的建立过程和以后的变化，综合他的论述，可以看出我国古代书籍分类的发展轨迹：

1.六分法创始于西汉的刘向、刘歆父子，刘歆的《七略》将书籍分为六艺、诗赋、诸子、兵书、数术、方技等六略，六分法在西汉时期流行。

2.四分法始于西晋荀勖的《中经新簿》，[2]当时以甲

[1] 钱大昕：《补元史艺文志》序，见陈文和主编《嘉定钱大昕全集（增订本）》第5册，凤凰出版社2016年版，第133页。

[2] 此处钱氏论述不够完整，更确切地说，应该是荀勖因魏郑默《中经》而建立四分法。

乙丙丁为次序，乙是子书，丙是史书，子先于史；东晋李充的《四部书目》虽仍以甲乙丙丁为次，但定乙部为史书，丙部为子书，所以后世经史子集的排序是李充确定的。

3. 荀、李以后的目录书，大多采用四分法，如南朝齐永明元年王亮、谢朓所编的《秘阁四部书目》，梁任昉、殷钧所编的《天监六年四部书目录》等许多目录都采取了四分法来编目。

4. 当时除四分法外，还有刘宋王俭《七志》和阮孝绪《七录》的七分法、梁祖暅《五部目录》的五分法，但都没能取代四分法的地位，隋唐以后，四分法一直被沿用下来。[1]

钱大昕的这段论述，是对目录学理论的探索和发挥。由此可见，乾嘉考据学者在目录学研究中也不是绝对不讲"义例"、不注意理论，绝对局限在考订功夫上的。因为同处于一个时代的学者，在学术上必然出现相互的影响和渗透，这是合乎情理的。就如强调"义例"、注重理论的章学诚，在他的《史籍考》中也运用

---

[1] 钱大昕:《补元史艺文志》序，见陈文和主编《嘉定钱大昕全集（增订本）》第 5 册，凤凰出版社 2016 年版，第 132 页。

了考据方法一样；擅长考据的钱大昕，在编目工作中也注意了"义例"和理论的探索及阐述。他在《补元史艺文志》中对古籍分类法发展演变的论述，是目录学研究的重要资料。

《补元史艺文志》的分类体系同样体现了钱大昕对目录书"义例"的探索精神。全书分经史子集四部，其中又分经部十二、史部十四、子部十四、集部八等四十八个小类，这个分类体系虽然继承了四分法传统的内容，但有些小类的区分和立目却是有所改进、独具匠心的。比如经部的"译语"类，就是根据辽、金、元时期释译书籍流传的实际所设立。当时，为了适应契丹、女真、蒙古族统治阶级迅速了解汉文化的需要，出现了一批用契丹语、女真语、蒙古语翻译的经史古籍。这些译著数量不少，而且特点突出，因此单独设立一个小类，集中著录这些译著，反映当时学术文化的特征，是恰当和必要的。又如子部的"经济"类，也是他特创的一个类目。"经济"是经世济国的意思。在这个小类中，他著录了《兴亡金鉴录》《君臣政要》《治世龟鉴》《救荒活民书》等一批讲求治国安邦、救世济民方法的著作，反映了他对顾炎武"实事求是，经世致用"思想的继承。这种反对宋明理学空谈务虚，主张做学问为现实服务，探讨国计民生的思想，在大部分乾嘉考据学者中，已被遗忘了；但从钱大昕对"经济"类目的设立及对这类著作的重视程度上看，"经世致用"的思想他还没有完全放弃。

《补元史艺文志》所著录，主要是元人著述，同时也收入了辽金两代的著作。为这部目录的编写，钱大昕查阅了大量的文献资料，"所见元明诸家文集、志乘、小说，无虑数百种"[1]。此外，还参考了焦竑《国史经籍志》、黄虞稷《千顷堂书目》、倪灿《补辽金元艺文志》[2]、陆元辅《续经籍考》、朱彝尊《经义考》等十多部目录。面对众多的材料，他不是简单地辑录剪裁，而是钩沉索引，辨别去取，在正式编目之前，进行了大量的考证工作。《十驾斋养新录》卷一四"元艺文志"中，他略举二十五条考证，指出了其他目录书对于元代书籍记载上归类不当、著录谬讹的错误。例如有一书两见，

[1] 钱大昕：《十驾斋养新录》卷一四《元艺文志》，见陈文和主编《嘉定钱大昕全集（增订本）》第 7 册，凤凰出版社 2016 年版，第 396 页。

[2] 经王重民先生《千顷堂书目考》一文考证，此目从黄虞稷《明史艺文志稿》辑出，卢文弨在摘录刊刻时，误将序者倪灿题为作者。

有将同一书的著者和序者都看成作者而两处著录，有因书名错字而将一书误作两书的。对作者的记载，有将姓名写错的，有误宋人为元人、元人为宋人的，有将一人的名和字、或不同的译名误认为两人的。[1] 经过这些考辨，从而保证了《补元史艺文志》著录内容的大体正确。

《补元史艺文志》以登记目录的形式出现，只著作者、书名卷数，没有小序和解题，但在一些书名下附有小注。小注内容多种多样，包括介绍作者，介绍书的成书方式、内容主旨、刊行年代、残缺情况，等等，有的还做了简单的考异。这些小注虽仅有片言只语，但却有助于读者深入了解书籍的情况。清代补志目录有三四十种，补辽、金、元三代艺文志的也有数种，但是平心而论，钱大昕的《补元史艺文志》还是内容比较丰富、错漏较少的。据王重民先生考证，《补元史艺文志》所录书目，要比《补辽金元艺文志》多出

---

[1] 钱大昕：《十驾斋养新录》卷一四《元艺文志》，见陈文和主编《嘉定钱大昕全集（增订本）》第7册，凤凰出版社2016年版，第396—399页。

1/3,[1] 可见此目录的使用价值要比其他的补辽金元艺文志为高。

钱大昕一生学术研究的领域非常广阔,成就也是多方面的。仅从其目录学研究而论,就值得我们今天很好地总结和借鉴。

(原载《钱大昕研究》,华东理工大学出版社 1996年版)

---

[1] 王重民:《中国目录学史论丛·千顷堂书目考》,中华书局 1984 年版,第 211—212 页。

百年古籍整理与古文献学的历史性发展 [1]

中国古籍浩如烟海，汗牛充栋。为了继承宝贵的文化遗产，历朝历代都对古籍文献进行了深入的整理。辛亥革命以后，中国进入近现代社会，思想文化焕然一新。由于白话文的兴起，文字、语言、文体发生了巨大变化。自 1911 年至今的百年间，中国学术界和文化界开展的古籍整理运动，是一场在文字语言、整理手段乃至刊印方式都绝然有别于古人的、史无前例的学术文化运动。古籍整理的实践又催生了古文献学学科。二者互相影响，相得益彰，其发展历程和辉煌成就理应得到条理和总结。本文拟就此加以梳理，并

---

[1]　与陈祺合作发表。

158

揭示其阶段性特征，以就教于方家。

一、民国时期：古籍整理与古文献学研究的初兴

民国时期的古籍整理与古文献学研究得到了初步的发展，这是有其深刻历史背景的。一方面，晚清以来，国势衰微，珍贵古籍流散海外，特别是皕宋楼藏书全部售予日本这一事件，对文化界的震动极大。民国年间遭逢抗日战争，不少古籍毁于战火，涵芬楼之秘籍就毁于日军的铁蹄之下。所以紧迫的客观社会现实需要民国学者对古籍进行整理与保护。另一方面，民国时期的学术思想异常活跃，其中 20 世纪 20 年代兴起的整理国故思潮，对古籍整理事业的推动甚大。1919 年，胡适在《新思潮的意义》一文中，提出了"整理国故"的口号[1]。之后又系统阐述了"整理国故"的范围与方法："第一，用历史的眼光来扩大国学研究的范围。第二，用系统的整理来部勒国学研究的资料。第

---

[1] 胡适：《新思潮的意义》，《胡适文存一集》，黄山书社 1996 年版，第 527 页。

三,用比较的研究来帮助国学的材料的整理与解释。"[1]
整理国故的兴起是民国时期古籍整理事业发展的学术
诱因。除此之外，现代印刷技术的引进与使用，也是
不可忽视的技术因素。

　　这一时期的古籍整理主要包括了三方面的内容。
一是传世文献的整理，以《四部丛刊》《四部备要》和
《丛书集成》的成就最高。《四部丛刊》是商务印书馆
于 1920 年至 1922 年出版的大型古籍丛书，收录古
籍 323 种，8548 卷。整套丛书采用了石印的技术，其
底本大部分为涵芬楼收藏，同时又遍访公私所藏的宋
元旧椠。这些珍本秘籍被缩印成标准的开本，又将原
书的宽狭大小载于每书首页，以存原书之本来面目。
1929 年，《四部丛刊》经修订后重新出版。1934 年，
又编成《续编》。1936 年，《三编》刊印。《四部丛刊》
正续三编总共收书 477 种，11912 卷。因其版本考究，
印刷精美，素为学界所重。《四部备要》是中华书局推
出的大型古籍丛书，收书 351 种，11305 卷，采用聚
珍仿宋版活字排印的方式出版。《四部备要》选书注重

---

[1]　胡适:《国学季刊发刊宣言》,《胡适文存二集》, 黄山书社 1996 年版,
　　第 13 页。

实用，所收之书多为有代表性的选本、注本，与《四部丛刊》的编纂旨趣不尽相同。《丛书集成》是商务印书馆刊印的大型丛书，收书达到3467种，汉魏以来的笔记、丛钞、杂说等稀见书籍无不搜罗殆尽，足显"罕见"之功。《丛书集成》多采用铅字排印，对所收书籍加以标点断句，方便阅读，故而影响极大。除此之外，《适园丛书》《嘉业堂丛书》《百衲本二十四史》等也是颇具影响力的古籍丛书。二是出土文献的整理。19世纪末20世纪初，殷墟甲骨、敦煌文书、西北木简和内阁大档相继发现。"一时代之学术，必有其新材料与新问题。取用此材料，以研求问题，则为此时代之新潮流。"[1]利用新材料、从事新研究成为当时学术热点，出土文献资料的整理则是开展新研究的基础工作。因此，民国年间诞生了一批相关的整理著作。如敦煌学方面，罗振玉、王国维编辑出版的《敦煌石室遗书》《敦煌石室真迹录》等，收录了200余部敦煌遗书。陈垣对京师图书馆所藏敦煌文献进行编目整理，编成《敦煌劫余录》。全书十四帙，分类编排，著录写本8670件，

---

[1] 陈寅恪：《敦煌劫余录序》，《金明馆丛稿二编》，生活·读书·新知三联书店2001年版，第266页。

是第一部大型的敦煌写本分类目录，对敦煌学研究的开展有着奠基之功。再如《殷墟书契》《流沙坠简》也都是甲骨学、简牍学领域的开山之作。这些新材料的整理出版，为相关研究的展开提供了诸多便利。三是域外汉籍的搜访。民国时期的域外汉籍搜访集中于日本、欧美等地。较有代表性的如董康在日本对古抄本、宋元本的搜求，孙楷第、王古鲁对古典戏曲小说的访求。在欧美，则有王重民、郑振铎等人对敦煌经卷、善本古籍的探访。总的来说，这一时期域外汉籍的搜访大抵是以经眼过目为主要任务的。这也为当今大规模的搜访域外汉籍提供了线索，指明了方向。

民国时期的古籍整理取得丰硕的成果，据不完全统计，当时经整理出版的古籍图书达到了 26859 种（丛书按子目计算）[1]。就总体而言，民国时期的古籍整理有几个突出的特点。如采用新技术，影印复制古籍，《四部丛刊》即典型例子。这种方式既保存古书旧有的风貌，又因统一版式而方便传播和收藏。时至今日，影印古籍的整理出版手段仍然长盛不衰。其次是注重版

[1] 王余光，吴玉贵等：《中国出版通史（民国卷）》，中国书籍出版社2008 年版，第 440 页。

本，百衲汇校，形成精本。《百衲本二十四史》是最突出的成果，百衲本精选最佳版本，补配善本，同时加以必要的汇校，最终形成有较高学术价值的二十四史精本。此外是注重实用性与普及性。在这一点上，最重要的实践即编制索引和古籍的标点断句。索引的编制，方便资料查询，有利于学术的发展，是采用科学方法研治中国古籍中最切实用的手段。哈佛燕京学社在洪业的带领下，创设"引得编纂所"，先后编制各类索引64种，为学术研究提供极大便利。同样地，利用新式标点，对古籍文献进行断句重排，使之符合时人的阅读习惯，扩大了古籍的受众面，促进了传统文化的弘扬。民国时期的古籍整理受益于当时的新技术和新方法，在推动学术发展的同时，也在古籍文献的普及传播上做出了新的探索。

在民国时期古籍整理事业初兴的促进下，古文献学学科也迎来了初创的机遇。首先，第一次提出了文献学学科的概念。郑鹤声、郑鹤春于1930年在商务印书馆出版《中国文献学概要》一书，是首部以文献学命名的学术专著。书中提到"结集、翻译、编纂诸端，谓之文；审订、讲习、印刻诸端谓之献。叙而述之，故曰文献学"[1]。初步阐释了文献学的学科概念，论述了文献学的研究对象、范围与内容；全书分结集、审订、讲习、翻译、编纂、刻印等六章，介绍文献学的基本知识。在此基础上，文献学各分支学科得到了初步发展。文献学之名，出现较晚，而文献学之实，则是古已有之。中国古代对古籍文献进行了长期反复的整理，遗留下来很多宝贵的实践经验。民国时期，学者们对这些宝贵的文化遗产进行了初步的总结，形成了各分支学科的基本规模，为文献学学科的正式确立开展了很多建基性的工作。在这方面贡献最大的是陈垣，其所著《二十史朔闰表》是历史年代学的扛鼎之作。《史讳举例》则对古代的避讳制度及如何利用避讳考校文献进行深刻总结。之后，又以校勘《元典章》的亲身实践，撰成《校勘学释例》一书，将校勘古籍的方法归纳为本校、对校、他校、理校四法。《中国佛教史籍概论》和《敦煌劫余录》则在目录学方面作出了新的拓展和延伸。另外，余嘉锡、姚名达之于目录学，王国维、张元济之于版本学，鲁迅之于辑佚学也都贡献

[1] 郑鹤声，郑鹤春：《中国文献学概要》，上海古籍出版社 2001 年版，第 1 页。

良多。这些工作，都为文献学这一学科的最终确立奠定了基础。

二、新中国前三十年：古籍整理与古文献学研究的渐进

1949 年 10 月，新中国成立，古籍整理事业也随之迎来了新的发展时期。新中国成立后，随着社会主义文化建设对继承弘扬优秀传统文化的需求，古籍整理事业有条不紊地开展起来，相继推出标点本《资治通鉴》，标点本四大名著等。1958 年，国务院科学规划委员会成立了全国古籍整理出版规划小组。古籍整理事业得到统一部署和安排，其目的性、系统性大大增强。遗憾的是，1966 年以后，古籍整理事业受到严重干扰，处于停滞状态。

新中国前三十年古籍整理所取得的成就包括了以下几个方面：一是对古籍的标点整理，成果显著，包括了"二十四史"及《清史稿》《资治通鉴》和一批古典小说。1951 年，七十回本《水浒》由人民文学出版

社整理出版，之后《三国演义》《红楼梦》等相继整理问世，"标志着新中国古籍整理出版工作的起步"[1]。1956年，《资治通鉴》经由顾颉刚、郑天挺等史学名家的整理点校，顺利出版，《续资治通鉴》也在次年整理出版。古籍整理规划小组成立后，"二十四史"与《清史稿》的整理开始启动。1965年，前四史全部出版。之后，受到"文革"冲击，标点整理工作中断。直至1971年，在毛泽东、周恩来的关心下，这项工作得以继续。1978年，"二十四史"及《清史稿》全部出齐。由于全套书均由名家分段整理，学术质量极高，故而使用普遍，是学界公认的最佳版本。二是出版影印了大批大型古籍。其中既包括有《全唐诗》《全宋词》《全元散曲》等文学总集，又有《册府元龟》《太平御览》等大型类书。三是在古籍的普及和推广上做出了初步探索，出版了《史记选》《汉书选》等多种古籍的节选本。由于注解详细明了，便于中等文化程度以上读者的阅读，在普及古代经典上起到了重要作用。通观1949—1978年古籍整理的具体工作，有两点经验值得

---

[1] 杨牧之：《新中国古籍整理出版工作的回顾与展望》，《古籍整理与出版专家论古籍整理与出版》，凤凰出版社2008年版，第101页。

借鉴：首先是集体攻关大型项目，延聘名家，博采众长。这一点在"二十四史"及《清史稿》的整理中表现得最为突出。参与整理标点的都是公认的史学名家，众专家分工协作，有力地保证了这套古籍丛书的点校质量。其次，就整理标点古籍的具体程式而言，在整理出版《资治通鉴》及"二十四史"的过程中，逐步形成了一套科学的点校古籍的方法和范式，并为后人所遵循。

这一时期的文献学学科建设受到政治运动的冲击较多，但仍不乏亮点。如王重民的《敦煌古籍叙录》以及有关目录学的一批论文，版本学方面出版了若干《古书版本常谈》及《中国印刷术的发明及其影响》等，都是文献学领域的代表性著作。值得一提的是，1959年，古籍整理出版规划小组在北京大学中文系设置古典文献专业，同年9月开始招生，系统培养古籍整理与古文献学研究的专门人才，为今后的古籍整理事业打下了坚实的基础。

三、改革开放以来：走向繁荣的古籍整理事业

改革开放以来，随着各个领域内的拨乱反正，国

家与社会发展逐渐步入正轨。因"文化大革命"而中断的学术事业也趋向繁荣，古籍整理事业迎来了春天。1981 年 9 月，中共中央发出《关于整理我国古籍的指示》，对古籍整理和保护提出了新的要求和部署。同年 12 月，古籍整理出版规划小组复建。1983 年 9 月，成立了全国高等院校古籍整理研究工作委员会。这一系列相关措施的出台，对古籍整理的人才培养、整理规划、出版发行等相关事项做出周密部署，推动了古籍整理事业走向繁荣。

改革开放三十余年来，古籍整理出版事业取得的成就是举世瞩目的。第一，启动了一批大型古籍整理项目。较有代表性的如"七全一海"大型断代诗文总集的编纂，包括《全唐五代诗》《全宋文》《全宋诗》《全元文》《全元戏曲》《全明文》《全明诗》《清文海》。经过多年的努力，八部大型总集绝大部分顺利完成并出版。再如大型类书《中华大典》的整理编纂。该书是汇集 1911 年以前的古文献资料 2 万余种，运用现代科学分类方法编纂的新型类书。全书分设 24 个典，总字数达 8 亿，预计于 2012 年出齐。又如 2002 年由北京大学牵头启动的《儒藏》工程。该工程将选择古代有代表性的儒家典籍文献，按四部分类，标点校勘后印行出版。还有面向世界的《大中华文库》，即选取文学、历史、政治、哲学、经济、科技、军事等各方面的典籍百余种，采用汉语与其他语种对照的形式，系统全面地向全世界推介中华民族的优秀传统文化。除此之外，《中华大藏经》《中国古籍总目》等也是规模宏大的古籍整理作品。

第二，对专题文献的整理。在规划小组的统一领导下，古籍整理的目的性、系统性日趋明确，整理出版了一批专题性很强的古籍。以《四库全书》为例，上海古籍出版社于1987—1989年推出影印本文渊阁《四库全书》，2004年商务印书馆出版文津阁《四库全书》，文澜阁《四库全书》也于2006年在杭州出版。与之相关的四库系列丛书更是前后相继，为文化传承，推动学术发展发挥积极的促进作用。其中《续修四库全书》，收书5388种，以学术价值为重，选择善本影印而成，2002年由上海古籍出版社出版。《四库全书存目丛书》，收书4508种，由齐鲁书社1997年影印出版。《四库禁毁书丛刊》及其补编《四库未收书辑刊》均已整理出版。国家图书馆组织的《四库提要著录丛书》目前也在积极进展中。再如荟萃历代笔记的《历代史料笔记丛刊》，广搜地方旧志的《中国地方志集成》也正在编纂出版中。相对冷僻的医书、农书、科技类古籍也得到了重视，已整理出版的《黄帝内经太素校释》《中国农学珍本丛刊》《中国农业遗产选集》，都是上乘之作。

　　第三，古籍名著的今译成为热点。中央1981年《关于整理我国古籍的指示》中就已明确提出，"要有今译，争取做到能读报纸的人多数都能看懂"[1]。古籍今译，一方面是对古籍文献的系统整理，另一方面也承担着以现代语言文字代替古代语言文字的重任。近些年陆续出版了《古代文史名著选译丛书》《中国历代名著选译丛书》等，即便如卷帙浩繁、古奥难懂的二十四史和十三经等古代学术经典，也有《二十四史全译》《十三经译注》一类的译作问世。古籍今译是一项极富挑战性的工作，因为其中涉及古代汉语、古代典章制度、文化常识等内容，整理难度极高，这也对古籍整理者提出了更高的要求。在未来一段时间内，古籍今

---

[1]　杨牧之编《古籍整理与出版专家论古籍整理与出版》，凤凰出版社2008年版，第1页。

译仍将成为古籍整理的热点和焦点所在。

第四，出土文献的整理蔚然成风。出土文献作为传世古籍的有力补充，对学术研究有着不可估量的影响。具体来说，甲骨学方面的《甲骨文合集》已于1982年出版，是集大成性质的资料汇编，为今后学术研究工作的开展奠定了基础。敦煌学方面，《敦煌吐鲁番文献集成》收录了北京、上海、天津、法国、俄罗斯等地所藏的敦煌吐鲁番文献，亦是集大成之作，将会给这门专学的研究者带来极大便利。20世纪七八十年代以来，出土了大量的简牍帛书。目前经整理出版，比较重要的有《郭店楚墓竹简》《张家山汉墓竹简》《上海博物馆藏战国楚竹书》《长沙走马楼三国吴简》等。新近入藏清华大学的战国竹简，也已出版《清华大学藏战国竹简（第一集）》。这些新材料的整理与出版，为学术研究带来了新的课题，也给古文献学的发展带来了新的思路。

第五，对域外汉籍大规模的搜访。域外汉籍的搜访始自晚清民国年间，前辈学人筚路蓝缕，为大规模的海外访书指明了方向，有首创之功。20世纪80年代以后，域外汉籍的搜访大规模启动，其整理的成果主要体现为书目编制和影印出版。比较有代表性的书目包括了《日藏汉籍善本书录》《朝鲜时代书目丛刊》《美国哈佛大学哈佛燕京图书馆中文善本书志》《法兰西学院汉学研究所藏汉籍善本书目提要》《美国柏克莱加州大学东亚图书馆中文古籍善本书志》等，影印出版了《日本藏中国罕见地方志丛刊》《美国哈佛大学哈佛燕京图书馆善本汇刊》。2008年，西南大学出版社、人民出版社联合出版了《域外汉籍珍本文库》（第一辑）。该套丛书计划将在5年内出版域外汉籍珍本2000种，800册。这对弘扬传统文化，推动学术研究有非凡的意义。

第六，古籍保护计划顺利启动。2007年，国务院下发《关于进一步加强古籍保护工作的意见》，中华古籍保护计划就此正式启动。该计划将对全国所藏的古籍进行系统普查，摸清我国现存古籍的家底，对破损严重的古籍进行修复和保护。目前已经公布了三批珍贵古籍名录，涉及9859部古籍，150家单位成为全国古籍重点保护单位。该计划的顺利实施，一方面，提升了古籍保护与管理的水平，另一方面，系统调查了我国的古籍资源，是开发利用这些资源的前提和基础。

四、近三十年古籍整理的特点和古文献学科的发展

就改革开放以来古籍整理的具体实践来看，呈现出许多新的特点。首先，整理方式的多样化是社会进步赋予的时代特色。校勘标点、注释考订、复制影印都是民国以来古籍整理中普遍采用的常规方式。在这一时期的古籍整理中这些常规方式虽继续沿用，但得到不断改进，并且推出了一批如《大唐西域记校注》《续修四库全书》之类的颇具影响力的作品。在现代科技手段的支持下，也出现了新的整理方式，高保真复制手段就是较为典型的例子。2002年启动的中华再造善本工程，利用现代高仿真影印的手段，对一批珍贵古籍进行影印，实现文物性与艺术性的统一，使珍本秘籍走出图书馆，达到"继绝存真，传本扬学"的宗旨。再如新近出版的《清文海》，采用了底本影印的方式，底本、标点、校勘一同影印，避免了排印出版中可能出现的种种错误，是古籍整理新方式的有益尝试。《大

中华文库》所代表的汉籍外译，则是新时代所赋予的古籍整理新方法。《文库》选择古代经典名著，将其先翻译为白话文，再翻译成英语、俄语、德语、西班牙语等多种语言。这是在全球化的时代，提升中国软实力的重大举措。其次，数字化技术的普遍使用体现了古籍整理方式变革的新特点。电脑数字化技术对古籍整理的影响日趋增大，一方面，数字化技术为古籍整理提供了新的条件，资料的检索与查询异常便捷；另一方面，古籍整理的成果也在以数字化的方式呈现出来。如《四库全书》就出版有配套的电子光盘。可以预见，数字化技术与古籍整理的结合在未来会越来越紧密。此外，古籍的大众化与普及化取得了明显的成效。作为传统文化的重要载体，古籍文献由于距今时代较为久远，阅读不便。古籍今译这种形式的广泛采用，古籍今译数量的增多，成功地推动了古籍的大众化与普及化，满足了人民群众对古籍文献的多样化需求。从长远来看，古籍今译必然是一项长期工程，特别需要严把质量关，以杜绝粗制滥造的负面影响。

古籍整理事业的欣欣向荣，也推动了古文献学学科的深入发展。古文献学作为一门古老而年轻的学科，其发展的黄金时期也正是改革开放以来的三十余年时间。考察古文献学在这一时期的发展，可以看出学科建设的显著成就。一是古文献学学科体系正式确立，学科理论、学科架构的讨论走向深入。20世纪80年代以来，学术界围绕"文献""文献学"等学科概念，"古典文献学""历史文献学"的学科设置进行激烈讨论。据不完全统计，20世纪80年代以来，文献学通论方面的著作已有300余种[1]。在学科体系的架构方面，白寿彝、张舜徽最具代表性。白寿彝从理论、历史、分类学和应用四个层面对古文献学的学科体系进行了阐释[2]。张舜徽在《中国文献学》一书中，从基本理论、文献学史、文献学研究方法等几个方面，初步构建了文献学的学科体系[3]。经过学者们长期的不断努力，古文献学作为一门专业学科的地位已经奠定，其学科研究的对象、内容、范围渐趋明确，学科理论的提炼、学术史的总结也正在不断地推进之中。二是依托古文

---

[1] 谢灼华，石宝军：《中国文献学研究发展述略》，《中国图书馆学报》1993年第2期，第38—45页。

[2] 白寿彝：《史学遗产六讲》，北京出版社2004年版，第118页。

[3] 张舜徽：《中国文献学》，中州书画出版社1982年版。

献学学科体系的建立，各分支学科发展迅速，相关论著层出不穷，在研究思路上体现出学术史与专学理论并重的路径。除目录、版本、校勘等专学之外，对辨伪、辑佚、典藏等分支学科的研究也不断深化，涌现出了一批如《中国藏书通史》《古籍版本学》《校勘学大纲》《中国古籍辑佚学论稿》等力作。三是在新材料、新技术的推动下，古文献学的研究走向交叉与综合的广阔前景。具体来说，这种交叉与综合包括了若干层面。首先是研究材料上，除传世古籍，还要结合出土文献、域外汉籍，甚至是域内西书，开展整理和研究。充分利用各种古籍资源，既可开展不同类型的文献比勘，又可为文献传播史发掘丰富的新材料。其次是拓宽研究的视野，尽量打破从文献到文献这一传统研究思路的局限，将文献学与社会史、文化史、学术史的研究相结合，密切联系社会发展的实际需要，并借鉴西方文献学研究的相关方法。只有这样，才能在保持文献学研究特色的同时，不断开辟新的领域，为文献学注入新的活力。再者是借助现代科技手段进行文献学研究。一方面学术研究中要利用数字化、网络和多媒体等科技手段解决实际问题，另一方面则需要发挥学科优势，尽量完善现有科技手段的不足，实现两者的双赢。

回顾百年来的古籍整理史和文献学发展史，可以看到社会的稳定与繁荣是根本的保障。古籍整理的发展推动着古文献学学科的确立与建设，古文献学学科的进步又在理论和方法上给古籍整理的具体实践开辟了道路。古籍整理事业和古文献学学科建设的不断进步成为百年来中国文化发展的重要篇章。

（原载《淮北师范大学学报》2011 年第 4 期）

论文化传承与《潮汕全书》的编纂[1]

　　自 1993 年饶宗颐先生提倡"潮州学"的研究以来，随着"潮州学"研究的不断深化，对于潮汕历史文献的不断发掘，以及当前文献数字化、网络化的普及，域外汉籍文献搜求范围的扩大，为全面收集历代潮人著述文献，编纂大型地域文化典籍文献丛书《潮汕全书》提供了各种条件。2017 年年初，国家又颁布了实施传承发展中华优秀传统文化工程的重大建设规划，更为《潮汕全书》的编纂提供了良机。文化传承与文脉延续，文献的整理传承是基础，本文拟就潮汕历史文化与文献的深厚积累、编纂《潮汕全书》对文化传承的必要性和重要意义、《潮汕全书》编撰工作的基本

[1]　本文为国家社科基金重大项目"百年中国古籍整理与古文献学科发展研究"（11 & ZD109）阶段性成果。

构想等方面，加以深入的论证。

一、潮汕文化与文献的深厚积累

潮汕历史文化源远流长，尤其自唐宋以降，秉承中原文化的核心思想、传统美德与人文精神，在南海之滨发展兴盛，故潮汕素有"海滨邹鲁"之美称。潮汕文化既是中华文化涵盖下带有地域性特征的群体文化，同时又由于历史、地理和族群构成的各种原因，以及濒临南海，常得外来风气之先的条件，形成思想、语言、文学、艺术与民俗等诸多独特的风格。在思维特点方面，潮汕文化不仅具有中华文化中仁爱守礼、诚信正义、尚和大同等核心思想理念，又有兼收并蓄、求实践履、精明细密、勇于拓殖等思维和性格特点。故唐宋以来，无论是传统经学，还是程朱理学、阳明心学，都得以在潮汕传播兴盛。自明季以降，潮人之学逐渐显现其"注重学术的实用性"，"以礼学为核心，强调将学说付诸社会实践"的特点[1]；而潮人拓

---

[1] 黄挺：《明代潮州的儒学》，载《潮州学国际研讨会论文集》上册，暨南大学出版社 1994 年版，第 119 页。

殖海外，发展经济的成就，则反映其勇于开拓创业的精神。在语言方面，潮汕方言是最古老、最特殊的中国方言，它作为潮汕文化丰富内涵的重要载体，孕育了潮州曲艺、歌谣等多种文艺形式，也是潮汕文化最为表象化和最富感染力的表达形式。因此有的学者认为，"潮汕文化的最具特征的内容是潮汕方言"[1]。潮汕的文学受地理环境的影响，既有海天寥廓的豪放、山清水秀的清丽，又承接中原文化的基因，颇具唐宋古文之遗风。潮汕文学的内涵非常丰富，除散文、诗歌、笔记、小说外，还有民间喜闻乐见的戏文剧本和歌谣，以诗歌而言，现存作品的诗人则有 430 余人，诗词万篇以上[2]。至于潮汕的艺术，其中最有代表性的莫过于潮剧和潮乐，起源于宋之南戏和来自于唐宋时期中原古乐的潮乐，作为潮汕文化的艺术符号，以其鲜明的地域性和世俗性深深扎根于潮汕民间，成为民风民俗、节庆娱乐的重要内容，而且还广泛流传于海外，成为

---

[1] 林伦伦、吴勤生主编《潮汕文化大观》，花城出版社 2006 年版，第 3 页。

[2] 蔡起贤：《论潮州的古典诗歌》，载《潮汕文化论丛》初集，广东高等教育出版社 1992 年版，第 250 页。

海外潮人共享的乡音和维系乡情的纽带。

历史悠久、丰富多彩的潮汕文化不仅有生动的表现形式，更多的内容则记录在历代潮人及寓居此地学者的大量著述之中。潮地偏处海隅，相较中原开发较晚，唐前潮人的著述未曾闻见，唐宋时期的潮人专著因年代久远，今亦未能留存。以赵德、许申、林巽、卢侗、刘允、张夔、王大宝、吴复古为代表的潮州"前八贤"虽有著作，但皆散佚，仅留下一些散篇诗文。然而到了明代，潮州则蔚为滨海大郡，文化相当发达，正如清人冯奉初所言："有明一代，潮州人才之盛，足以凌跨中原，为山川增色。"[1]明代薛侃、翁万达、林大钦、萧端蒙、林大春、唐伯元、林熙春等潮州"后七贤"[2]的著作则流传至今，此外还有其他众多的明清潮人典籍，其内容涉及经、史、子、集各个部类。

明清以来许多公私书目记载了潮汕典籍的繁富，清代最具权威性的国家目录《四库全书总目》就著录

---

[1] 冯奉初：《潮州耆旧集题辞》，见《潮州耆旧集》卷首，清道光年间刻本。

[2] 潮州"后七贤"或"后八贤"有多种说法，此处采用之说，见林伦伦、吴勤生主编《潮汕文化大观》，花城出版社2006年版，第96页。

了 7 部潮人著作，收入经部的有明代夏宏撰《字考》2
卷，收入史部的有明代薛虞畿撰《春秋别典》15 卷，
收入子部的有明代黄慎撰《堪舆类纂人天共宝》13 卷、
清代胡正言篆《印存初集》2 卷、清代释本果撰《正宏
集》1 卷，收入集部的有明代金建中撰《笑拙墅稿》1
卷、明代邵一儒编《六朝声偶删补》7 卷 [1]。可见到了
清代中期，潮人著述已进入国家中枢视野，成为当时
精英文化的一部分了。对于潮人古代典籍作全面收集、
梳理和著录，始于民国时期饶锷老先生和饶宗颐先生
编撰的《潮州艺文志》，现存由饶宗颐先生最后厘定的
《潮州艺文志》14 卷，是 20 世纪最有代表性的地方目
录之一。该书广泛调查和收集古代潮人著作的流传现
状和线索，标记其存、亡、缺与未知等情况，共记录
唐以降各类潮汕古籍 1000 余种，成为综汇潮汕古籍
之渊薮，令时人"叹为盛事"，推其"功在艺林" [2]。更
为可贵的是该书取马端临《文献通考·经籍考》辑录

---

[1]　以上见永瑢等撰《四库全书总目》，中华书局 1965 年版，第 376、
　　451、942、980、1240、1625、1760 页。

[2]　黄仲琴：《潮州艺文志序》，载饶锷、饶宗颐《潮州艺文志》卷首，
　　上海古籍出版社 1994 年版。

体之法，搜罗采撷各种史传、方志、文集、题跋、笔记、族谱，乃至诏谕、方外书等材料，汇集于相关典籍之下，用于反映作者的生平、行事和学术思想，以及典籍的内容、版本和流传。《潮州艺文志》的翔实著录为《潮汕全书》的编纂指示门径，奠定了坚实的基础。

　　当然，上述的记载还不是吾潮先人著作的全部，因为除浩瀚古籍之外，还有大量单篇的集外诗文、金石文献等。比如，民国初潮汕著名学者温廷敬（字丹铭）所辑《潮州诗萃》[1]，其中就有大量集外诗作。黄挺、马明达则辑编《潮汕金石文征》，收两宋及元潮州金石文献190余篇[2]。此外，近代以来潮人大量移居海外，在异国他乡生活、拓殖发展，也留下许多著述和文献。比如潮人企业、商行、农场经营的经济档案，记录潮人会馆活动的各种会馆纪念专刊、特刊等社会档案；还有海外潮人对家乡亲人经济支持和联结亲情的大量侨批、信札。据初步调查，仅现藏于潮汕历史文化研

---

[1] 温廷敬辑，吴二持、蔡起贤点校《潮州诗萃》，汕头大学出版社2001年版。

[2] 黄挺、马明达：《潮州金石文征》（宋元卷），广东人民出版社1999年版。

究中心的侨批就有 12 万件 [1]，这些侨批饱含着海外潮侨浓浓的乡情、艰辛的血汗，是研究华侨史、潮州移民史不可多得的珍贵史料。历经风雨沧桑、世代变幻而流传至今的潮汕文献典籍，是当代研究、传承、弘扬潮汕文化乃至中华文化的重要资源，然迄今仍未得以全面的收集和整理。

二、编纂《潮汕全书》的必要性和重要性

收集、整理、保存、传播乡邦文献，传承发展地方历史文化，是中华民族和我潮我乡的优良文化传统。《潮汕全书》的编纂是当前凝聚乡情、传承发展潮汕文化和中华优秀传统文化的盛举，并将由此推进潮学研究的不断深化和持续发展。其具体的必要性和重要性可从以下几方面来认识。

（一）整理编纂乡邦文献的重要性

整理编纂乡邦文献，在我国我潮历史上有优良的

---

[1] 康业丰：《几项重大举措促进了侨批深入研究》，载《侨批文化》第 23 期，第 25 页。

传统和坚实的基础，应该发扬光大。据《中国古籍总目》记载，汇集乡邦文献的地方丛书有109部，数量众多。现存最早的地方丛书是明代万历年间由樊维城编纂的《盐邑志林》65卷，该书辑收范围以浙江古海盐辖境为准，将三国至明代海盐人的著述，及流寓本地的外籍人著述，汇为一编，"用张此邑著记之盛"，从而开创了汇刊地方文献典籍丛编的先例。此后，地方丛书的编纂在明末及清代逐渐发展起来，特别是在经济发达地区，此类丛书的编刻皆比较兴盛，如浙江一省就有《武林往哲遗著》《绍兴先正遗书》《萧山丛书》等近三十种府州县地方丛书；以省为范围纂辑的则如《畿辅丛书》《湖北丛书》《湖南丛书》《山右丛书丛编》等。民国时期，地方丛书编刻的热潮不减，并尤为重视边疆省地的文献辑编，如《辽海丛书》《云南丛书》《黔南丛书》，等等。

潮汕先人对潮汕文献典籍的整理汇编亦早着先鞭，清初陈珏选元、明、清三代潮汕先贤诗人共92人，将其诗作2000余首辑为《古瀛诗苑》5卷，后经人重

订，存诗 500 余首，今有道光间世馨堂刊本传世[1]。清
道光年间，又有时任潮州府教授的顺德人冯奉初，选
明宣德年间至清初潮汕著名学者薛侃、翁万达、萧端
蒙、林大春、唐伯元、周光镐、林熙春、郭之奇等 20
人文集，汇为《潮州耆旧集》37 卷，于道光二十八年
刊行，今仍存世。民国初期，即有温廷敬编《潮州诗萃》
50 卷，收唐至清末潮州诗人 436 人、诗作 6530 余
首[2]；民国二十二年，又有翁东辉集潮汕先贤散文汇为
《潮州文概》10 卷，所辑作者自唐代赵德至清末郑国藩，
共 142 人，今存有民国二十二年初印本及三十三年增
订本[3]。由此可见，编纂地方丛书是我国我潮历史久远
的优良文化传统，由于编辑丛编的学者多为当地士人
或在当地任职的官宦，熟悉地方文献，故能网罗放失、
广搜博采，较全面地收集保存地方文献。上述几部潮
汕地方丛书虽或偏于诗词，或偏于散文，然已开先河，
为《潮汕全书》的编纂标树了典范。前人筚路蓝缕，

---

[1] 饶锷、饶宗颐:《潮州艺文志》,上海古籍出版社 1994 年版,第 643 页。

[2] 吴二持:《点校后记》,载《潮州诗萃》,汕头大学出版社 2001 年版,
第 1338 页。

[3] 饶锷、饶宗颐:《潮州艺文志》,上海古籍出版社 1994 年版,第 657 页。

后人继往开来，继承先人遗志和文化传统，编纂一部涵盖全面，足以与其他地方丛书比肩的大型地域文化丛书，是当代潮人不可推卸的历史责任。

（二）潮汕文化是中华文化的重要组成部分

编纂《潮汕全书》是传承发展中华优秀传统文化，提高文化自觉和文化自信，延续潮汕文脉，凝聚乡情的重要举措。当前，提高文化自觉和文化自信，大力弘扬中华文化与民族精神，已成为全社会的共识。新中国成立后，特别是改革开放以来，随着经济的发展，人民文化需求的提高，各类大型历史文献整理编纂活动迅速开展，除了国家层面的大型古籍文献整理工程之外，地方文献的整理成果也陆续出现。20世纪80年代，由于地方文化建设的推动，编纂地方丛书的热潮再度兴起，《长白丛书》最早出现，此后《岭南丛书》《安徽古籍丛书》等地方丛书的编纂接续而上。其中《安徽古籍丛书》的整理刊行几十年连续不辍，至今已出版了130余种、7000多万字，堪称模范；而其他几种丛书则未能持续而止于中途了。

进入21世纪以后，特别是近几年来，随着国家提高文化软实力的需要，以及社会文化大繁荣大发展时代的到来，近三十个地方文献的整理编纂项目先后启动。其中既有《中原文化大典》《山东文献集成》《湖湘文库》《巴蜀全书》《荆楚全书》《云南丛书续编》《江苏文库》《浙江文丛》等省级地方文献的汇编，也有《广州大典》《金陵全书》《苏州文献丛书》《宁海丛书》《衢州文献集成》等市县级地方文献编纂项目，呈现蓬勃兴旺之势[1]。近年大型地方文献丛编工程的实施，呈现出一些新的特点。一是有的地方文献整理项目不仅得到当地省市政府的大力支持，而且纳入国家科研文化发展规划，如《巴蜀全书》则作为国家社科基金重大委托项目，国家财政投入已超千万元；《荆楚全书》作为国家社科基金重大项目，项目经费也达百万元。这说明在国家层面上，也把地方文献的整理作为总体文化发展战略的重要举措加以通盘考虑了。二是有些地方文献整理编纂项目的内容已不像 20 世纪地方丛书那样，只局限于古籍汇编的形式，而是形成了文献体裁、类型、范围、载体和整理形式多样化的特点，以

---

[1] 参见《光明日报》2017 年 1 月 17 日第 5 版《光明视野》报道。

立体框架和功能多元的新面貌呈现给世人。比如《巴蜀全书》对典籍文献的收集，在体裁上既有书目，有单篇文献，又有典籍；在整理形式上既有编目，又有点校或影印。又如自2005年启动的《广州大典》一期编纂工程已完成对古代文献的编纂，出版图书520册；二期工程则计划开展对民国文献的整理编纂，以10年之期完成；在载体上，《广州大典》不仅出版纸质图书，还将研发全文数据库，建立集文本、图片、音像为一体的多载体、多功能大典，为社会提供检索、阅读和鉴赏的各种方便。

新世纪以来地方文献丛书整理出版的高潮，说明弘扬中华优秀传统文化，繁荣发展全社会的文化建设，不仅需要"二十四史"、《四库全书》、《中华再造善本》等重要的"庙堂文化"，也需要收集整理散布于天南海北、江湖之远的地方文献。因为正是由各地域的文献典籍共同构成了大中华的文献体系，所以地方文献的整理保护也是整个中华文化建设的重要组成部分，不仅对于地方文化建设，也对于延续中华文脉，全面增强国家的文化软实力，都能发挥切实、重要的积极作用。因而，编纂《潮汕全书》既是时代的要求，也是大势所趋。

（三）编纂《潮汕全书》的学术价值与现实
意义

编纂《潮汕全书》对于深化"潮学"研究，具有重
要学术价值；对于促进潮汕的经济和文化建设，加强
海内外潮人的凝聚，具有重要的现实意义。潮汕历代
典籍文献是潮汕文化的根脉，潮汕历代先贤的浩瀚著
述记载了潮汕先人历尽艰难险阻，开发拓殖，在本地
建设美丽潮汕、在海外与所在国人民共建幸福家园的
历史进程与嘉言懿行，蕴含着深厚的文化内涵与高尚
的道德情操，是潮汕宝贵的精神遗产和文化载体。编
纂《潮汕全书》，将历代海内外潮人的著述文献汇为一
编，是保存潮汕地方文化资料，为古人续命，供后人
传承的重大文化基础工程。

20 世纪 90 年代饶宗颐先生倡议"潮州学"研究以
来，经 20 多年来许多学者的辛勤耕耘，潮学研究结
出丰硕成果，其中如汇集大量潮学研究成果的《潮汕
文库》，至今已出版各类著作有 100 多种。不过文库

毕竟不是地方文献整理汇编，其中有关地方文献的整理成果只占一小部分，更多的是潮学研究类或普及类的著作[1]。然而，正是经过这二十几年潮学研究的开展，让我们不断拓宽了对潮汕文献范围的认识，发掘了更多凝聚潮汕地域文化资源的典籍文献，开发了更多值得深入研究的潮学新课题。潮学研究的不断推进正呼唤海内外各界潮人更广泛更深入地发掘潮汕历史文化资料，以求进一步梳理潮汕文化的脉络，完善潮汕文化研究的理论体系。因此《潮汕全书》的编纂对于深化潮学研究，有着重要的学术价值。

全面收集、系统梳理、积极保护、广泛传播潮汕地域特色的典籍文献，既是追寻根脉，继承传统的切实作为，也是宣传潮汕地域文化特色，推动地方文化建设，为地方经济发展提供新动力的有力举措。著名学者、出版家张元济说："睹乔木而思故乡，考文献而爱旧邦。"[2]《潮汕全书》编纂工程的启动，将进一步唤

---

[1]　吴勤生：《潮学研究的兴起和〈潮汕文库〉的出版》，载《海外潮人的移民经验》，新加坡潮州八邑会馆2003年版，第15—16页。

[2]　张元济：《印刻四部丛刊启》，《四部丛刊书录》卷首，国家图书馆出版社2010年版。

起海内外潮人的乡愁，凝聚乡情，增强海内外潮人的文化认同和爱国爱乡的感情，从而转化成为建设美丽新潮汕的强大精神动力。《潮汕全书》的编纂也将成为彰显潮汕丰厚历史底蕴和人文情怀的"文化地标"，这对于宣传潮汕特色，吸引国内外各方人士热爱潮汕、欣赏潮汕、投资潮汕建设，从而推进潮汕经济和文化的发展，也具有重要的理论和实践意义。

三、《潮汕全书》的内容框架与编纂思路

潮汕文化的特质，决定了《潮汕全书》具有与其他地方丛书显著区别的特征。20多年来的潮学研究中，有不少学者探讨了潮汕文化的内涵与性质，认为潮汕文化既带有强烈的地域性色彩，又因潮汕文化是由海内1000万潮人和海外1000万潮人共同创造的，所以单纯用"地域性"来概括潮汕文化的特质是不够的，而"用'带有地域性的群体文化'来说明潮汕文化的性质，也许更恰当一些"[1]。如果以此来定位潮汕文

---

[1] 林伦伦：《对潮学和潮汕文化的认识——潮学札记》，载《潮学研究》第9辑，花城出版社2001年版，第21页。

化的特质，那么把《潮汕全书》等同于一般的地方丛书显然也是不合适的。由于潮汕文化是由遍布海内外的潮人共创的成果，而这一文化又带有共同的地域文化特点，因此《潮汕全书》可以定位为地域文化丛书，即表明这部丛书的文献来源不能仅仅以地域概念限定其文献收集的范围，而应以地域文化特质为标准来确定其文献收集的范围。从这点出发来考量《潮汕全书》的文献来源、内容框架和编纂思路，就会更为科学、更为合理。

（一）《潮汕全书》的内容框架

《潮汕全书》将收录 1949 年以前由潮籍人士及长期寓潮人士的著述文献，其总体框架分为三大部分。

一是《潮汕典籍文献总目》，以登记目录的形式全面反映 1949 年以前潮汕典籍文献的总貌。分内编、外编，内编著录 1911 年以前潮汕典籍文献，即饶宗颐先生《潮州艺文志》所著录的千余种潮州古籍皆可收入，并在此基础上查漏补缺。此外，也应关注此期潮汕其他类型的文献，如州县档案以及清末石印或铅印的书籍、报刊等。例如，1880 年由英国长老会创建于汕头的"英国长老会出版社"，就曾印刷潮汕方言的《新约全书》和圣经单行本、赞美诗，以及潮汕方言词汇，还出版《基督教每月消息》杂志[1]。清光绪年末，维新变法运动也影响到汕头，为启发民智，一些有识之士开始兴办报刊，光绪三十三年（1907）前后陆续出现了由杨季岳主办的《岭东日报》，曾杏村主办的《潮声旬报》《双日画报》，谢逸桥等主办的《新中华报》，叶楚伧等主办的《中华新报》，吴子寿等主办的《图画日报》等[2]。外编则著录 1912 年至 1949 年的潮人著述。民国时期也是潮汕文化蓬勃发展的重要时期，然长期以来未能比较全面地梳理此期的典籍文献，故应借此机会加以彻底调研和记录。外编的著录，除注意温廷敬、翁东辉、饶锷、饶宗颐、杜国庠、许涤新、张竞生、杨邨人、黄天鹏等人文社会学科的精英著述外，还要搜罗大量民间文学作品，如戏曲、歌谣、故事，以及自然科学方面的著作。此期文献档案的类型

---

[1] 叶再生：《中国近现代出版通史》第 1 卷，华文出版社 2002 年版，第 120 页。

[2] 参见彭楚斌《清末至民国时期汕头报业述略》，载《香港潮属社团总会会刊》总第 20 期，第 42 页；叶再生《中国近现代出版通史》第 1卷，华文出版社 2001 年版，第 915、916、938、939 页。

和数量也大大增加，档案则包括政府档案和民间档案，如企业、商会、社团档案等；据有关记载，民国时期的报刊也有上百种之多[1]。《潮汕典籍文献总目》的著录范围应包括海内外的潮人著述，尤其是民国时期海外潮人的著述明显增多，但又比较分散，故将是搜集、梳理和著录的难点。《潮汕典籍文献总目》的著录事项一般为书名（文献题名）、作者（编者）、卷数（册数）、版本、版框、行款、序跋、钤章、收藏地点、存佚残缺或未知等。典籍之外的其他文献类型，其著录事项可据文献的外部特征而确定。

二是《潮汕全书荟要》，此部分将以古籍丛书的形式整理汇编 1911 年以前产生的潮汕古籍，复制原书，统一开本。各书之前附简要解题，说明作者、内容价值以及版本流传等。

三是《潮汕文献辑存》，此部分将以文献汇编的形式精选汇辑 1949 年以前潮人撰述的各类单篇文献，大致可按以下各种文献的类型分类编辑。如"集外诗文"：则可从方志、总集、类书、报刊等处收集各代

---

[1] 彭楚斌：《清末至民国时期汕头报业述略》，载《香港潮属社团总会会刊》总第 20 期，第 42—44 页。

潮人先贤散见于其文集之外的单篇诗文。"出土文献"：则收录在潮汕地区考古发掘所发现的文献资料。比如，1974 年在饶平所发掘的 18 件陶器，上有类似于仰韶文化时期的陶文 13 种；1922 年在潮州城外发掘的 4 尊北宋瓷像，上各有铭文数十字；1979 年在桑埔山东侧发掘的元朝铜印，上有八思巴印文，以及汉文背款；以及 1958 年在揭阳明代墓葬中出土的嘉靖年间手抄戏本《蔡伯皆》、1975 年在潮安明初墓葬中出土的宣德年间手抄戏本《刘希必金钗记》[1]。"金石文献"：潮汕古代的金石文献非常丰富，除方志中录存的碑刻文字外，还有许多散见于田野民间，黄挺、马明达著《潮汕金石文征》（宋元卷）是对此类文献收集整理的第一部专著[2]，贡献良多，他们尚有"明清卷"正待出版。除此之外，还可关注散见于国内各地及海外的潮人金石文献，如清代乾隆年间苏州潮州会馆所刻《潮

---

[1]　以上参见陈历明编《潮汕考古文集》，汕头大学出版社 1993 年版，第 110、242、272、286、283 页。

[2]　黄挺、马明达：《潮汕金石文征》（宋元卷），广东人民出版社 1999 年版。

州会馆记》[1]，即是外地所见潮人碑记。海外方面，由陈育崧、陈荆和编《新加坡华人碑铭集录》，德国学者傅吾康编《马来西亚华文铭刻萃编》《印尼华文铭刻汇编》《泰国华文铭刻汇编》之中，也应有旅居东南亚潮人的碑文[2]。"社会民间文献"：则可选录前文所述各类档案，包括民间的契据、书信、日记等。"侨批文献"：本应属于社会民间文献之中，但由于侨批文献的特殊性，以及2013年6月"中国侨批档案"申遗成功而入选《世界记忆名录》，故可作为特殊文献单立一类。《潮汕文献辑存》对文献的辑录要注明出处，重要的出土文献、金石文献可配以图录，但应有释文。所有文献加以新式标点。

（二）《潮汕全书》的编纂思路

《潮汕全书》的编纂是传承发展潮汕文化的大事，

---

[1] 陈历明编著《潮汕历史文物图册》，香港艺苑出版社2001年版，第150页。

[2] 见陈育崧、陈荆和编《新加坡华人碑铭集录》，香港中文大学1972年版。德傅吾康编《马来西亚华文铭刻萃编》3册，马来西亚大学出版社1982年、1985年、1987年出版；《印尼华文铭刻汇编》4册，新加坡南洋学会1988年、1997年出版；《泰国华文铭刻汇编》1册，台湾新文丰出版社1998年出版。

要以饶宗颐先生倡导的"潮州学"研究方向为指归，
把潮汕文化作为中国文化的重要一环，把潮州学作为
国际性的学问，从全国性和世界性范围来收集、编纂
潮汕典籍文献。同时，要完成这项既重要又艰巨的工
作，还需要寻求各方力量的支持。一是呼吁全国各地、
世界各地潮人社团和潮籍人士，广泛收集潮州典籍文
献，可以仿照温廷敬先生编纂《潮州诗萃》时所发布
的《潮州诗文萃征乡先哲遗集启》，公告各方，广求文
献。二是不仅要搜求国外潮人社团、潮籍人士所收藏
的潮州典籍文献，还要搜求国外大学、研究机构、公
共图书馆的收藏。比如 20 世纪我国从国外访求的几
种明刻潮剧古本，就分别收藏于日本天理大学、英国
牛津大学、日本东京大学东洋研究所及奥地利维也纳
国家图书馆[1]。众所周知，饶宗颐先生在 20 世纪末也
从海外大学图书馆寻回国内所佚明嘉靖《潮州志》、明
郭子章《潮中杂纪》万历刻本。三是《潮汕全书》的编
纂不仅要得到海内外潮人的支持，也应求得潮汕各地
政府的支持，还可以申报国家级重大项目，将其纳入

---

[1] 参见吴南生《〈潮州文库〉序》，载《潮汕文化论丛》初集，广东高等
教育出版社 1992 年版，第 3 页。

国家层面的研究和出版规划之中。四是《潮汕全书》的编纂应以饶宗颐先生的《潮州艺文志》为蓝图，在此基础上不断地延伸发展；更重要的是应学习饶先生编纂《潮州艺文志》时的严谨和考实精神，认真考辨每一种典籍文献，方能将《潮汕全书》编成一部质量上乘的文化精品。

《潮汕全书》的编纂程序大致可依规划立项、调研收集、编目考证、整理编纂、复制或标点等程序来进行。

盛世修大典，太平编宏帙。《潮汕全书》的编纂必将以潮汕独具特色的地域文化为中华优秀传统文化的传承发展和当代的社会建设作出巨大贡献，谨论如上，并翘首以盼此项重大文化传承工程的启动。

（原载《汕头大学学报》2018 年第 4 期）

新世纪古文献学研究的交叉与综合

　　进入 21 世纪以来，我国古籍的整理和古文献学的研究呈现可喜的局面。然而，作为传统学科的历史文献学和古典文献学领域，古代先贤已作出令人叹服、甚至有的是难以超越的成就。虽然，由于当今古文献的集聚、交流和使用要比古代方便得多，时代的要求也在不断变化，我们依然可以运用传统的方法在文献学研究上有所拓展和创获，但毕竟是有所局限的。因此，新世纪文献学要有大的发展，应该注意交叉与综合研究，方能有新视野和新领域。本文拟就新世纪古文献整理研究的新成就加以概括，并就古文献学研究的新趋势略陈浅见，以就教于方家。

一、新世纪古文献整理研究的新成就

2000年以来，古文献的整理、古文献学的研究成就显著。其中，出土文献的研究、数字化技术的运用、域外汉籍的搜求等热点持续升温。总结古籍整理的经验，分析古文献学研究中重点、热点问题的成绩与不足，是展望古文献学发展远景的必要前提。古文献整理研究近十年来是有几件大事值得载入史册的。

一是国家启动了古籍保护计划。2007年3月，国务院办公厅发布了《关于进一步加强古籍保护工作的意见》，要求从国家发展规划的十一五阶段开始，用10年时间实施《中华古籍保护计划》；并从2007年起，用3—5年的时间在全国进行古籍普查，搜求古籍善本，调查古籍现存情况和破损情况；建立中华古籍综合信息数据库，开展对古籍的修复和保护工程。至今，已于2008年、2009年分两批公布了6870种"国家珍贵古籍"；同时分两次公布了117个"全国古籍重点保护单位"，古籍保护工作正向纵深展开。

二是从20世纪末开始编纂的《中国古籍总目》历

经几个五年计划的辛苦工作，将于 2010 年最后完成。该目是现存中国汉文古籍的综合目录，旨在全面反映目前国内外现存汉文古籍的主要品种、版本及收藏单位。全书分经、史、子、集、丛书 5 部，著录以古籍品种立目，同时反映入录各书的主要版本，全书收录古籍 19 万余种之多，这个数量大大超过了以往认为我国现存古籍 15 万种左右的估计。

三是由国务院批准，开始于 1990 年的国家重大文化工程《中华大典》，在 2006 年重新启动。这部汇集 1911 年以前古文献资料，运用现代科学分类方法编纂的新型类书，征引古代典籍 2 万多种，内设《文学典》《史学典》《哲学典》《文献目录典》等 24 典，总字数达 8 亿字，规模超过了《四库全书》，字数是我国历史上最大类书《永乐大典》的两倍[1]。目前，《中华大典》已先后出版了《哲学典》《文学典》，其他各典正加紧编纂，将于 2012 年最后完成。其中的《文献目录典》更是与文献学研究密切相关，该典的《文献学

---

[1] 我国历史上规模超过 500 万字的类书约有 6 部：《皇览》800 万字，《太平御览》500 万字，《册府元龟》916 万字，《永乐大典》3 亿 7000 万字，《古今图书集成》1 亿 6000 万字，《佩文韵府》941 万字。

分典》汇集了古代学者对文献学所属各门专学的概念、方法、功能的论述，收录了各专学考辩文献的实例以及文献学史的大量史料。其《古籍目录分典》则以郑樵"纪百代之有无，广古今而无遗"[1] 的思想为宗旨，采取辑录方式，汇聚古代近千种书目的资料，著录一切古代著述。该分典将成为我国第一部古代典籍全目，其不论存亡，一概著录的特点，既可让人们了解我国古代文化典籍的全貌，又可分辨存亡，为亡佚古籍的搜寻提供线索。

四是《清史》编纂的文献整理。21 世纪初开始的《清史》编纂工程在撰著的过程中，同时整理了大批清史文献，已出版有关档案、文献、图录、编译等丛刊 96 种 844 册 [2]，为推动清史编纂，繁荣学术文化作出了贡献。

五是于 2002 年由北京大学牵头启动的《儒藏》工程。该工程也是大型古籍整理项目，选择古代有代表

---

[1] 郑樵：《通志·校雠略》，见王树民点校《通志二十略》，中华书局 1995 年版。

[2] 见《国家清史编纂委员会整理出版图书目录（2003.7—2009.2）》，《中华读书报》2009 年 2 月 18 日。

性的儒家典籍文献，按四部分类，经校勘标点，以繁体直行排印。《儒藏》先作精华编，再作大全编，目前已完成并出版精华编的部分内容30余册[1]。

六是其他的一些古籍整理、古文献整理和研究项目。如由中华书局组织的《二十四史》新点校本的编纂，由国家图书馆组织的《四库提要著录丛书》的编纂。此外，还有2007年湖南大学岳麓书院对一批秦简的购藏、整理和研究，2008年清华大学对一批战国竹简的收藏、整理和研究，2009年北京大学对一批汉简的收藏、整理和研究，这都是近年出土文献研究的新发现和新成果。

二、古文献学研究的交叉与综合

关于古文献学研究视野的开拓和研究方法上的创新思考，以前在《中国历史文献学学科建设的思考》一文中已有所涉及[2]，凡前文已论者，此处不再详述；

---

[1] 见《〈儒藏〉之境》，《光明日报》2009年8月31日。

[2] 周少川、陈晓华：《中国历史文献学学科建设的思考》，《历史文献研究》总22辑，华中师范大学出版社2003年版。

凡前文未曾展开或未及论者，此处将加以阐明。大概可从以下八个方面，看古文献学研究视野之拓展。

（一）传世文献研究与出土文献研究的结合

20世纪以来，随着考古学的发展，大批地下文物和文献被发掘出来，珍贵秘籍重见天日。据统计，百年间约有170余批、28万枚不同时期的竹木简出土；另有帛书文献4批出土。大批出土文献的发现，大大开阔了学术界研究资料的范围和研究视野，在开展传世文献和出土文献的结合研究上，途径是多方面的。

一是可以利用出土文献的新资料，结合传世文献，开展对古代政治、经济、法律、思想等多方面的研究。比如，近年学者们发现里耶秦简所记载的"苍梧""洞庭"两郡，为以往秦36郡或48郡之郡名所无，因而补充了对秦朝行政区划的认识。近来，又有学者利用岳麓书院所藏秦简，提出了秦郡还有"江陵""清河"二郡的看法[1]。此外，如利用郭店楚简对先秦子思学派的研究，利用长沙走马楼吴简对三国田赋、户口制度

---

[1] 陈松长：《岳麓书院藏秦简中的郡名考略》，《湖南大学学报》（社会科学版）2009年第2期。

的研究，利用岳麓书院所藏秦简的奏谳书对秦代法律条令的研究，等等。二是可以通过出土文献的实物，对古文献载体材料的形制、质地的发展变化有重新认识。三是可以深入开展传世文献与出土文献的比勘研究，尤其是一些名著名篇，通过传世本、简牍本、帛书本等多种传本的比勘、校异，甚至笺证，可以深入分析文本变异、差异的原因，以及学术思想的渊源流变，等等。1997 年，日本学者服部千村就曾运用竹简本、合刻樱田本、影宋魏武注本、宋武经七书本等《孙子兵法》进行互勘，在校记中做出考证[1]。2000 年国内学者彭浩则用郭店竹简本、马王堆帛书、王弼注本、河上公本、龙兴观碑本等合勘《老子》文句，惜未有校记笺证[2]。这些工作都是值得借鉴的。四是针对出土文献，展开古文书学的研究。这是由于出土文献中有大量古代文书档案，运用古文书学的方法，可以对简牍的书写格式、制作形制、收发渠道、内容类别、档案功能等了解清楚，进一步挖掘其史料价值。五是开展古文字学的研究。汉以前的出土文献皆以古文字书写，

---

[1] ［日］服部千村：《孙子兵法新校》，白山出版社 1997 年版。

[2] 彭浩：《郭店楚简〈老子〉校读》，湖北人民出版社 2000 年版。

为文字学提供了大量古文字的资料，利用传世文献和字书释读古文字，又反过来利用出土文献中的古文字资料考辨以往对古文字训释的疑难，是一个重要的课题。有些学者已经利用出土文献开展对古文字的整理，如李守奎等学者所作的《楚文字编》《上海博物馆藏战国楚竹书1—5文字编》，等等。

（二）文献学研究与社会史、文化史的结合

众所周知，文献的产生、聚散，文献学的发展是与社会发展、社会的历史文化发展密切相联的，因此，文献学史的研究如能与社会史、文化史的研究相结合，会相得益彰，有利于加强文献学史研究的分量。

本人在做《藏书与文化》[1]课题的研究时就尝试了文献学研究和文化史、社会史结合的方法，从而开阔了视野，拓展了研究的范围。以往的私家藏书研究由于未能有准确的定位，因而往往被局限在藏书家事迹的研究范围里，对个体藏书家的研究、断代藏书家的研究、区域藏书家的研究，其结果仅能反映一朝一地

[1] 周少川：《藏书与文化——古代私家藏书文化研究》，北京师范大学出版社1999年版。

私家藏书的概况，而不能了解其更深层次的内容。然而，如果从多重视角来研究私家藏书，便可将其作为一种文化现象，置于社会历史环境的总相中进行考察，分析社会历史环境中生产技术、经济水平、文化风尚、人文地理诸因素，与这一文化现象彼此间的相互关联，作用与反作用。比如，考察其与社会生产经济因素的关系时，可从"造纸术"的发明、"印刷术"的发明，看典籍生产技术的变化对私家藏书的影响，认识私家藏书事业两次飞跃发展的原因。社会经济发展水平同生产技术一样，同属于私家藏书文化的物质基础。社会经济的发展是私家藏书事业繁荣的前提条件，它使藏书家具备更强的经济实力来投入藏书活动；社会商品经济的发达，也促进图书这种特殊商品的流通，为私家藏书提供大量的收藏来源。反过来，私家藏书所增加的需求，又刺激了刻书业、印刷业、装潢业、图书销售等生产经济领域的繁荣。

把私家藏书作为一种文化现象，还可深入探讨私家藏书在长期活动中逐步形成的文化积淀。并从文化的视角，对藏书、藏书印、图书交易等物态文化；对藏书揩理之术、藏书风尚和藏书习俗等行为文化；对藏书楼命名的目的、藏书印文反映的意绪、藏书的心态等心态文化进行分析，从而得出一些新的答案。比如，揭示藏书楼的虚拟与实构；对私家藏书习俗和藏书家嗜好作出有异于前人的、较为合理准确的解释；透过表象，挖掘藏书家深层的文化心态，区分其正面的、积极的心态，或者消极的、变异的心态，由此把握私家藏书不同发展路向的根源；阐释私家藏书在促进不同文化层之交流和保存、传播文化遗产的巨大社会功能；等等。总之，从多重视角研究私家藏书具有深远的意义，它不仅为藏书史、书史研究开辟了新道路，而且为文化史、社会史的研究增添了新内容，这是我个人有切身体会的认识。

（三）文献学研究与学术史研究的结合

以往文献学只讲校勘学史和注释学史，学术史只讲主观分析，各讲各的，成为两条道上跑的车。李学勤先生对学术史这种状况提出了自己的看法，认为学术史不仅要从思想、义理的角度去写，还要从文献、史实的角度去写，两者不可偏废[1]。这种看法极其重要，从经学史的角度看，就要善于从文献的校释成果中分析各个时代对于经典不同的注释、校勘所反映的时代精神，从校勘注释的新内容看学术思想和学术观点发展，看学术史的转变。不同时代的版本反映了不同时代的思想和学术，一部经学的发展史，正是历代学者运用文献考校和注释，为经学的前进开辟了道路，并赋予新的思想内容，从而完成了各个时代学术的新陈代谢。因此，文献学应该在这方面为学术史作出说明。

从文献学史研究的角度而言，则必须结合经学史或者其他学术史的背景，才能真正说明各个历史时期文献学发展的原因以及对学术史的推动作用。例如，北宋二程、南宋朱熹都曾改易《礼记·大学》的文字，并将《礼记》中的《大学》《中庸》抽出，与《论语》《孟子》组成"四书"。朱熹的《大学章句》不仅改易了文字，将《大学》分为经、传两个部分，还补写了所谓"格物致知"的第五章。这些文献校改上的变易，如果不从宋代理学思想兴起、发展的需要上分析，便难以

---

[1] 李学勤：《谈清代学术的几个问题》，《中华读书报》2001年8月15日。

说明其文献整理、校改工作的原委和意义。文献学研究只有和经学史或其他学术史结合，才能清楚地看到历代文献校注、考辨所反映的时代精神，才能深刻说明文献学研究在中国学术史和文化史上的重要地位和影响。

（四）文献学研究要与社会发展的实际需要结合

以往的文献学研究与社会实际生活严重脱节，很多关涉社会民生、生产生活的古代文献不受重视，有的长期被打入冷宫，得不到应有的发掘整理和研究。从科技方面看，中国古代的科学技术在相当长的一段时间内是领先于世界的，其中的天文历算、数学、医学、农学、建筑等领域尤为突出，并保存着许多珍贵的文献。比如，明清在建筑技术方面就有许多文献资料，其中清代的匠作则例已引起国内外不少专家的注意。清代匠作则例记录了清代园林宫殿、城墙营房、河工海防、军器武备等建筑器物用料的规格尺寸，用工的种类、数量及价格运费等数据，这批文献不仅数量众多，而且内容丰富，是研究清代建筑、经济、军事乃至社会政治的重要资料。早在 20 世纪 30 年代，著名学者梁思诚就对《清工部工程做法》这一文献进行深入研究，取得丰硕成果，著成《清式营造则例》和《清工部工程做法则例图解》二书。20 世纪末，由王世襄先生领衔，开展对清代匠作则例资料的整理和影印，至今已出版了汇编 5 卷[1]。这些材料也引起了德国图宾根大学汉学研究所的注意，自 2001 年起和清华大学合作开展研究，已取得阶段性成果，并在德国召开了"中国匠作则例：理论与实践"国际研讨会，这表明匠作则例的研究已经在国际上产生了一定的影响。

除匠作则例外，当然还有大量科技文献值得整理和研究，如至今还在服务于现实生活的中医文献。此外，经济方面的、艺术方面的大批古籍文献也都有待文献学界的关注和探究。

---

[1] 王世襄主编《清代匠作则例》第一卷、第二卷，河南教育出版社 2000 年版；《清代匠作则例》第三卷、第四卷、第五卷，河南教育出版社 2009 年版。

（五）文献学研究要注意纸质文献和电子文献的结合

20 世纪下半叶以来，随着现代信息技术的高速发展，计算机作为信息处理工具，其容量越来越大、速度越来越快、功能越来越强。随着古文献数据库和网络的不断建设，大面积实现了传统文献的数字化和网络化，体现出存储量大、管理便易、阅览便捷，以及检索功能、统计分析功能、对比校勘功能大大增强等优势。这不仅是载体的转换、检索手段的变化，更是传统文献学方法论的一场革命。

新世纪的文献学研究还要进一步开发文献数字化的各种功能，发挥其超越纸质文献的优势，为文献学研究服务。第一，在研究文献的生产、流通、整理、保护等问题时，要把纸质文献和电子文献结合起来考虑，充分发挥电子文献在古籍保存和流通上的优越性。第二，对于古文献数字化的开发和改进仍有许多问题值得研究和完善。比如，进一步减少古文献数据库的错误，提高可信程度；制定切实可行的数据库分类标准，使同一类的古文献数据库逐步实现标准和格式的统一，以便于传播和利用；进一步开发古文献数据库的检索功能，最大限度地发挥其优势作用。第三，将电子信息技术引入考证过程，发挥"e 考据"的作用[1]。目前已经有些学者尝到"e 考据"的甜头，概括而言可以有三个层面的利用：一是广泛利用电子文献的检索功能，收集考证所需的各种材料。二是通过广泛检索词语在不同文献、不同语境中的含义，从而准确训释有关字、词、句的意义，以纠正前人的误解，达到疏通文献、释疑解难的目的[2]。三是利用电子文献的检索功能，全面核对材料，对以往的研究结果进行史源学的论证，发现疑误，将考证引向深入，最终取得新解。总之，运用之妙，存乎一心，应该说"e 考据"的前景还是非常广阔的。

（六）文献学的实证研究和理论研究的结合

文献学研究不仅要有实证技能，要研究文献、文

---

[1] 参见黄一农《两头蛇：明末清初的第一代天主教徒》，上海古籍出版社 2006 年版，第 64—65 页。

[2] 参见黄灵庚《屈赋"汤禹"小议》，《光明日报》2008 年 12 月 26 日。

献学发展史，还要有理论研究。正如刘乃和先生所说的："要把文献工作当作一门学问，只作事务是不行的；要把文献工作当作具有科学性的学问，只凭技术也是不行的。"她从学科方向，以及目录、校勘、辨伪、注释等专学的实际研究，说明"研究历史文献，不可避免地要涉及理论和观点的问题"。并指出："我们研究历史文献必须以马克思主义理论作指导，首先就是要指导研究方向的问题。"[1]

那么，历史文献学理论要包括哪些内容呢？我想至少要包括理论基础、理论遗产、基本理论等三大部分。

第一，理论基础是文献学理论体系赖以存在的科学依据，是指导文献学理论不断发展的方针。在当前，马克思主义的世界观、唯物史观、认识论和方法论，就是历史文献学的理论基础。

第二，理论遗产是指我国古代的文献学思想。在文明社会，任何理论都具有继承性，当代历史文献学理论的建设不仅要从实践中总结，还要继承先贤的思

---

[1] 参见白寿彝主编《史学概论》，宁夏人民出版社1983年版，第120—122页。

想遗产。古代文献学家不仅为我们留下大量文献整理的遗产，而且在文献整理研究中积累了大量经验，总结了有益的方法和理论，形成了丰富的文献学思想。孔子就有不少关于文献整理研究的独到见解，比如"述而不作，信而好古"[1]"多闻阙疑""多见阙殆"[2]，以及"毋意、毋必、毋固、毋我"[3]。孟子也有关于"不以文害辞，不以辞害志。以意逆志，是为得之"的文献阐释思想；以及知人论世、文献疑辨的思想。此外，还有如所周知的，《汉书·艺文志》以降的"辨章学术，考镜源流"思想；郑樵的"求书八法"；胡应麟的"辨伪八法"；等等。总之，古代的文献搜求与典藏思想、分类叙录思想、校勘思想、辨伪思想、文献阐释理论、金石考史观念，积累是非常丰厚的，值得作深入的发掘和阐发。中国古代文献学思想的研究一直是文献学研究的薄弱环节，必须结合文献学史的研究加以总结。古代文献学思想的研究，既可丰富文献学史的内容，又可深化对于古代文献学内涵和价值的认识；此外，

---

[1] 《论语·述而》，中华书局 1980 年版。

[2] 《论语·为政》，中华书局 1980 年版。

[3] 《论语·子罕》，中华书局 1980 年版。

还可以为建立当代的文献学理论体系提供思想来源和理论依据，可以为当前的文献整理和研究提供直接的借鉴，因此是具有重大理论价值和实践意义的。

第三，基本理论包括本体论、认识论和方法论三个方面。文献学理论体系的本体论主要在于文献观，要解决文献概念、文献的本质和特征、文献的形态、文献的价值和功能等主要问题。

文献学的认识论，要明确学科的定位及文献学的学科结构；要讨论文献学本身及所属各门专学（目录、版本、校勘等等）的研究对象和任务、实践意义和历史发展规律；要思考文献学与传统文化，文献学与当代文化建设等课题。

文献学的方法论，要研究文献学的传统方法，文献学与边缘学科的关系，文献学对当代科技成果和国外文献学研究方法的吸收等问题。要考虑如何利用当代科学技术成果、引进边缘学科和国外文献学学科的理论与知识来更新我国文献学的研究方法，同时也要考虑如何改进和发展文献学研究的传统方法。

（七）域外汉籍研究与域内西书研究的结合

域外汉籍的搜求、整理和研究近些年成为文献学研究的热点，并取得令人瞩目的成就。目前已有多家出版社在进行域外汉籍的收集和出版，影响较大的是 2008 年由西南大学出版社、人民出版社联合出版的《域外汉籍珍本文库》第一辑，本辑收书百余种；据称，这套文库将在此后 5 年内收集出版域外汉籍珍本达 2000 种。这个数字已达目前所知的域外汉籍珍本总数的 80%。域外汉籍的研究也成就斐然，有不少论著发表，比较突出的如中华书局自 2005 年以来陆续出版的《域外汉籍研究集刊》1—5 辑，此外还于 2007 年出版的《域外汉籍研究丛书》，收入 5 种研究专著。应该说，域外汉籍的研究方兴未艾，前景非常可观。新闻出版总署的柳斌杰署长曾在《域外汉籍珍本文库》的序言中，将域外汉籍传播中华文化的作用称为"汉籍之路"，以与历史上的"丝绸之路"相比拟，充分说明了整理研究域外汉籍的重要意义[1]。

---

[1] 参见柳斌杰《汉籍之路》，《光明日报》2009 年 2 月 10 日。

　　然而，在重视域外汉籍的研究时，还不能忘记对域内西书这批重要历史文献的研究，这批文献则从另一个角度反映了中外文化交流的丰硕成果。16世纪后期，大量西方传教士陆续来华，掀起中西文化交流的高潮。自1582年利玛窦来华到20世纪上半叶，一方面由于西方传教士输入基督教文化的总体目标；一方面由于中国士人自徐光启的"会通中西"[1]到梁启超"多译多读西书"[2]的需求，西学文献在中国输入长达300多年，已经成为中国历史文献的组成部分。根据徐宗泽《明清间耶稣会士译著提要》[3]、傅兰雅《江南制造总局翻译西书事略》[4]、梁启超《西学书目表》、顾燮元《译书经眼录》[5]、徐惟则《东西学书录》[6]、平心编

[1]　王重民辑《徐光启集》，中华书局1963年版，第374—375页。明徐光启在《历书总目表》中谈到如何对待西学时说："欲求超胜，必须会通，会通之前，必先翻译。"

[2]　梁启超：《西学书目表》，上海时务报馆1896年。梁启超在《西学书目表序例》中说："国家欲自强，以多译西书为本；学子欲自立，以多译西书为功。"

[3]　徐宗泽：《明清间耶稣会士译著提要》，上海书店出版社2006年版。

[4]　张静庐辑《中国近代出版史料初编》，中华书局1957年版。

[5]　张静庐辑《中国近代出版史料二编》，中华书局1957年版。

[6]　张静庐辑《中国近代出版史料二编》，中华书局1957年版。

《全国总书目》[1]记载统计，从明季到 20 世纪上半叶的 300 多年间，在华编著、翻译的西书有 7600 多种。如果再加上明清两代入华而流散、失传的西书，入华西学文献的数量会更多。除用汉文著、译的西书，国内还保存有不少原版西文古籍，有的版本价值极高，比如代表西方最早印刷水平的"摇篮版"西籍，就有"西方宋版"之誉。这些文献是明清至 20 世纪初叶西学东渐的重要资料和历史见证，具有珍贵的文献价值和学术价值。全面考察域内西书的总体面貌，研究西书入华的路径，著译的各种方式、内容和影响，不仅是文献学的重要课题，也必然会推动学术史和中西交通史研究的新进展。

（八）中外文献学研究方法的结合

历史文献学研究，不仅要继承弘扬我国传统的文献学方法，还要注意了解、学习国外的文献学研究理论和方法。西方近代的文献考据早在 14 世纪文艺复兴时期便初见端倪了，当时有一批学者关于古希腊、

---

[1] 平心编：《全国总书目》，上海生活书店 1935 年版。

罗马经典的考证，他们的考辩目的和方法影响了后来欧洲的文献考据学派。随着 18 世纪法国碑铭文献学院成立、19 世纪法国著名的巴黎国家文献学院成立，欧洲的文献考据盛行，而法国的文献考据学则具有一流的水平。19 世纪中后期，文献考据学成为西方史学的主导学派，德国的兰克学派就因高度重视对各类公私档案、文件、契约、信函、证件等史料的考证整理，去伪存真，而以史料学派著称，对西方史学产生了长期的影响。虽然在进入 20 世纪中期以后，各种史学新流派纷纷兴起，西方的文献考据学派逐渐没落，然而文献考据工作作为史学研究的一个基本方法仍发挥着重要作用，比如至今从西方汉学研究的著述中仍可以看到许多文献考据的成果。因此，仅以上述为例，则足以说明国外的文献学研究理论和方法源流有自、积累不凡，需要我们深入了解，进行必要的比较研究，取其精华，以丰富我国的文献学理论。目前，国内已有一些年轻学者关注这一问题，开展了初步的工作，这是本学科值得高度期许的一个发展方向。

（原载《文献》2010 年第 3 期）

21世纪以来历史文献学学科建设的内涵与发展向度

　　21世纪以来，我国的古籍整理和古文献的研究呈现可喜的局面。国家启动了古籍保护计划，《中华大典》《儒藏》《清史》《中华再造善本》《中国古籍珍本丛刊》编纂等重大文化工程全面开展，出土文献的研究、数字化技术的运用、域外汉籍的搜求和出版，古籍整理和古文献研究取得举世瞩目的成就。与此同时，历史文献学研究拓展了新的领域，学科建设不断推进。学科是在科学发展中不断分化和整合而形成的，有的学科是科学分化所产生，有的则是由两门或两门以上学科整合生成的。在学科发展的过程中，学科内部和学科的外部环境有着多重的相互作用，形成一个复杂的系统。历史文献学是一门具有综合性特色的学科，认识其学科发展的历史，把握学科建设的内容与特点，了解学科发展的新方向，会使本学科的创新建设更富有成效。

本文拟就新世纪以来历史文献学学科建设和发展略陈浅见，以就教于方家。

一、历史文献学学科建设的历史

历史文献学是一门既古老又年轻的学科。正如白寿彝先生在 1981 年所说的："对于历史文献的整理、研究，很早就有了。我们可以说，就在这个时候，历史文献学就开始出现了。但如果作为一个学科体系来要求，现在还正在建设中。"[1] 在我国古代，自孔子整理、编纂《六经》始，就已经有对文献整理研究的实践了。数千年以降，历代文献学家积累了丰富的经验，也遗存下大量的文献整理研究的成果。不过只有进入 20 世纪后，才真正出现了以近代学科理念建设文献学学科的探索。自 20 世纪 20 年代以后，以"文献学"命

[1] 白寿彝：《谈历史文献学》，《白寿彝史学论集》上册，北京师范大学出版社 1994 年版，第 510 页。

名的著作开始问世。陈垣、陈寅恪、顾颉刚等史学家则在文献考据的工作中，为历史文献学的研究扩展了范围，充实了内容。特别是陈垣先生，在目录学、校勘学、避讳学、史源学等专学中，以其示范性研究，总结法则和范例，为文献学学科的建立奠定了坚实的基础。而顾颉刚先生在古书的辨伪方面、陈寅恪先生在中外历史文献的结合利用方面，也分别推动了文献学学科的建设。

　　然而，历史文献学学科的建立，是由白寿彝、张舜徽、刘乃和先生等前辈学者来完成的。20 世纪 80 年代，以陈云为代表的中央领导和国务院，号召"整理古籍，把祖国宝贵的文化遗产继承下来"；教育部提出了"救书、救人、救学科"的一系列有关古籍整理研究和培养整理人才的方案[1]，时代赋予了文献学学科建立与发展的良机。20 世纪 80 年代以后，中国历史文献学迎来了发展的高峰。在学科建设方面，张舜徽先生的《中国文献学》、吴枫先生的《中国古典文献学》在 1982 年出版，二书在数十年文献学发展积累的

----

[1] 全国高校古委会秘书处编印《高等院校古籍整理研究文件汇编》，1983 年版，第 143—156 页。

基础上，对有关古文献的源流、部类、数量、考释、注疏、版本、校勘与流通阅读以及类书、四部书、丛书、辑佚、辨伪等作出了较系统的梳理，建立了初具规模的文献学学科体系。刘乃和先生则从历史文献的繁富、历史文献的作用和历史文献学研究的意义、历史文献学的研究内容和文献学发展史等方面，阐述了学科的专业知识和主要理论问题[1]。与此同时，许多专家、学者对文献学学科涉及的对象、目的、内容和方法提出了自己的见解，尤其是白寿彝先生，更是对文献学的基本理论、发展历史和分支学科的建立，在理论上构建了运行系统的框架。他认为历史文献学的学科内容可分为理论、历史、分类学及应用四个部分，其中理论部分包括历史和历史文献的关系、历史学与历史文献学的关系、历史文献作为史料的局限性、历史文献的多重性、历史文献和相关学科等问题[2]。另外，白先生还谈到了研究历史文献学的意义，以及历史文献和历史文献学

---

[1] 刘乃和：《历史文献》，白寿彝主编《史学概论》，宁夏人民出版社 1983 年版；刘乃和：《谈历史文献学的研究》，刘乃和主编《中国历史文献研究》，广西人民出版社 1994 年版。

[2] 白寿彝：《谈历史文献学》，《白寿彝史学论集》，北京师范大学 1994 年版，第 558—559 页。

的发展史等问题[1]，提出了学科研究的提纲，为历史文献学建构了理论框架。

此后，关于历史文献学学科构建的论著逐渐增多，以"历史文献学""古文献学""文献学""传统文献学"命名的著作多达十余种，而关于文献学各分支学科的论著、讨论文献学基本理论和学科体系的论文更是不胜枚举。这些论著充实了历史文献学学科的内容，深化了学科理论，推动着历史文献学学科建设的不断完善。

二、历史文献学学科建设的内涵

进入 21 世纪的近 20 年来，随着我国学术的繁荣，有关学科发展和学科建设的呼声日高，然而在具体的实施过程中，对学科建设的内涵的认识却不甚了了，从而造成了定位模糊、名不符实、体系失范等弊病，影响了学科建设的迅速发展。因此，在讨论历史文献学的学科建设时，有必要对上述问题作以下简要

[1] 白寿彝：《再谈历史文献学》，《白寿彝史学论集》，北京师范大学1994 年版，第 567 页。

的探讨。

首先必须看到，学科是按科学性质而划分的门类，是在科学的发展中不断分化或整合而成的。以历史文献学而言，则是整合了多门学科而形成的一门颇具综合性特色的学科。对于这门综合性学科的建设，规范其学科范畴、认清其建设路径就显得尤为重要。那么，文献学作为一门独立学科，如何形成其独特的学科范式呢？从学科建设的层面来看，至少有三个层次。一是关于学科的基本理念，二是学科知识和理论的体系，三是学科的运作保障，也即学科制度、研究机构和学术组织的建设，等等。

第一，学科的基本理念。至少应包括历史文献学研究的对象、研究任务，以及历史文献学学科的定位等三个方面。对于历史文献学的研究对象和任务，前辈学者也多有阐论。比如，张舜徽先生在 1980 年发表的《关于历史文献的研究整理问题》一文中，开篇就讨论了"何谓文献？它的概念、整理对象是什么？"这个问题。他对于历史文献学的研究对象还有两点重要的界定：一是不能把具有历史价值的古迹、古物、模型、绘画概称为文献。区分的界限在于出土文物上有无文字。有文字的出土文物，这些文字可称为文献；无文字的实物，则应属于古器物学的研究对象[1]。二是指出，"'历史文献'四字，自可理解为'古代文献'"[2]。即将"历史文献"理解为历史上出现的文献，将历史文献学的研究对象确认为古代文献，从而纠正了那种以为历史文献学只以史部文献为研究对象的偏狭观念。张先生还阐述了历史文献学学科的研究任务，他说：

> 研究历史文献的任务，主要是对那些保存下来了的和已经发现了的图书、资料（包括甲骨、金石、竹简、帛书）进行整理、编纂、注释工作，使杂乱的资料条理化、系统化，古奥的文字通俗化、明朗化，并且进一步去粗取精，去伪存真，条别源流，甄论得失，替研究工作者们提供方便，节省时间，使之不走弯路错路，这便是研究、整

---

[1] 见张君和编《张舜徽学术论著选》，华中师范大学出版社 1997 年版，第 6—8 页。

[2] 张舜徽：《与诸同志再论历史文献的整理工作》，张君和编《张舜徽学术论著选》，华中师范大学出版社 1997 年版，第 24 页。

理历史文献的重要职责。[1]

近十年来，还有一些学者继续讨论了研究对象的问题，例如董恩林将此进一步确认为"文献的文本形态"[2]，这是对研究对象的新看法和新解读。

学科的研究对象决定了学科的研究领域，独特的、不可替代的研究对象，决定了独立的学科特色。因此，研究对象是学科基本理念的重要问题，当前对于文献学研究对象的认识，依然存有不断深化、不断完善的空间。

对于历史文献学的学科定位，历来有一种不太妥当的看法，将其看作历史学的辅助学科。按照张舜徽等先生所言，历史文献自可理解为古代文献。由于古代文献是历史研究的基础和根据，因此，研究古代文献的历史文献学自然是历史学学科体系的组成部分，它与历史学有着内在的、密不可分的逻辑联系，而不

---

[1] 张舜徽：《关于历史文献的研究整理问题》，张君和编《张舜徽学术论著选》，华中师范大学出版社 1997 年版，第 8—9 页。

[2] 董恩林主编《中国传统文献学概论》，华中师范大学出版社 2007 年版，第 11—16 页。

是外在的辅助关系。从历史学学科体系的组成标准来看，既有以客观历史为研究对象的世界史、中国史、经济史、文化史等学科，也有以历史学本身为研究对象的史学史、史学理论等学科，而历史文献学则是以历史资料为研究对象的学科。综上所述，在目前"文献学"还未能成为一级学科的情况下，无论从历史文献学与历史学的渊源关系而言，还是从现行学术管理体制规定的学科体系而言，将历史文献学定位为历史学的分支学科应是比较妥当的做法。

第二，关于历史文献学的学科体系。自白寿彝先生提出历史文献学应包括的四部分内容之后，很多历史文献学专著都将学科理论、学科历史、专业知识作为学科体系的基本组成部分。目前看来，这种结构还是合理的，但是各部分之中的具体内容仍然值得讨论。

首先，要改变文献学科轻视理论建设的偏见。对于文献学的理论探索，历来有一种偏见，认为文献学研究只有方法，没有理论，也不需要理论。受此影响，多年来文献学的理论建设比较薄弱，这种现象必须改变。因为从根本上讲，文献学研究的实践，如果没有理论总结，就不可能有本质的、规律性的认识和系统化的传承，也不可能有持续的创新发展。在这方面，陈垣先生为我们做出了典范。众所周知，中国古代的校勘成就显著，尤其是清代的乾嘉考据，更是硕果累累。然而，对于校勘之学则未有系统的学理总结。当时学者提出的所谓内校、外校、死校、活校，众说纷纭，却无一足以全面准确地概括校勘之法。只有到了20 世纪 30 年代，陈垣先生在《元典章校补释例》中，才用近代科学的理论，将校勘方法概括为对校、本校、他校、理校的"校勘四法"，使得校勘学成为一门可以传承，并借以不断创新的专学。由此可见，理论建设并不是苍白空洞的说教，而是有血有肉、实实在在的法门。除立场、观点、原则等一般性的指导理论外，更多地是从纷繁复杂的专业知识中对法则和学理的提炼，因而应引起充分的重视。

学科理论的内容一直比较薄弱，需要加以充实。总的来说，学科理论应包括本体论、认识论和方法论三个方面。历史文献学理论的本体论主要在于文献观，要解决文献概念、文献的本质和特征、文献的形态、文献的价值和功能等主要问题。

文献学的认识论，要明确学科的定位及文献学的学科结构；要讨论文献学本身及所属各门专学（目录、版本、校勘等）的研究对象和任务、实践意义和历史发展规律；要思考文献学与传统文化，文献学与当代文化建设等课题。

文献学的方法论，要研究文献学的传统方法，文献学与边缘学科、相关学科的关系，文献学对当代科技成果和国外文献学研究方法的吸收等问题。要考虑如何利用当代科学技术成果、引进相关学科和国外文献学学科的理论与知识来更新我国文献学的研究方法，同时也要考虑如何改进和发展文献学研究的传统方法。

历史文献学的专业知识则是关于分支学科的阐述。有的学者将许多学科作为历史文献学的分支学科，泛化学科的范围，从而模糊了学科的边界，淡化了学科的特质，不啻抹煞了学科。我认为，历史文献学的分支学科只包括目录、版本、校勘、辑佚、辨伪、注释等六门专学。其他的一些专学，应分属于边缘学科和相关学科。

所谓边缘学科，是指由两个或两个以上学科为基础发展起来的，同两种或两种以上学科都有交叉关系的学科。比如，以文献学和图书馆学为基础的典藏学。据此而论，典藏、编纂、考证、史源、避讳等专学皆应属于历史文献学的边缘学科。而文字、音韵、训诂、金石、档案等专学则应属于历史文献学的相关学科。

第三，关于学科的运作和保障。其中包括了学者的职业化、固定的教席和教学培养计划、学位点、学会组织、专业期刊，以及与之配套的学术制度等。如果说第一、第二层面主要是关乎学科建设的软件部分的话，第三层面则是学科建设的硬件部分。而且，这一部分较多地涉及学术管理、行政部门，举凡教席的数量、职称的评定聘任、学位点的设立、重点学科的培育，以及成果的评价指标等，都要由学术管理和有关行政部门来操作和完成。鉴于目前历史文献学学科受重视程度不够、学术成果（如古籍整理成果）评价指标偏低的现象，在本学科的学科建设中，仍有必要呼吁相关管理部门加大对于本学科发展支持的力度。

当然，就是在学科建设的运作和保障层面，学者本身的努力依然是至关重要的。比如，早在 1979 年，张舜徽先生就创立了本学科的全国性学术组织——中国历史文献研究会，创办了学术集刊《历史文献研究》

（曾名《中国历史文献研究集刊》）。30 多年来，学会和集刊在推动历史文献学的科研、教学，凝聚学术力量，促进学科建设等方面发挥了一定的作用，今后学会也将为此作出不懈的努力。

三、历史文献学学科发展的向度

进入新世纪以来，随着改革开放的深入开展，科学技术的突飞猛进，历史文献学与其他人文学科同样，既面临日益严峻的挑战，也面临前所未有的机遇。面对挑战和机遇，历史文献学学科发展的向度就是要不断深化对学科建设内容的认识，深入持久地开展历史文献学的学科建设，科学凝练、精准提升学科的基本理念，进一步完善学科体系，繁荣和发展历史文献学的学术研究。在学术和学科的相互关系中，学术是第一性的、决定的方面，学术的发展决定学科的发展。因此，只有不断繁荣历史文献学的学术研究，取得经典性的学术成果，才能从根本上推动学科建设的迅速发展。

历史文献学学科发展的另一个重要向度，就是要遵循学科发展的规律，从实践中来到实践中去，将文献学的学术研究、学科建设和古籍整理的实践密切结合起来。历史文献学在 20 世纪 80 年代得以确立和发展，缘于当时兴起的古籍整理高潮急需人才培养和理论、方法的指导；而反过来看，历史文献学的学科知识和内容则是千百年来古籍整理经验和方法的学理总结和升华。因此，历史文献学的发展要从古籍整理的实践中汲取精华，要通过服务于古籍整理实践来实现文献学的学科价值和学术影响。具体而言，可从以下几个方面着力推动。

一是要从古籍整理的实践中加强对理论和方法的总结。近百年来，现代意义的古籍整理实践积累了丰富的经验，应该把实践中的理性认识系统归纳、提升到理论层面。比如，要从古籍整理的性质、发展方向和时代的高度认识其意义；把握批判继承、古为今用、推陈出新的原则，以及创造性转化和创新性发展的"双创"方针；说明开展古籍整理所必备的前提和条件；要从学理上阐析各类整理方式的目的和功用、程序和方法、具体的学术标准和要求；要从古籍整理的成功案例中梳理值得借鉴的技术和方法，作方法论上的总结。纵观百年古籍整理的发展，其中有不少成功的案例堪称经典，比如《四部丛刊》的原版缩印、百衲本二十四史的配版描润、二十四史和《清史稿》的校点、古籍今译的意境与传神、《大中华文库》的外译、古籍数据库建设等。要通过方法论的总结，既从事实上详细描述各种方法的内容，说明在实际操作中如何运用；又从理论上加以抽象和概括，阐明这种方法的特点、运用范围和革新意义。长期以来有一种偏见，认为古籍整理只是技术，不需要理论。其实古籍整理也和其他学科一样，如果没有理论指导和学理基础，就不能有本质的、规律性的认识，也不能有系统化传承和持续的创新发展。因此，从文献学的学理层面总结古籍整理的理论和方法，既为文献学增加新的学科内容，又可为古籍整理的持续发展夯实基础。

二是吸取以往的经验教训，从学科理论的高度，为古籍整理工作制定符合实际操作的学术规范。除推介古籍整理精品，从正面总结成功经验，还要从反面检讨以往古籍整理中出现的问题和错误，从学术上分析其致误原因。古人曾有致误通例的归纳，我们也可按古籍整理的不同方式分别梳理标点致误通例、校勘致误通例、繁简字转换致误通例等，以吸取教训，提示来者规避错误。此外，应在学理研讨的基础上制定各类古籍整理形式的规范，从以往对古籍整理成果的评论中，提炼出各类古籍整理成果的评价标准，为不断提高精品意识和整理水平提供借鉴，从而指明古籍整理工作的发展方向。近年出版的许逸民《古籍整理释例》，列举 7 种整理形式的具体要求并加释例予以说明，严谨缜密，即是从文献学的学术要求出发，探索建立古籍整理学术规范的有益尝试。

三是把握新态势，开拓新局面。进入 21 世纪，我国政治、经济、文化的不断繁荣为文献学研究和古籍整理事业提供了新的发展机遇。一方面，国家高度重视传承发展中华优秀传统文化的文化发展战略，既赋予文献学研究和古籍整理工作在文化建设中的重要地位及作用，又提出了更高的要求。文献学学科发展要通过古籍整理实践，直接为国家的文化发展战略服务；要遵循"双创"方针，不断开拓古籍整理的新领域，力争在原创性上有所突破，以解决目前古籍整理出版仍存在的大量简单重复、浪费资源的问题。另一方面，科学技术的突飞猛进也为文献学研究和古籍整理开辟了广阔前景。数字化、网络化为古文献和古籍的存储、检索、传输、复制、整理提供了极大的便利，随着信息处理功能的不断提高，还有不少新技术可用于简牍字迹的辨认、古书版本的鉴别、古籍碎片的拼缀，等等。文献学的学科发展要密切把握科技发展新态势，研究开发利用新技术，以提高文献研究、古籍整理的效率和水平。并以开阔的视野，借鉴国外整理古籍的科技手段和文献研究的方法，不断开拓古籍整理和学科发展的远大前景。

四是要纠正历史文献学教学与古籍整理实践脱节的现象。多年来，文献学教学存在着教材陈陈相因、内容老旧、结论过时，以及学生的文献学知识只限于纸上谈兵，在点校古籍等整理实践面前不知所措、无能为力等问题。学科建设未能发挥文献学理论联系实际、学以致用，在培养古籍整理人才、指导古籍整理工作中的作用，其症结就在于脱离了古籍整理的实践。解决这些问题，除上述关于文献学从古籍整理实践中及时总结经验，丰富和更新文献学学科理论和专业知识外，还要在文献学教学中结合新近古籍整理的实例，传授古籍整理实践的技能和知识，并借鉴陈垣"史源学实习"课程的方法，安排一定的课时，组织学生进行古籍整理实习，让学生了解古籍整理最基本的程序和方法；研究生则可以参加有关古籍整理的项目，让他们在实践中加深对专业知识的认识，增长才干。

最后，历史文献学发展需要良好的学科发展环境。在学科建设的运作层面上，学科发展需要强有力的社会支撑体系，我们期待得到有关管理部门更多的关注，优化管理制度，以及在资金、人员等资源上有更多的投入。在内部环境上，则需要专业的教学科研人员加强自律，克服当前存在的一些学风浮躁、学术肤浅的弊端。在加强学科建设的同时大力加强学风建设，发扬本学科久已有之的严谨专精、实事求是的优良学风，不断创新进取。只有内外合力，才能把历史文献学建设成为一门真正具有中国特色、中国风格和中国气派的优秀学科。

（原载《枣庄学院学报》2019 年第 4 期）

整理古籍与弘扬优秀传统文化

　　习近平总书记在最近的讲话中多次强调，中华优秀传统文化在涵养核心价值观、建设社会主义文化强国中具有重要作用。古籍承载我国丰厚的传统文化，如何通过整理古籍，更好地继承发展中华优秀传统文化，需要深入思考和不断探索。

一、古籍是中华文明的宝贵遗产

　　中华古籍素以汗牛充栋、浩如烟海著称于世，虽历经战火洗劫和自然灾害的损坏，至今仍保存约 20 万种、4000 万册。浩瀚古籍是中华文明绵延 5000 年未曾间断的历史见证，在中华民族漫长的历史进程中，发挥了积累、传播知识，嬗递文化传统，保存精神财富的巨大作用。

任何一个民族文化的发展都植根于自己赖以生存的土壤，都以传统文化作为新文化建设的重要条件，因此，传统文化和现代文化之间有着相互依存、互相转化的密切联系。卷帙繁富的古籍记载了中华民族历经艰难险阻，从最初的文明曙光不断走向胜利发展的历程；叙述了无数英杰为民族进步、国家富强英勇奋斗、顽强不屈的动人事迹；熔铸了古代先哲贤人的嘉言懿行，蕴含着丰富的思想文化内涵和中华民族的高尚道德情操。"睹乔木而思故乡，考文献而爱旧邦。"沉潜涵咏于古籍之中，易于生发热爱祖国和人民的深厚感情，从而增强文化自觉和文化自信。事实证明，作为传统文化重要载体的古籍，不仅哺育了世世代代的炎黄子孙，至今仍在滋养着新的文化创造和发展，成为我们汲取优秀传统文化、培育和弘扬核心价值观的重要资源。

中华古籍还是传播中华文化，加强与世界各国文化交流和友好往来的重要媒介。早在公元 3 世纪，中国典籍就经由朝鲜半岛传入日本，此后长期在东亚邻国流传、翻刻刊行。中国典籍最迟也应在 13 世纪传入欧洲，西方由此对中国古老文明有更多的了解。18世纪法国启蒙思想家伏尔泰和狄德罗、19世纪德国哲学家黑格尔都对中国文化有高度的评价。20世纪以来，随着中外文化交流的日益广泛和密切，各国的有识之士在思考西方现代化所导致的人类困境时，都认识到中华传统文化的许多理念可以对西方现代文明起互补的作用，因此引发了持续升温的"汉语热"和"中国热"。我国近年翻译出版的《大中华文库》，向世界各国系统地推介中国经典古籍，也产生了积极的影响。这些都反映出古籍在传播文化、促进中外交流与合作上的重要作用和意义。

二、古籍整理是传承创新传统文化的重要途径

习近平总书记指出，对传统文化要"经过科学的扬弃之后使之为我所用"。古籍是传统文化的重要载体，对古籍的整理利用，也应秉持科学扬弃的态度。新中国成立以来，广大古籍整理工作者经过长期实践，对古籍整理的取向形成了去粗取精、去伪存真、古为今用、推陈出新等基本原则。

　　首先，古籍整理要贯彻去粗取精、去伪存真的原则。古籍是一定历史阶段的精神产品，其中蕴含大量精华，也有思想文化的局限。因此要选择那些思想价值较高、内容真实可信的古籍作为整理对象。不过古籍数量繁多，内容千差万别，需要根据不同情况分别对待。比如，从传递文化遗产的角度考虑，大量未经价值判断的古籍并不急于整理出版，只要妥善保存即可。对于那些作为学术研究资料的古籍，则只需采取编排复制等比较简单的方法。而作为提供给广大读者的读本，则要选择古籍中的精品，特别是那些服务于青年的读本，有时为了剔除掺杂在精品之中的糟粕，还要采取选编加工的方式。至于古籍在流传过程中因翻刻重抄或自然损伤而出现的文字讹脱衍倒，则需以校勘方法来恢复古籍的真实面貌。

　　其次，以创造性转化来体现古籍整理中的古为今用。今人接触古籍常有阅读理解的障碍，宋代朱熹说："当时百姓都晓得者，有今时老师宿儒之所不晓。"可见古今同理。因此要通过标点分段、注释、今译转化古籍的形式和内容，以利于现代读者接受。上述三种整理形式是逐步递进的，标点分段只是通过转化古籍文本的表达形式，使之适合现代人的阅读习惯；注释以解决局部的阅读难点、串通文意为目的；而今译由于将古文都译成白话文，则更利于古籍知识的普及。古籍今译虽是一项普及性工作，但要求更高，准确表达原文的本意，需要译者对古籍内容、作者的思想有全面的理解和把握，还要有流畅雅致的文笔。晚清严复在翻译西方著作时提出信、达、雅三个标准，这对于古籍今译也是适合的。当然，古为今用的要求还不仅仅限于疏通阅读理解的障碍，其更高层次还在于揭示古籍中的思想文化精粹，使之为我所用。这可在注释中适当提示，而更多的是通过导读、提要或评注来达到这个目的。

最后，古籍整理的推陈出新则可通过校注、考释等形式来反映时代特色和创新性研究成果。比如余嘉锡的《世说新语笺疏》、杨伯峻的《春秋左传注》、季羡林的《大唐西域记校注》、袁行霈的《陶渊明集笺注》等，这些整理成果征引广泛，注入了整理者多年的研究心得，或订正古籍中的错误，或对古人的思想理念给予科学阐释和评定，具有很高的学术价值。古籍整理还可以用一些新的表达方式使读者便于理解，如数

理化古籍可用现代图表、符号、计算公式和科学术语
加以注解；天文志配以天象图，礼乐志配以五线谱、
音像视频等，既扩充了古籍的内涵，又增强了科学性。

三、古籍整理要加强理论和规范建设

现代意义的古籍整理已有百年历程，新中国成立
后，古籍整理的成就显著，共出版了约 2.5 万种整理
作品，2013 年推介的 91 种优秀古籍整理图书便是其
中的突出代表。但也毋庸讳言，古籍整理也出现不少
粗制滥造的次品，因此要进一步做好古籍整理工作，
以适应当前文化建设的需要。

一是加强理论和方法的总结，为古籍整理的持续
发展奠定基础。长期以来人们有一种偏见，认为古籍
整理只是技术，不需要理论。其实，古籍整理也和其
他学科一样，如果没有理论指导和学理基础，就不能
有本质的、规律性的认识，也不能有系统化的传承和
持续的创新发展。百年来的古籍整理实践积累了丰富
的经验，应该把实践中的理性认识系统归纳，提升到
理论层面。比如，要从古籍整理的性质、发展方向和

时代的高度认识其意义；把握批判继承、古为今用、推陈出新的原则；说明开展古籍整理所必备的前提和条件；要从学理上阐析各类整理方式的目的和功用、程序和方法、具体的学术标准和要求；要从古籍整理的成功案例中梳理值得借鉴的技术和方法，作方法论上的总结。

二是吸取以往的经验教训，制定学术规范。除推介精品，从正面总结成功经验，还要从反面检讨以往古籍整理中出现的问题和错误，从学术上分析其致误原因。古人曾有致误通例的归纳，我们也可按古籍整理的不同方式，分别梳理标点致误通例、校勘致误通例、繁简字转换致误通例等，以吸取教训，提示来者规避错误。此外，应在学理研讨的基础上，制定各类古籍整理形式规范，以促进精品意识和整理水平不断提高。近年出版的许逸民《古籍整理释例》，列举7种整理形式的具体要求并加释例予以说明，严谨缜密，是探索建立本领域学术规范的有益尝试。

三是把握新态势，开拓新局面。进入21世纪，我国政治、经济、文化的不断繁荣为古籍整理事业提供了新的发展机遇，科学技术的突飞猛进也为之开辟了广阔前景。数字化、网络化已为古籍的存储、检索、传输、复制、整理提供了极大的便利。随着信息处理功能的不断提高，还有不少新技术可用于简牍字迹的辨认、古书版本的鉴别、古籍碎片的拼缀。古籍整理应把握科技发展新态势，开发利用新技术，以提高效率和水平。此外，还要解决古籍整理出版大量简单重复、浪费资源的问题，不断开拓新领域，在原创性上有所突破。

（原载《中国社会科学报》2014 年 12 月 17 日国家社科基金专刊）

无愧于时代　无愧于后代

——论白寿彝先生对古籍整理事业与历史文献学科建设的贡献

20 世纪初叶，中国的社会和文化正发生着巨变，随着新文化运动和白话文的兴起，具有现代意义和范式的古籍整理工作在"整理国故"的呼声中展开。在 20 世纪蓬勃发展的古籍整理事业中，白寿彝先生总是勇敢地站立在时代的潮头。他先为"战士"后为"将军"，他既是实践者，又是组织者和推动者。早年他投身于朱子研究、回族史研究所需要的古籍整理和考辨实践中，积累了丰富的经验。80 年代以后，他更是以史家的睿智，从保存民族文化遗产、传承发展民族文化的高度，为中国古籍整理事业和历史文献学科建设精心规划、构建体系，既产出成果又培养了人才，真正实现了他于古籍整理和文献学研究"无愧于时代，无愧于子孙后代"[1]的心愿。

一、古籍整理实践和历史文献学研究的建树

1928年，白先生在上海的《民国日报》上发表的他的第一篇论文就认为，如果"我们想知道我们的思想行动和传统势力的关系"，我们就"不能不问我们的旧文化，不能不整理国故"[2]，提出了整理古籍的必要性。

1929年，他考入燕京大学国学所，在黄子通先生的主持下，研究朱熹哲学，整理朱子文献，这是他古籍整理实践的开始。白先生此期对朱子文献的整理研究共包括七项成果，大致完成于1931—1932年，发表于1933—1936年，其中有对朱子文献的整理如《朱熹辨伪书语》《朱子语录诸家汇编序目》；有对朱子

[1]　白寿彝：《谈古籍整理工作》，载《白寿彝文集·中国史学史论》，河南大学出版社2008年版，第144页。

[2]　白寿彝：《整理国故介绍欧化的必要和应取的方向》，载《白寿彝文集·中国史学史论》，河南大学出版社2008年版，第4页。

著述的考证，如《〈周易本义〉考》（附《〈易学启蒙〉考》）、《〈仪礼经传通解〉考证》、《朱易散记》；有对朱子学说的研究，如《朱熹的师承》《朱熹对于易学的贡献》。朱子文献整理研究成果陆续发表后，白先生开始致力于回族史和伊斯兰教史的研究，并由此展开了这一专题相关文献的收集整理。他在回族与伊斯兰教史文献的整理大致有辑录、注释、点校几种方式，最主要的整理形式是为研究所需而辑录校订史料，这项工作最繁重，但意义也最大。最有代表性的是 1940 年在重庆商务印书馆出版的《咸同滇变见闻录》，此书自 1939 年动手搜访杜文秀云南起义史料。至 1943 年 1 月，"今集合旧稿，改为本编，距开始校写，已 3 年余矣"。其间两易其稿，书稿"迭经患难"，随白先生"辗转流徙于水火空袭之际"[1]，足见所费心力及成书艰难。1948 年出版的《中国伊斯兰教史纲要参考资料》辑录史料 15 种，则是为配合白先生所著《中国伊斯兰史纲要》而整理的拓展性资料。此外，又有 1936 年发表的《〈新唐书·大食传〉注》；1948 年出版的点校本《天方

---

[1] 白寿彝：《〈咸同滇变见闻录〉序目》，载《白寿彝文集·民族宗教论集》（上），河南大学出版社 2008 年版，第 287、289 页。

典礼择要解》，此书是清人刘智从阿拉伯文摘译讲解伊斯兰教义的一个读本，白先生认为此书是刘智几种重要译注中"最有成就最有影响的书"，有功于人们对伊斯兰教道理的认识[1]，因此加以点校推广。

正如白先生回忆所言，"我在燕京的学习生活虽然只有三年，但对我日后所从事的各项学术研究工作都产生了很大的影响，我下了很大的力气整理朱熹的著作"；"这些工作，实际上使我在历史文献学方面也得到很好的锻炼"[2]。从白先生在 20 世纪前期的古籍整理和历史文献学研究中，可以看出他在以下几方面的建树。

第一，对于学术史、思想史和宗教史研究资料有辑录辑佚之功。比如，他的《朱子语录诸家汇辑新目》搜检朱熹各种文献，在黎靖德所编《朱子语类》140卷 97 家的基础上，增补各家所记朱子语录共 17 家[3]。

---

[1] 白寿彝:《点校〈天方典礼择要解〉序》，载《白寿彝文集·民族宗教论集》(下)，河南大学出版社 2008 年版，第 442 页。

[2] 白寿彝:《我在燕京的学习生活》，载《白寿彝文集·历史教育·序跋·评论》，河南大学出版社 2008 年版，第 490 页。

[3] 白寿彝:《朱子语录诸家汇辑序目》，载《白寿彝文集·朱熹撰述丛考》，河南大学出版社 2008 年版，第 97—99 页。

白先生的辑录为后来的朱子文献整理与朱子学研究奠定了坚实的基础，晚近所整理出版的《朱子全书》中辑补之《语录抄存》共 19 种，其中 15 种是白先生辑目中已有之条目[1]。白先生对于回族与伊斯兰教史文献的整理收辑则为推进这一民族史和宗教史的研究发挥了重要作用。特别是他整理的《咸同滇变见闻录》，"是我国第一部回族专题史料，标志着回族史料学的诞生"。1952 年，他在此基础上扩充材料，又增入道光间滇西、贵州和同治间西北回民起义的史料，从而形成《回民起义》4 册，由神州国光社出版，成为当时《中国近代史资料丛刊》的重要内容。他对于回族与伊斯兰教史文献的整理收辑，对推进回族史、伊斯兰教史研究的重要作用，已有不少学者加以分析和论述了[2]。

　　第二，对于目录、版本、校勘方法的娴熟运用。

---

[1] 见朱熹撰《朱子全书》修订本，第 26 册，上海古籍出版社，安徽教育出版社 2010 年版，第 453—454 页。

[2] 可参见李松茂《白寿彝先生关于回教史和伊斯兰教史的研究》，载北京师范大学史学研究所编《历史科学与理论建设——祝贺白寿彝教授九十华诞》论文集，北京师范大学出版社 1999 年版，第 409—412 页。

古人曰:"目录学,学中第一要紧事。"[1] 目录学是白先生开展学术研究、典籍考证整理中经常运用的利器。比如,在朱子易学文献《古易音训》的考证中,他就充分运用了《宋史·艺文志》《直斋书录解题》《经义考》等目录,考察了朱子这部佚书的基本内容、撰述方式和存亡过程[2]。他的《书名小议》更是利用目录学研究古代书目在同书异名、同名异书以及书目著录方法多种复杂现象方面的精湛之作[3]。白先生的版本学运用常常和目录学、校勘学结合在一起。他考证《周易本义》之版本,检遍《直斋书录解题》《宋史·艺文志》《南雍经籍志》《楹书隅录》《皕宋楼藏书志》《四库简目标注》《邵亭知见传本书目》《天禄琳琅书目后编》《善本书室藏书志》《铁琴铜剑楼藏书目录》《结一庐书目》《艺风堂藏书续记》等宋元明清书目达 12 种,条分缕析《周易本义》的版本演变及优劣情况,指出南宋咸

---

[1] 王鸣盛:《十七史商榷》,黄曙辉点校本,上海古籍出版社 2005 年版,第 1 页。

[2] 白寿彝:《朱易散记》,载《白寿彝文集·朱熹撰述丛考》,河南大学出版社 2008 年版,第 73—75 页。

[3] 白寿彝:《书名小议》,载《白寿彝文集·中国史学史论》,河南大学出版社 2008 年版,第 9—30 页。

淳年间的吴革刻本十二卷应是各本之祖本。而在该书的授受流传之中，产生了各种卷帙的版本，然终以十二卷本为佳，通行的四卷本是十二卷本经过三次变乱之后，形成的一个"原作者所梦想不到""次第错乱的版本"，然而这个版本由于广泛通行，"现在还有很多人认为这是《本义》原书呢"[1]。

白先生的古籍点校，则充分体现了他对目录、版本、校勘诸法的娴熟运用。一是注意版本考察。如点校清人刘智《天方典礼择要解》，白先生遍寻其书各种版本，发现该书最早的康熙四十八年原刻本已经亡佚，在所存的 4 个版本中，他选择了最早的清道光成都刊本之重刻本作为底本，而以此后另行刊刻的广州刊本为对校本，又以民国期间出现的两个铅印本作为参校 [2]，从而保证了点校工作在可靠的基础上进行。二是校勘体例严谨精细。在整理《咸同滇变见闻录》时，白先生准备了详细的《校集略例》，其中第四条为校勘

---

[1] 白寿彝：《〈周易本义〉考》，载《白寿彝文集·朱熹撰述丛考》，河南大学出版社 2008 年版，第 14—20 页。

[2] 白寿彝：《校点〈天方典礼择要解〉序》，载《白寿彝文集·民族宗教论集（下）》，河南大学出版社 2008 年版，第 442—443 页。

条例，共四则，基本精神就是不轻改古籍，尽量保持史料的原貌。比如，凡伪讹、衍脱都不轻易增改或删除，而是保持原文另以圆括号标示改动或应予删除，增补之内容则以方括号标示，颇如后来 70 年代点校《二十四史》时所用之法[1]。三是校勘运用了多种方法。在《天方典礼择要解》点校本中，白先生以"〇寿彝案"的形式在需校订的文字之后引出校记，全书有校记 52 条。校记虽采用最简洁的方式，然校勘方式却有对校、他校、本校三种，其中以对校内容最多，如曰"此三字，广州本作'古而邦'"；或曰"广州本无此十字"；等等。他校法如曰"'无声无息'四字原脱，今据《天方至圣实录》卷二十引《天方圣教序》增"；又案"《殊志周咨录》当为《殊域周咨录》之误，今《殊域周咨录》有排印本"，这是引用他书对底本的校勘。又运用本校法，如曰："依上下各篇之例，此当作'五典篇'。"这是以该书自身的体例对篇名进行校订。此书的校勘，白先生依然保持不轻改原书的原则，绝大多数的校勘

[1] 白寿彝：《咸同滇变见闻录》，载《白寿彝文集·民族宗教论集（上）》，河南大学出版社 2008 年版，第 288 页。

只出异文，而不改动原文 [1]。

第三，对辨伪学的贡献。白先生的《朱熹辨伪书语》不仅是他研究朱子学的力作，也是他研究历史文献学，参与古史辨学派辨伪工作的一项重要成果。1921 年 1 月 2 日，顾颉刚在与钱玄同的《答编录〈辨伪丛刊〉书》中，共议将先贤之辨伪专书或各家文集笔记中有关辨伪的内容裁出别录，名为《辨伪丛刊》，在信后所附的丛刊目录中开列了 51 种著作，其中第 12 种即是"《朱熹文集，语录》" [2]。白先生说："编这个小册子的动机，是顾颉刚先生提出的。"白先生结合自己的朱子研究，梳理编纂了朱子文献有关古籍辨伪的内容，纂成这一辨伪学研究的重要成果。首先，该书深化了对朱子学的研究。通过对朱熹辨伪成果的总结，白先生认为在宋代疑经辨伪的风气里，"朱熹的收获最多" [3]。由此揭

---

[1] 以上引文分别见白寿彝《校点〈天方典礼择要〉序》，附录《天方典礼择要解》，载《白寿彝文集·民族宗教论集（下）》，河南大学出版社 2008 年版，第 506、459、511 页。

[2] 顾颉刚：《答编录〈辨伪丛刊〉书》，载《古史辨》第 1 册，北平朴社 1926 年版，第 34 页。

[3] 以上分别见白寿彝《朱熹辨伪书语》，载《白寿彝文集·朱熹撰述丛考》，河南大学出版社 2008 年版，第 106、100 页。

示出朱熹作为杰出理学家的特殊一面，即他不仅善于
阐述天理心性之道，而且他对于传统经学的考据功夫
也是不生疏的，也可以说朱熹的理学修养是有实学基
础的，这就为后人的朱子研究开辟了新的思路。后来
学者对于朱熹辨伪学、文献学、实学的开拓和研究，
应该是离不开白先生这一研究基础的。因此吴怀祺先
生说："白先生指出朱熹在宋代辨伪书中的收获最多，
这既说明朱熹在辨伪书中的成就，也表明朱熹在理学
体例构建中的另一面。这同样是朱子学研究中独到的
见解。"[1] 白先生的《朱熹辨伪书语》还以丰富的内容充
实了辨伪学史的内容。书中总结了朱熹对经史子集四
部中 42 种典籍的辨伪分析，其中对经部典籍的辨伪
最多，尤其是对《尚书》的讨论。朱熹所辨 42 种典籍
之伪也不一定完全正确，而且他的辨伪论析有时也比
较简单，但是无论如何，这些在宋代就出现的辨伪书
语总是为古代辨伪学史增添了许多材料，也对后世多
有启发。白先生不仅搜辑了朱子辨伪的史料，而且总
结朱熹辨伪的方法，为辨伪学提供了有益的借鉴。白

[1] 吴怀祺：《朱熹研究的一家言——谈白寿彝史学论集·朱熹撰述丛
考》，《史学史研究》1994 年第 3 期。

先生指出朱熹的辨伪有两大途径，一是所谓"义理之
所当否"，则从义理上考辨；一是所谓"左验之异同"，
则从证据上考辨。从义理上考辨主要是靠常理和常识
来判断，从证据上考辨则要依靠考据方法了。白先生
着重勾稽揭示了朱熹在文献考据上的5种辨伪方法，
并一一举例。这5种方法分别是："因确知作伪者是
谁""因一书的内容与历史上的史实不符""因一书中
的思想与所依托的人的思想不符""因一书中的内容
之抄袭凑合之迹显然易见""另外，从文章或词句上，
朱熹也辨别出书的真伪来"[1]。这些总结反映出白先生
对朱熹研究的透彻，也体现了他的文献学功底，没有
深厚的文献学修养是很难从朱熹大量的辨伪书语中钩
沉索隐，提炼其辨伪方法的。

第四，发掘古代史注的优良传统，为古籍注释示
范。代表性成果即是《〈新唐书·大食传〉注》，白先
生的这篇史注引证广博，内容丰富，注释篇幅几乎是
正文的十几倍，不啻于是一部重新扩写的新传。在形
式上，为读者方便，白先生将《大食传》分为八节，

---

[1] 白寿彝：《朱熹辨伪书语》，载《白寿彝文集·朱熹撰述丛考》，河南
    大学出版社2008年版，第103页。

每节最后加以简单提要，概括该节大意。其具体注释内容包括几个方面：一是考究史源。白先生说"此文偏重于史料来源之考订"[1]，因为通过史源的考究，可以判断《新唐书·大食传》对于史料的运用是否可靠，其阐述是否准确。这正如陈垣先生所说的"读史必须观其语之所自出"[2]，亦可见白先生史注不甘盲从正文的高明之处。二是考证史实。通过史源考察，自可判断原文对史料的选取、剪裁、引用是否正确，并在此基础上展开对正文的订正。白先生对于《大食传》原文的纠谬补缺涉及人物、史实、地理、制度诸多方面。比如《新唐书·大食传》称波斯国人（即指穆罕默德）于隋大业中"乃诡众衰亡命于恒遏水，劫商旅，保西鄙自王，移黑石宝之"。其中之"恒遏水"，白先生引《册府元龟》《太平寰宇记》《旧唐书》以及日人藤田丰八《慧超传笺释》，指出"恒遏水"之"恒"应是"怛"之讹，并以对音阿拉伯文 Tigris 证之。又如《新唐书·大食传》言大食种族世系，错将孤列种与白衣大食等同，以白

---

[1]　白寿彝：《〈新唐书·大食传〉注》，载《白寿彝文集·民族宗教论集（下）》，河南大学出版社 2008 年版，第 656 页。

[2]　陈垣：《通鉴胡注表微》，辽宁教育出版社 1997 年版，第 80 页。

衣大食为穆罕默德之远祖。白先生广稽中外史料，用阿拉伯文排出孤列种世系表以订《新唐书》之误。指出其实穆罕默德、白衣大食、黑衣大食皆为孤列种之分支[1]。三是通过注释补充大量史实。如《新唐书·大食传》言自唐永徽二年，大食国开始遣使朝贡，然此后所记朝贡仅略举四次。白先生的注释据《通典》《册府元龟》等史籍，补充唐开元至贞元年间大食朝贡共27次，大大充实了唐朝与大食间交通往来的史实。四是注文引证丰富详实。全文引证古今中外史著共20余种，包括《古兰经》、日人藤田丰八的著作以及法国汉学家沙畹的《西突厥史料》，白先生注文中对阿拉伯文、波斯文、英文的熟练运用，反映了他在史学修养中的世界眼光。

白先生在20世纪前半期的古籍整理和历史文献学研究成果，也是他史学研究的一部分，这些成果为他在20世纪后半期指导古籍整理工作和建设历史文献学学科奠定了坚实的基础。

---

[1] 以上引文分别见白寿彝《〈新唐书·大食传〉注》，载《白寿彝文集·民族宗教论集（下）》，河南大学出版社2008年版，第637、644—647、641—644页。

二、推动古籍整理事业的发展

1949年，新中国成立后，白先生到北京师范大学历史系任教，从此献身于北师大历史学科的建设与发展。他以北师大为阵地，广泛开展历史教育、回族史、中国通史和史学史的研究，取得丰硕成果，在史学界的影响也越来越大，成为史学界重要的领军人物。因此，在20世纪下半期，白先生对于中国古籍整理事业的作用，更多的是以组织者、规划者的身份，高屋建瓴地设计、规划和推动古籍整理工作，培养和组织古籍整理队伍和人才，阐发有关指导古籍整理工作的思想，为古籍整理事业的发展指明方向。

（一）参与古籍整理工作的顶层设计和规划

1949年，白先生参与发起成立新史学研究会，1951年正式成立时更名为中国史学会。学会成立之初，他就参加学会第一项重大项目《中国近代史资料丛刊》的编纂工作，并与徐特立、陈垣、范文澜、翦伯赞等9位著名学者一起组成编委会，来指导这项举全国史学界之力共同编纂的大型资料丛刊。该丛刊包括《太平天国》《义和团》《回民起义》《戊戌变法》《辛亥革命》等 12 个专题，总字数超过 2500 万字，对于推动中国近代史研究，凝聚新中国史学队伍发挥了重要作用。白先生具体负责的《回民起义》共 4 册，是最早完成出版的成果之一，受到中外学者的重视，被誉为"研究清代西南和西北回民起义的必读资料"[1]。这次资料丛刊的编纂是白先生在 20 世纪 50 年代初组织推动并亲历亲为的古籍整理项目，此后，他对古籍整理事业的投入，主要表现在参与国家古籍整理出版规划小组和高等院校古籍整理工作委员会的工作，发挥顶层设计与指导的作用。

新中国成立后的 20 世纪 50 年代，党中央在抓经济建设的同时也重视文化建设。20 世纪 50 年代初期，中华书局、商务印书馆、人民文学出版社等出版社就出版了《水浒传》《三国演义》《西游记》等一批读者喜闻乐见的古典小说，为了更好地出版古籍整理图书，

---

[1]　马寿千：《回族史研究是一门很艰苦的学问》，载北京师范大学史学研究所编《历史科学与历史前途——祝贺白寿彝教授八十五华诞》论文集，北京师范大学出版社 1994 年版，第 319 页。

出版总署还专门成立了一个古籍出版社。1954年2月，时任中宣部部长兼政务院秘书长的习仲勋在关于成立古籍出版社的请示报告上批示："为了保存和整理中国的文化遗产，团结一部分学术研究的工作者，建立这样一个出版社是很必要。"[1]习仲勋的批示体现了党中央对中华优秀传统文化和古籍整理工作的重视。随着1956年标点本《资治通鉴》的出版，古籍整理事业出现了可喜的发展态势，从1950年到1957年，古籍整理出版的图书达一千余种[2]。于是文化部考虑到应该加强对古籍整理出版的全面管理和规划，1958年2月，文化部、中宣部在全国甄选文史哲著名专家学者，经中央批准，在国务院科学规划委员会下成立古籍整理出版规划小组。小组分设文学、历史、哲学三个分组，

---

[1]　陈克寒:《陈克寒关于建立古籍与汉文字典编辑机构致习仲勋并中央宣传部的信》，载中国出版科学研究所、中央档案馆编《中华人民共和国出版史料1954年》，中国书店出版社1999年版，第137页。

[2]　齐燕铭:《齐燕铭关于古籍整理和出版工作加强领导全面规划问题给中央宣传部的报告》，载中国出版科学研究所、中央档案馆编《中华人民共和国出版史料1957—1958年》，中国书店出版社2004年版，第336页。

共 81 人，白寿彝先生是历史组的成员[1]。古籍整理出版规划小组受国务院指导，是全国最高层级的古籍整理学术指导机构，有了这个指导中心，就可以在浩如烟海的古籍中按轻重缓急分期分批地、有系统有规划地整理出版；才能合理地组织专业人才，提高整理质量，并适应国家发展的需要。古籍小组成立后，白先生参与了古籍整理发展规划的制定和讨论，古籍小组为讨论制定发展规划分别于 1958 年 4—6 月、1959 年 3 月举行会议，发表讨论方案，最后于 1960 年 10 月确立《三至八年（1960—1967）整理和出版古籍的重点规划》，提出重点整理的古籍 1450 种，其中"二十四史"和《清史稿》的点校被列为重中之重[2]。

1966 年，"文化大革命"爆发，古籍整理工作几乎停顿，但其中也做了一件重要的工作，即完成了"二十四史"和《清史稿》的点校和出版。按照赵守俨的回忆，这项工作开始于 1958 年，前后经过 1958—

---

[1] 《继承文化遗产　发展社会主义新文化——科学规划委员会成立古籍整理出版规划小组》，《人民日报》1958 年 2 月 25 日报道。

[2] 《我国学术界积极开展古籍整理出版工作》，《人民日报》1960 年 12 月 19 日报道。

1962年的点校摸索阶段、1963—1966年的北京集中点校阶段、1971—1977年的点校完成阶段。"文革"后期，在毛泽东、周恩来的过问和关注下，"二十四史"和《清史稿》的点校工作重新恢复，并进入关键的完成阶段。当时虽然周总理批示"由顾颉刚总其成"，然此时顾先生年事已高，身体衰弱，不可能做什么具体工作，因此任命白先生为点校组组长，吴树平、赵守俨为副组长来牵头完成这一重大工程[1]。白先生受命于极为特殊的政治环境，可以想象他是很难施展自己关于古籍整理的学术主张的，然而他仍然兢兢业业地对待这项工作。他以对古人负责、对今人负责、对后人负责的"三负责"精神，落实点校进度，审改各史提交的校勘记样稿，并一一提出自己的意见，其中"最重要的意见则是规范了校勘记的基本模式和用语"[2]。可以说，在此期完成的各史点校本都有白先生的辛苦付出。"二十四史"和《清史稿》点校本是新中国成立后

[1]　赵守俨：《风风雨雨二十年——〈二十四史〉点校始末记略》，载中华书局编辑部编《回忆中华书局》下册，中华书局1987年版，第114—119页。

[2]　崔文印：《以"三负责"精神指导点校二十四史》，《史学史研究》2010年第2期。

我国史学与古籍整理工作具有代表性的重大成果，尽管由于"文革"和极"左"思潮的干扰，各本皆有不尽如人意之处，但是经过几十年的时间考验，点校本依然广受海内外学术界的赞誉，它不仅完全可以代替旧本，而且极大推动了史学研究的发展和中华文明的传播。在这项重大成果中，白先生作为点校组组长，自然功不可没。虽然他对此事采取极为低调的态度，很少谈及，然而历史终将记住他在其中不可或缺的功绩。

"文革"以后，古籍整理工作重新恢复。1981年12月成立了第二届国务院古籍整理出版小组[1]，白先生作为小组成员，参与制定了《古籍整理出版规划》（1982—1990），该规划计划重点整理古籍3119种。1992年，古籍小组换届，白先生被推选为第三届国务院古籍整理出版规划小组顾问[2]。这届古籍整理小组虽因国家机构改革，后更名为全国古籍整理出版规划小组，并归属于新闻出版总署，但小组成员和顾问的职

---

[1] 《国务院古籍整理出版规划小组恢复》，《人民日报》1981年12月23日通讯。

[2] 国务院办公厅《关于调整国务院古籍整理出版规划小组成员的通知》，1992年4月20日。

能皆无改变。白先生在担任本届古籍小组顾问期间，参与讨论制定了1992年6月公布的《中国古籍整理出版十年规划和"八五"计划》，以及1996年8月公布的《中国古籍整理出版"九五"重点规划》。

　　白先生除参加国家古籍整理出版规划小组的工作之外，还在全国高等院校古籍整理研究工作委员会（简称"高校古委会"）中担任重要职务。1983年，教育部成立高校古委会后，白先生连续担任第一至第三届的高校古委会副主任，直到1997年第四届以后才改任顾问。他在高校古委会的工作中投入许多精力，比如1983年3月，出席全国高校第一次大规模的古籍整理出版规划会议，筹备成立高校古委会，并在会上发表了重要讲话，畅谈古籍整理的重要性和必要性，古籍整理与《中国通史》编纂的关系，古籍整理的规划、学科建设和人才培养等，此重要发言后来以《古籍整理与通史编纂》为题，发表在《北京师范大学学报》[1]。他筹划在北京师大建立古籍印刷的校印车间，并对古

---

[1]　白寿彝：《古籍整理与通史编纂》，载《白寿彝文集·中国史学史论》，河南大学出版社2008年版，第156—169页。

籍的出版、印刷提出扎实的指导意见[1]。他出席 1984
年 4 月的全国古籍整理研究所所长会议，就古籍所的
机构设置、经费使用、人才培养和科研方向等问题进
行讨论[2]。甚至，当他因大通史的编撰繁忙，来不及抽
身出席会议时，也会寄去长篇发言稿，对高校的古籍
整理工作提出具体建议[3]。当然，白先生的许多意见和
指导性建议除了他多年古籍整理的经验积累之外，又
与他创建北京师大古籍所的具体实践分不开。

（二）创建全国高校第一个古籍研究所

北京师范大学于 1981 年 12 月 1 日获批成立全国
高校第一个古籍研究所，白先生任古籍所首任所长。
此时据中共中央于 1981 年 9 月 17 日发布的《关于整
理我国古籍的指示》，只有两个多月。各种数据和信
息显示，北京师范大学此举真正是走在全国的前面，

---

[1] 白寿彝：《对古籍整理的几点意见》，载《高校古籍整理工作通报》
1984 年第 2 期。

[2] 杨忠主编《高校古籍整理十年》，江西高校出版社 1991 年版，第 67
页。

[3] 杨忠主编《高校古籍整理十年》，江西高校出版社 1991 年版，第
63—68 页。

因为中央指示发布以后，1981 年 12 月 10 日，根据国务院决定和陈云同志的提议，全国古籍整理出版规划小组才恢复活动，并由李一氓出任组长；此后，1982年 3 月，在李一氓主持下，全国古籍整理规划会议在北京召开；1983 年 9 月，全国高等院校古籍整理研究工作委员会成立，由原教育部副部长周林担任主任，而其他高校如复旦、南京大学、吉大、山大、川大、华中师大、陕西师大的古籍整理研究所在 1983 年才成立，北京大学的古文献研究所及另外几所高校的古籍所甚至要到 1984 年才成立。北京师大能如此迅速有效地贯彻落实中央精神，其主要动力在于白先生的周密筹备和积极推动。这当然也源于他对中华民族优秀历史文化遗产的挚爱，以及多年来在全国古籍整理出版指导小组工作所形成的远见和积累的经验。

那么，白先生是如何以他的睿识和不懈努力，发人先声地在北京师大开展古籍整理工作呢？为了更真实地复原这一历史过程，尽管在新冠疫情肆虐期间，我们依然克服困难，利用几次机会查阅了北京师大档案馆收录的关于古籍研究所成立的档案。这组档案来自北京师范大学（1949—1998）全宗中的行政 / 校办 /1981

年第 10 卷，其编号为"7-XZ-XB-1981-10"，档案共 6 份,除编号 4 为李一氓的讲话,编号 5 为教育部报告,已经公开发表之外，其他 4 份档案均是关乎古籍所成立过程的历史档案。从档案中可以发现白先生在古籍所创立之中发挥的重要作用，以及他对学校发展的敏锐眼光，对于文化建设的责任担当。

改革开放初期的 1981 年，党的十一届六中全会在 6 月召开，胡耀邦在全会上接任党中央主席，邓小平任军委主席，刘少奇的冤案刚刚平反，全国性的拨乱反正工作还在进行。在这个时候，陈云发表了关于加强古籍整理的讲话，中央发布《关于整理我国古籍的指示》，这是中华文化复兴的标志性历史文件，反映了中国共产党对文化建设尤其是对于传承发展优秀传统文化的高度重视。白先生非常敏锐地觉察到这一点，他应该在中央文件还未全面传达之时，就大致了解了陈云的讲话和中央指示的重要精神。因为在 1982 年 1 月 22 日上午学校的"古籍整理问题座谈会"上，白先生回忆古籍所的筹备时说："周林同志是对我们的检查督促，未接到中央文件的，就开了会。"[1]这里指的是 1981 年 9 月周林已经先征求白先生的意见，在了解了中央精神之后，白先生行动起来，主要进行了以下几项工作。

一是积极向校党委和行政建议，召集学校有关专家，讨论中央文件精神，筹划北京师大古籍整理的工作。从古籍研究所成立档案的第 3 份材料"整理古籍座谈会纪录"来看，学校在教育部批复前后至少各召开了一次人员比较集中的座谈会。一次是在 1981 年 10 月 10 日上午，出席人员有校党委书记聂菊荪、副校长王于畊（当时没有正校长，她代行校长职责）、副校长纵瑞堂，以及白寿彝、钟敬文、何兹全、肖璋、刘乃和、启功、赵光贤、陆宗达、郭预衡、陈宪章等历史系、中文系、教育系的教授。会议由白先生最先发言，他介绍了中央文件七条指示的精神，说明中央把古籍整理提到"关系到子孙后代的工作"这样一个高度，而且国务院古籍整理出版规划小组也很快要恢

---

[1]　北京师范大学档案 7–XZ–XB–1981–10–3。这份档案为会议记录，共 5 件，包括会议通知、会议记录和会议纪要，发言记录不完整，有些内容有重合。

复。这次座谈会主要谈了两个方面的问题：一方面是增强对古籍整理重要性的认识，一方面谈学校应该如何落实中央精神。刘乃和先生说："从长远看，培养人才确实很重要，同时应与当前的任务结合起来，在完成整理古籍的过程中，出成果，出人才。"启功先生提出："可以设想，采取招收古籍研究班的办法，招收有一定古文水平的40岁以下的人做研究生。"大家一致同意要在学校成立古籍整理领导小组，建立古籍研究所[1]。

二是构思古籍所的建设，起草向教育部的请示报告。在以校党委的名义上报教育部的"请示报告"中，提出由白寿彝、启功主持，以钟敬文、陆宗达、肖璋、何兹全、郭预衡、赵光贤、刘乃和等为成员，成立北师大古籍整理领导小组；并建立古籍研究所，编制50人，研究项目先从今译《资治通鉴》入手；以及选留教师、培养研究生和经费等4项措施[2]。档案虽然

---

[1] 北京师范大学档案 7–XZ–XB–1981–10–3。

[2] 北京师范大学档案 7–XZ–XB–1981–10–2，中共北京师范大学党委会《关于贯彻中央37号文件整理古籍工作的请示报告》81师党字012号。

没有明确交代"请示报告"是白先生起草的，但据刘乃和先生向笔者讲述，古籍所的筹备是白先生亲自抓的，连给教育部的报告都是他起草的。其实，从当时实际进行筹备的具体工作和对全国古籍整理形势的了解来看，也只有白先生能将报告的内容阐释清楚。这一点还可以从王于畊校长在古籍所成立会议上的讲话得到证明，王校长说："这里要提到在筹建这个所的过程中，白先生做了很多工作，考虑了很多有关问题。"[1]当然，古籍所的建立是在校党委的直接领导下促成的，在这个过程中，党委书记聂菊荪和其他校领导及科研处也多次研究决策，而白先生则是其中的筹划和具体施行者。因此说，古籍所是白先生在校党委的领导下创建的。

古籍所建立后，白先生又为该所的队伍建设、科研项目和人才培养投入了许多精力和时间。从教育部给师大党委的批复来看，是基本同意并批准了师大的几项请示和要求的。批复的第一句话就是"同意你校成立古籍研究所"，此后据师大的 4 项请示逐一答复，

[1] 北京师范大学档案 7-XZ-XB-1981-10-3。

批文里同意 50 人编制，同意扩招 10 名研究生，增加留校本科生，只是经费上没有专项增拨 [1]。教育部批示下达后，学校又于 1982 年 1 月 22 日召开了一次规模更大的座谈会，征求大家对在古籍所建立后北京师大如何开展古籍整理的意见。此后古籍所正式挂牌办公，学校任命白先生为所长，启功、郭预衡先生为副所长。白先生刚开始的设想是分别从历史、中文、教育、哲学等几个口进人，全面开展文史哲教古籍的整理，后来因条件所限，仅从历史系和中文系各抽调了部分教师，又从图书馆调入两位负责资料的教师，再加上留校的应届生，初创的古籍所大概是 15 名教职员的数量，下设中国古代史文献研究室，中国古代文学文献研究室和陈垣研究室，并分别将硕士培养点挂靠在历史系和中文系，1982 年共招收了 8 名研究生。

在队伍建设和基本架构铺开后，白先生考虑得比较多的一方面是科研项目，一方面是人才培养。在科研项目上，原来大家曾建议今译《资治通鉴》，后来考虑到虽然《资治通鉴》重要，但也已经标点了，"我们

---

[1] 北京师范大学档案 7–XZ–XB–1981–10–1，教育部文件，教办字 180。

也可不搞"[1]，而把精力关注到范围更为广泛的古籍整理上面。在选题上，白先生将项目和人才培养结合起来，他开始规划的是《青年史学家文库》，而且"已经有十种专史可以定下来"[2]，后来由于出版的问题，为了扩大读者和受众，将文库扩充为以文史为主，兼及经子的《文史英华》大型选本。这部古代名著的选注本包括群经、诸子、纪传、编年、典志、学案、史论、散文、辞赋、诗、词、散曲、戏曲、小说、文论等15类，分编15册；各册根据选文的体裁，分别有说明、题解、评析、作者简介等导读内容，但主要是注释，通过导读和注释让中等文化水平以上的读者能够"通过对本书的泛览得窥我国文史名著大概，也可以随其所好反复诵读，不断提高其辨析古人著作的水平"[3]。白先生当时虽然已经开始了繁忙的《中国通史》编撰工

---

[1] 白寿彝：《古籍整理与通史编纂》，载《白寿彝文集·中国史学史论》，河南大学出版社2008年版，第167页。

[2] 白寿彝：《在全国高校古籍研究整理工作委员会第三次会议上的讲话》，载《白寿彝文集·中国史学史论》，河南大学出版社2008年版，第175页。

[3] 白寿彝：《文史英华·题记》，载《文史英华》卷首，湖南出版社1993年版，第1页。

作，但还是不时关心这部丛书的整理情况，此书因当时学术文化类图书出版不景气，一直拖到 1993 年 12 月才由湖南出版社出版。白先生亲自撰写《题记》，交代了此书自 1982 年酝酿，1985 年规划，1987 年以后全面编纂的过程，指出该书的编纂主旨是"希望做到既博又精，所谓博，是指上下两三千年文史各体具备；所谓精，是指所选作品，文、情、通、义必有所当"[1]。白先生的阐述继承了中国选学的优良传统，而"文、情、通、义"又突显了他独到的文选旨趣。应该说，《文史英华》总体上完成了主编白先生的编纂意图，正如评论者所说的，"这部《文史英华》，是继《昭明文选》和《文苑英华》之后的又一部可以传世的古代文史名著选本"[2]。《文史英华》是白先生初创古籍所时期精心设计、指导的大型古籍整理项目，通过这一项目锻炼了古籍所的科研队伍，为古籍所后来的发展奠定了基础。

在人才培养方面，白先生除了抓研究生培养计

---

[1] 白寿彝：《文史英华·题记》，载《文史英华》卷首，湖南出版社 1993 年版，第 1 页。

[2] 瞿林东：《三千年史书英华之荟萃——读〈文史英华〉史学诸卷》，载瞿林东《史学与史学评论》，安徽教育出版社 1998 年版，第 430 页。

划、课程设置等大事外，更为关心的是对所内年轻教师的培养。他工作繁忙，身担多项重任，当然不可能是一对一的指导，他对年轻人的培养和指导更多的是在所内会议上的讲话。除平时重点工作会议外，白先生在每年的年终总结会上都有讲话，这些讲话虽然是即兴的，但又是他平时思考的问题或是他多年教学科研的经验之谈。很遗憾当时并没有用心去记录，记得几次讲话给我留下印象最深的是两点，一是研究的着眼点要大，眼光要远。大，不仅指志向远大，而且指选题要有意义，要选在历史长河中有影响力、发挥作用的对象来研究，而不是随便找一个别人没作过的题目来研究，那样研究了也很没什么意义。他特别列举了史学史上的刘知几、郑樵为例，说明为什么研究他们就有用，哪怕是以前有人研究了，也可以从新的角度来研究。眼光要远，也是一方面指选题要有影响力，不仅在国内，还要考虑国际上的影响力。白先生强调要做出中国学派、中国风格的影响力，现在我们讲哲学社会科学要有中国特点、中国风格、中国气派，我记得白先生是在国内最早提出这一点的。另一方面则是因为当时经济热潮兴起，高校教师待遇低，有的教师不安心工作，搞副业赚外快。白先生特别叮嘱青年教师，眼光要远，生活有时是窘迫些，但咬紧牙关挺一挺就过去了，千万不能错过刚入职打基础的几年时光，这对今后的长久治学是很关键的。白先生和所里老师讲话的另一个要点是要把古籍整理和研究结合起来，不能只做整理放弃研究，这是白先生古籍整理思想的一个很重要的观点，他明确地说："不必只为他人作嫁衣裳。"作为古籍所的青年教师，我有过亲炙师尊的特殊机会。其中一次是在1996年春末，我的《古籍目录学》出版后曾不揣冒昧地敬呈一册恭请白先生指正。有一天，白先生让秘书刘雪英老师通知我到工一楼他的家里去，那天下午我怀着崇敬的心情去拜见白先生。先生和蔼地询问我的一些基本情况，随后就谈起《古籍目录学》，问我写书的缘由。然后说我的眼睛不太好，不能细细地看你的书了，你给我大概讲一讲这本书的内容。我当时有些紧张，好在这本书是我讲了好多年目录学课程的内容，于是就尽量扼要地把各章要点和我的所谓独到之处一一向先生汇报。白先生听后微微点了点头，给我说了一些鼓励的话，然后特别交代要讲好目录学这门课，这是古籍所学生的基础课；不过搞研究不能只限于目录学，陈垣先生就是从目录学入手作历史考证的。那天匆匆告别了先生，但白先生语重心长的教诲，哪怕隔了几十年，却仍回响在耳边。有时我想，我是幸运的，能够在改革开放之初学习和入职，有不少亲炙学术大师的机会；但我也很惭愧，因为并没有兑现向大师的承诺，把学问做得很好。

三、古籍整理理论的阐发

白先生不仅是史学家，而且是睿智的思想家。他在新时期所阐发的一系列古籍整理思想和观点，为改革开放以来的古籍整理事业提供了系统的理论指导，其具体内容包括以下几个方面。

第一，阐明古籍整理工作的重要意义。1981年，中共中央针对改革发展的大势，及时发出要整理中国古籍的号召，得到广大知识分子的响应，然而也有一些人冷眼旁观，有的甚至还以极左的思想加以反对。面对即将来临的古籍整理文化高潮，白先生认为阐明意义、认识重要性和艰巨性非常必要，不过，首先必须弄清楚存在哪些不正确的思想问题。他梳理出几种情况，"一种思想认为整理古籍算不得什么，圈圈点点，有多大学问？"一种思想认为整理古籍还是有必要的，因为其中有很多资料，"但整理工作可以由别人去做，自己等别人搞出来再利用"，其实这也是轻视古籍整理的态度。"还有的人把整理古籍认成是钻故纸堆，搞复古倒退，这种人其实什么也不懂。"[1] 针对这些消极的反面思想问题，他认为一方面要认清典籍整理是人类文明发展的重要途径，另一方面要讲清整理中国古籍的意义。

白先生指出，从没有文字到有文字，从有文字到有典籍，从有书到有书籍整理，"这在人类历史上，不只是在中国，代表我们进步的三个很重要的阶段"，所以人类文明的发展离不开典籍整理。在中国，"古籍整理有长期的历史"，他把中国古代的古籍整理史又总结为由不自觉到自觉再到提升的三个飞跃。孔子"是第一个整理古籍的"，不过他和司马迁各有目的，"他们都还不是自觉地要整理古籍"；西汉末的刘向父子校理群书，"这可以说是比较自觉地进行整理古籍

---

[1] 白寿彝：《谈古籍整理工作》，载《白寿彝文集·中国史学史论》，河南大学出版社 2008 年版，第 142 页。

的工作"；到了刘知几写《史通》，章学诚写《文史通义》，不仅能利用古书中的材料，"而是就古籍的本身进行研究，作出评论，并指出，如何写书，采取什么形式，这可以说是整理古籍的第三次飞跃"。而"今天整理古籍很不一样"，"要通过这个工作把我们的民族文化传统继承下来"[1]。很少有人像白先生这样，从古籍整理史的角度，说明这项工作在人类文明发展进程中的作用，而这正是他的高明之处。

至于整理古籍的意义，白先生有多次阐述，归纳起来之要有三点。一是古籍研究整理工作是认识祖国的工作，从现在的理论高度来讲，其实就是文化自觉和文化自信的问题。二是所有的新文化都是在旧文化的基础上加以改造、加以发展而形成的。三是中国文化要面向世界，一方面要了解、学习别人的好处；另一方面，要把我们的文化介绍给国外。"中国文化的优秀成果是全人类的财富"，这就是白先生的世界意识和世界眼光。因此，他多次强调对古籍整理工作"绝不可低估"，"这不是我们自己坐在屋里说大话，这是

[1]　白寿彝：《古籍整理与通史编纂》，载《白寿彝文集·中国史学史论》，河南大学出版社 2008 年版，第 157—158 页。

事实"[1]。

第二，发展了马克思主义关于人类文化遗产批判继承的思想。白先生说："批判继承古代文化遗产这个问题，革命导师谈得很多了。"文化从来不是从天上掉下来的，新文化是传统文化的继承和发展。整理古籍就是为了继承优秀传统文化，不过"继承不是照样搬过来，继承中间就有批判，就有扬弃"，他形象地把古籍整理工作比喻为"起死人而肉白骨"的工作，他说："这不是说要把历史的僵尸复活，而是要对过去的东西赋予新的生命，让文化在新的历史时期，发挥更大的作用。"[2]这是说对文化遗产的继承不仅仅要"去粗取精，去伪存真"，还要对继承下来的传统文化赋予新的时代精神，从而上升为新文化的内容。因此，他认为整理古籍要通过注解和其他整理方式，将传统文化与新时代联系起来，使之成为有利于推动社会发展

---

[1] 白寿彝：《在全国高校古籍研究整理指导委员会第二次会议上的讲话》，载《白寿彝文集·中国史学史论》，河南大学出版社 2008 年版，第 179 页。

[2] 分别见白寿彝《谈古籍整理工作》《古籍整理与通史编纂》，载《白寿彝文集·中国史学史论》，河南大学出版社 2008 年版，第 142、158 页。

的精神文化，在传承中赋予新生命和新精神，这是白先生在文化理论上的一个发展。

　　白先生认为，对于传统文化的传承，"要去掉坏的，吸收好的，发展好的，不是原封不动，另外有些东西看着没有用了，但还可能是研究问题的资料，腐朽可以变为神奇嘛"。如何化腐朽为神奇，他举了不少例子，比如关于"仓廪实而知礼节，衣食足而知荣辱"，就是物质生活和精神生活的关系，物质生活好了，精神生活也要跟上去，在这方面，孔子、孟子、老子都有议论，有的观点相互对立，有的观点看似自相矛盾。白先生指出，对这些正反的资料，不要轻易否定或放弃，要考虑古代思想家是如何提出这些经济问题、文化问题、教育问题的，"并看他们是如何解答这些问题，作为目前研究这些问题的参考"。他又举了自然科学的一些例子，"我们的医药书，是医药史上的资料，而又不仅仅是医药史上的资料"。中医古籍因时代所限，往往对于诊疗、药品的记载或比较简要，或只述及疗效，而缺乏对医理、药理和方法的注解，故不少医疗经验和有疗效的药品为人所忽视。白先生指出，"如果简单地把这些资料看作是医学史上的资料，是很不应该的"，"其中不少对于现在还是有用的"[1]。屠呦呦从中医古籍中得到启发而用科学新法萃取青蒿素的事例，正是对白先生论断的有力证明。白先生说："传统文化中也有不少糟粕，但我们要善于利用，化腐朽为神奇。"[2]在"取其精华，弃其糟粕"的基础上，善于利用"糟粕"或者说不要轻易地把一些传统的资料视为"糟粕"，要化腐朽为神奇，这是白先生对文化理论的又一个发展。

第三，强调古籍整理要重视规划。根据多年参与古籍整理出版小组工作的经验，白先生特别强调古籍整理要有规划，不能盲目地想作什么就作什么。他在中央发布指示后，不久就发表文章，提出："从现在的需要来看，整理古籍要多、快，要严肃认真，要系统化，要多样化，要计划化。"系统化、多样化、计划化是他强调有规划地整理古籍的三个要点。

关于计划化。白先生说："计划化是要分个主次先

[1] 白寿彝：《古籍整理与通史编纂》，载《白寿彝文集·中国史学史论》，河南大学出版社 2008 年版，第 158—161 页。

[2] 白寿彝：《在全国高校古籍研究整理指导委员会第二次会议上的讲话》，载《白寿彝文集·中国史学史论》，河南大学出版社 2008 年版，第 179 页。

后，古籍数量很多，有整理能力的人力有限，物质条件也很不充分，需要有步骤地开展工作，不能百废俱兴。"白先生的意见非常正确，且不论在改革开放之初百废待兴，国家经济还未完全恢复，即使是后来经济繁荣的情况下，出版界对于古籍整理图书的出版也主张要"分类管理，梯次开发"[1]，以避免盲目整理或重复出版，浪费资源。从古籍的内容来看，整理也需要像白先生说的有个"主次先后"。中国古籍浩如烟海，其中的重要经典，特别是对教育青少年、提高国民文化素质的经典，自然要首先得到整理和推广；对于那些可作为学术资料的古籍，则可采用简单编排复制而不需深度整理的方式，及时提供给学者；至于大量在内容价值上优劣真伪一时不易判断的古籍，则并不需急于整理，只要妥善保存即可。所以白先生关于古籍"主次先后"的主张，是规划古籍整理的一个正确的必要的方向。当然，由于"文革"的破坏，古籍整理出版断档日久，改革开放初期随着学术研究的进展和人民

---

[1]　李岩：《古籍图书的结构调整与市场扩容》，载杨牧之编《古籍整理与出版专家论古籍整理与出版》，凤凰出版社2008年版，第339、340页。

文化需求的增加，对于古籍整理图书的需求迫切，所以白先生说，人们的需求是要多，要快，不过他也指出："但是多，快，并不能草率行事，要严肃认真。"多和快是指在保证整理出版质量的情况下，开拓思路，采取多种形式满足人民和社会的文化需求。

关于系统化。白先生主张编印古籍丛书，他说："系统化，是尽量按书的性质分门别类地印行各种丛书，以便于读者成套购置。"张之洞《书目答问》中就非常提倡刊印丛书，认为"丛书最便学者"，因为在一套书中可分门别类地求索各种典籍。白先生认为编辑丛书还有一个好处，就是"丛书在一定意义上，不只为读者提供方便，而且也带有引导读者选择古书的意义"[1]，这是在丛书功用的阐释上比张之洞又高一层的见识。在古籍整理的规划中注意系统化，白先生还提出，"从一般读者说，大部头名著的选本，还是必要的"。他认为从学术研究的角度，应提倡读原著的全书，但对一般读者来说，为了扩充阅读面，古籍选本是必要的，历史上的《昭明文选》《唐诗三百首》有的有学术地位，

---

[1] 以上所引分别见白寿彝《关于整理古籍的几个问题》，载《白寿彝文集·中国史学史论》，河南大学出版社 2008 年版，第 82、83 页。

有的在读书界有影响，他说："我们现在所读的选本，是指我们自己要选的书。""在选本的规划上，不求其多，要求其精，也要有点系统性。"这个观念，白先生在他所主编的《文史英华》中实践了，选本的系统性体现在《文史英华》中就是兼顾了上下两三千年的文史著作的主要体裁、主要经典。

关于多样化。就是指在规划古籍整理对象时不仅考虑编印系统的丛书、选本，"也要选几部重点书，集中一点人力，认真做出成绩来。""几部重点书"只是白先生一个概括的讲法，其实指有几类的重点书可以考虑规划。只有这样有点有面，才能达到多样化。那么哪几类书可以作为重点书的考虑对象呢？白先生认为一类是"久经公认，现在大概也可以公认为重要读物的"，比如《史记》《文心雕龙》。一类是"尽管大家的评价不一致，但它们对后人的影响大，也还应该是重点读物"，比如《尚书》《诗经》《论语》《孟子》等经书。还有一类书是"过去没有受到重视"，但如今发现应该重视的书，如《齐民要术》《颜氏家训》《徐霞客游记》《文史通义》等 [1]。白先生所举的例子或许因时代的发展和今天人们的感受不太一致，但他所概括的三大类型重点古籍，至今依然是必须遵循的判断标准。他对古籍整理规划所提出的计划性、系统性和多样性在很长的时期内依然具有重要的指导意义。

第四，提出古籍整理出版的工作规范。为了使古籍整理出版工作更为规范，更有效地服务于社会发展需要，白先生对古籍整理出版的具体环节和细节提出许多宝贵的意见，综合而言，有两大方面。

一是从总体上要求整理出版工作要形式多样，以多种形式服务不同的社会需求。比如有些资料性的文献读者急需，就"要用现有的刻版，要用影印和复制的方法"，他还超前地提出了"可在原印本上标点、分段影印"的方法，这种办法当时因技术还不过关，较难实施。随着电子技术的发展，近年南开大学古籍所整理的《清文海》、四川大学整理的《儒藏》都采用类似于此的快捷处理而又减少错误的办法了。影印古籍

---

[1] 以上所引见白寿彝《在全国高校古籍研究整理指导委员会第二次会议上的讲话》，载《白寿彝文集·中国史学史论》，河南大学出版社2008年版，第176页。

是一种形式，但对于另外一些读者来说，"有些书既需要就原文加注释、加考证，这是一种形式；同时，它也需要今译，这又是一种形式"。白先生还提出有的书还需要补上一些图片、地图、古器物的模拟图等[1]，这是在古籍整理中的创造性发展，即用现代的知识成果去更好地诠释传统文化。

二是对于整理出版流程具体环节的具体意见。比如在古籍整理环节要认真落实好五个步骤，"第一是选择书和版本。第二是整理。第三是点校，专门挑错。第四，有责任编辑定稿。第五，付印时有负责校对"，只有这样才能保证古籍整理出版的质量。另外，为了达到更好的整理效果、方便读者，白先生还提出"一部几十万字以上的大书，要编出一部详细的目录"；"在必要的情况下，应该有比较详细的索引"[2]，这是针对古书缺乏索引、书前目录简略的特点提出的补救措施。在出版环节则提出两个要求，"要求纸张、字体、印模、

[1]　以上引文分别见白寿彝《关于古籍整理的几个问题》，载《白寿彝文集·中国史学史论》，河南大学出版社2008年版，第82、83页。

[2]　以上分别引自白寿彝《对古籍整理研究的几点意见》《在全国高校古籍研究整理指导委员会第二次会议上的讲话》，载《白寿彝文集·中国史学史论》，河南大学出版社2008年版，第170、178页。

装订，都要有一定的规格，使其能够长期保管使用"。针对当时有些出版社片面追求经济利益，降低古籍整理图书印刷出版质量的现象，他指出："要为民族文化长远前途打算，切不可粗制滥造。"另一个要求是反复强调古籍整理图书要讲究版式，他批评道，"现在的古籍排印，在版式上，不如过去的木版印刷"[1]。主要问题在于正文和注文的字体区分不明显，或者编排不合理，不便于阅读，大大影响了整理效果。最后，在流通环节，白先生替读者呼吁："新印的刻板书，有的书店定价过高，应做适当调整。"[2]

第五，推进古籍整理工作发展需要人才培养和学科建设。在改革开放恢复古籍整理出版工作之始，白先生就强调要抓好人才培养和学科建设的问题，当时他指出："当前，整理古籍最重要的，还是队伍问题。""抓队伍的建设，现在已经提到议事日程上来，不能再延缓了。"因此，"我们还要分出一些力量，去

[1] 白寿彝：《对古籍整理研究的几点意见》，载《白寿彝文集·中国史学史论》，河南大学出版社 2008 年版，第 170 页。

[2] 白寿彝：《对古籍整理研究的几点意见》，载《白寿彝文集·中国史学史论》，河南大学出版社 2008 年版，第 171 页。

培养接班人的队伍"。关于人才培养的方法和形式，白先生主张多种形式、多种渠道齐头并进。除从本科生、研究生中选拔人才之外，还可以采取办进修班，培养一些大学教师的古籍整理能力，或者办专修班，从毕业的学生中选择人才作逐步培养，再逐渐提高，"采取这种办法可以快点出人才，适应工作上的急需"[1]，可见由于人才培养的紧迫性，他对这个问题高度重视。

　　除人才培养，学科建设也是白先生高度重视的重点问题，而且由于学科建设关乎学术研究，所以他的阐述更为丰富。这里要提到的，是白先生强调学科建设对于古籍整理事业发展的重要性。他说："研究整理古籍就是对古代历史文献进行研究整理，为了更好地进行整理研究，就需要建立一个新的学科，即历史文献学。"他认为，中央号召古籍整理是一件大事，要搞上百年，既然要大规模地开展古籍整理工作，学科建设就很迫切；如果没有学科的指导，古籍整理工作的

---

[1] 以上引自白寿彝《关于整理古籍的几个问题》《古籍整理和通史编纂》，载《白寿彝文集·中国史学史论》，河南大学出版社 2008 年版，第 83 页、168 页。

效果和发展进度就要差一些，"为了发展古籍的整理工作，对于这门学科的建立，是应该投进力量的"[1]。至于历史文献学的学科理念、学科体系和内容，白先生确实投进了大量精力去研究、梳理和阐述。

四、从历史文献学到"广文献学"

对于历史文献学的建设，白先生一直念念在兹。改革开放不久，中央还没有下达整理古籍的文件时，他已经发表了第一篇较系统地阐述历史文献学学科建设的论文《谈历史文献学——就〈谈史学遗产〉答客问之二》，此后又发表《再谈历史文献学》以及在《古籍整理与通史编纂》中有一节专门谈"历史文献学的设想"。据曾贻芬教授所述：

> 1997 年岁末，白先生交给我一份历史文献学研究提纲，其中包括：第一，历史、历史文献、历史学；第二，历史文献的收藏；第三，历史文

---

[1] 白寿彝：《古籍整理与通史编纂》，载《白寿彝文集·中国史学史论》，河南大学出版社 2008 年版，第 163、165 页。

献与公私图书馆；第四，历史文献与博物馆；第五，历史文献的特藏；第六，丛书和类书；第七，目录学；第八，版本学；第九，校勘学；第十，辨伪学；第十一，历史文献学与逻辑；第十二，历史文献与辩证法；第十三，历史文献的阶级分析；第十四，佚书的访求；第十五，文献的整理和发表。

不久，白先生又补充了历史文献与档案、海外藏书两个题目。[1]

可见白先生的晚年从 20 世纪 80 年代到 90 年代，他一直在思考关于历史文献学的学科建设问题，有关白先生对历史文献学学科建设的贡献，曾贻芬教授已

---

[1] 以上文献和论文的发表时间为白寿彝：《谈历史文献学——就〈谈史学遗产〉答客问之二》，《史学史研究》1981 年第 2 期；《再谈历史文献学》，《文献》总第 14 期，1982 年；《古籍整理与通史编纂》，《北京师范大学学报》1983 年第 4 期。曾贻芬：《白寿彝先生关于历史文献学的构想》，载北京师范大学史学研究所编《历史科学与理论建设——祝贺白寿彝教授九十华诞》论文集，北京师范大学出版社 1999 年版，第 361 页。

发表过多篇非常有分量的论文[1]。这里仅就本人的认识，谈白先生在历史文献学学科理论构建上两个阶段性发展的突出贡献，及对于当代学科建设发展的启示。

（一）构建历史文献学的框架体系

历史文献的整理研究在孔子时代就开始了，白先生在《谈历史文献学》一文中说："对于历史文献的整理研究，很早就有了。我们可以说，就在这个时候，历史文献学就开始出现了。但如果作为一个学科体系来要求，现在还正在建设中。"[2] 所以历史文献学是一门古老而又年轻的学科，经过 20 世纪陈垣、陈寅恪、顾颉刚等人的文献考据、总结义例、充实内容，为历史文献学的建立奠定基础；到 20 世纪 80 年代，经过

---

[1] 见曾贻芬、崔文印《历史文献与历史文献学》，载北京师范大学史学研究所编《历史科学与历史前途——祝贺白寿彝教授八十五华诞》论文集，北京师范大学出版社 1994 年版，第 409 页；曾贻芬《白寿彝先生关于历史文献学的构想》，载北京师范大学史学研究所编《历史科学与理论建设——祝贺白寿彝教授九十华诞》论文集，北京师范大学出版社 1999 年版。

[2] 以上引自白寿彝《谈历史文献学——就〈谈史学遗产〉答客问之二》，载《白寿彝文集·中国史学史论》，河南大学出版社 2008 年版，第 102—112 页。

白寿彝、张舜徽、刘乃和等先生的研究、阐发和推动，才最终确立起来，而白先生在其中发挥了理论建构的重要作用。他在《谈历史文献学》这篇论文中，第一次系统总结了我国历史文献整理发展的历史，为历史文献学下了一个基本的定义。然后，又为历史文献学的学科体系划定了基本的范围，即包括目录学、版本学、校勘学、辑佚学、辨伪学等主要分支学科及其他有关的一些学科，并着重阐述了其中一些重要学科的概况，这是他首次对历史文献学作出的学科建构。

继前文之后，《再谈历史文献学》经过一年的思考以后发表，显然对于学科体系的考虑更为成熟，更为全面。在这篇论文里，白先生系统阐述了历史文献学学科理论和学科体系等一系列理论问题。首先，他认为"中国历史文献学，可以包含四个部分。一、理论的部分。二、历史的部分。三、分类学部分。四、应用的部分"。为历史文献学划定了大的学科框架。在学科基本理论部分，他阐述了历史和历史文献、历史学和历史文献学的关系，以及历史文献作为史料的局限性，历史文献的多重性。在历史部分，白先生指出："像很多事物有自己的发展史一样，历史文献也有自己的发展史。""还有历史文献学本身也有它的发展史。"这就是说，历史文献学史的部分，要包括历史文献自身的生产发展史，而不仅仅是以往人们所认为的只讲历史文献学的发展史。历史部分既研究历史文献学史又研究历史文献本身的生产发展史，是由于二者互为因果，关系密切。因为典籍文献的生产是从无到有，从少到多，直到"书积如丘山"，人们翻检寻找有困难了，不同文本的文字差异出现了，这才产生了目录学和校勘学。又比如，是因为生产技术的发展，载体材料的多样化以及纸的运用，特别是雕版印刷术的出现，使历史文献学的版本学从无到有地发展起来。总之，典籍文献的演变发展，成为催生或推动文献学及各门专学产生发展的一大动力，因此不考虑历史文献本身的发展史，就不能很好地说明历史文献学的发展史。至于应用部分，其实就是上一篇论文所谈到的历史文献学具体的学科体系，即历史文献学所要应用的各门专学，这些专学是文献学的分支学科，是文献学主要的组成内容。白先生这次对于上文有关学科内容的结构作了一些订正，指出历史文献学不能包括古汉语、古民族语文、甲骨文、金文、年代学、历史地理学等，"这些学科都有它们的独立性或者相对独立性，它们是历史文献学所要联系的学科，不能说它们是属于历史文献学的范围"[1]。

又是一年以后，白寿彝在另一篇论文中谈到"历史文献学的设想"，再一次阐述了历史文献学的分支学科。他说："我想，这里可以包含目录、版本、校勘、辨伪、辑佚、注释等学科。"又说："还有些学科，跟整理古籍有关，但不属于应用的历史文献学的范围。"并特别指出像年代学、历史地理学、职官沿革等都是另外的学问[2]。白先生的阐述清晰透彻，明确说清历史文献学的主干分支学科只有上述六个，其他的都只是与之有联系的学科。他对于历史文献学的学科体系和学科范围的确定非常重要，因为至今仍有不少文献学的教材或论著，把诸如典藏学、编纂学、年代学、避讳学、史源学、金石学、方志学以及文字、音韵、训诂等各种学科塞到文献学里，这种做法不啻于抹煞历

---

[1]　以上引自白寿彝《再谈历史文献学》，载《白寿彝文集·中国史学史论》，河南大学出版社 2008 年版，第 146—151 页。

[2]　白寿彝：《古籍整理与通史编纂》，载《白寿彝文集·中国史学史论》，河南大学出版社 2008 年版，第 164—165 页。

史文献学的学科边界，使其名存实亡，就像一个被吹爆了的气球。因此，厘清历史文献学的分支学科、边缘学科和相关学科实有必要。必须明确白先生所提出的六个学科为历史文献学的主干分支学科，其他如典藏学、年代学、避讳学、史源学等应属于边缘学科（即其某一部分内容与文献学有交叉性质的学科），而文字、音韵、训诂以及方志学等则只是相关学科。

这里还要特别申论一下白先生所提到的"分类学部分"所要研究的内容。历史文献学要包括分类学部分，这是白先生在后两篇论文里都提到的，有人认为这一部分"是否就是目录学"，白先生明确否定了，他说："应该有一门讲文献分类的学问，旧日所谓目录学，跟这种分类学似不相同。"他又说："现在我们说的历史文献的分类学，是如何就历史文献本身的各种不同性质、特点进行分类的学问，是从文献本身出发，而不是从前人目录出发的。"于是，不少人很费解，认为既然讲分类，又为何与目录学不同呢？有的人认为既然已有目录学，此处再讲分类学是否有重复之嫌。然而，白先生不愤不启，并不作过多的解释，只是说："这个问题希望大家多研究研究，我还说不出多少意见。"[1] 对于"分类学部分"的内涵，一开始确实有些懵懂，后来顿悟，白先生说"要从文献本身出发"而不是从目录书出发来做分类，非常关键。因为目录学是按文献内容来分类的，而所谓"文献本身"不就是指除文献内容之外的外部表现形式，即文献的文本和载体吗？也就是说，除了目录学的分类外，我们还应该从文献的载体材料、文字、装帧形式、编纂方式等多种分类途径去更全面地认识文献、研究文献。尤其是文献的文本编纂形式，这方面以前系统考察阐述不多，而文本编纂形式其实是了解文献、整理文献，甚至是研究文献必不可少的途径。如果要整理文献，则尤其需要弄清文本的组织形式，否则就可能越整越乱，破坏了古籍本来的面貌。比如类书，其文本的组织形式就需要在整理之前仔细认清，才不至于出错。以文本的编纂组织形式来讲，大的方面可分为一次编纂与二次编纂，一次编纂又包括专著、别集、工具书等；二次编纂又包括总集、丛书、类书、选本、节本等。二

[1]　上述引文见白寿彝《再谈历史文献学》，载《白寿彝文集·中国史学史论》，河南大学出版社 2008 年版，第 154 页；《古籍整理与通史编纂》，载《白寿彝文集·中国史学史论》，河南大学出版社 2008 年版，第 164 页。

次编纂的类型众多，也比较复杂，其中总集常与丛书、类书相混，比如有人就常把宋初四大书《太平御览》《册府元龟》《文苑英华》《太平广记》称为四大类书，其实只有前二部是类书，后二部是总集，其中《文苑英华》是诗文总集，《太平广记》是小说总集。总之，"分类学部分"确实有必要在历史文献学中占一席之地，尤其是文献编纂类型的区分更为重要，近年已有个别文献学著作作出尝试，是可喜的现象。

（二）"广文献学"学科理念的当代启示

白先生在改革开放初期，经过数年研究和思考，通过三次阐述，系统确立了中国历史文献学学科体系，然而思考并没有结束。如前所述，1997 年岁末，白先生又提出一份包括 17 个题目的历史文献学研究提纲，这样一份提纲可谓包罗万象。虽然并不是各种学科的大集合，但其中所提出来的研究对象和值得注意的问题甚多。初读之，确实有些眼花缭乱，那么，这么多个题目汇集在一起，彼此之间有什么逻辑关系呢？之所以聚集在一起是要朝着哪一个方向去解决什么重要问题呢？对此，白先生依然是不愤不启、不悱不发。

曾贻芬教授说:"白先生告诉我,这个提纲的顺序不是文字的顺序,实际上是提醒我按照历史文献学本身的逻辑关系,从学科的系统性、科学性出发思考认识这个提纲。"[1]仔细研思之,慢慢地体会到这个提纲应该是白先生在完成历史文献学的学科构建之后,向着更为开阔的视野,为"广文献学"的构建所作之思考,反映了白先生学科建设理论的一个飞跃。

已经完成的历史文献学学科体系,虽然在理论部分涉及对于文献二重性和局限性的思考,但从主体框架来看,主要还是目录、版本、校勘、辨伪、辑佚、注释等考据之专学。这些专学是清人考据学兴盛发达的利器,是历代文献考辨相传积累下来的精华。当代历史文献学当然要传承文献考据的各门专学,但又不能仅仅局限于这些考据之学,否则就难以超越乾嘉;如果仅在这些专学上打转转,甚至还很容易陷入为考据而考据的"饾饤之学"。白先生是一位具有深厚理论修养的史学家,他对于历史文献学研究的理论思考,

---

[1] 曾贻芬:《白寿彝先生关于历史文献学的构想》,载北京师范大学史学研究所编《历史科学与理论建设——祝贺白寿彝先生九十华诞》论文集,北京师范大学出版社1999年版,第370页。

是在一个比较高的学术层面上进行的。他说："长期以来，特别是乾嘉学派，把研究历史文献看作研究历史，这是不对的。""古籍整理工作很具体，需要比较广阔的知识，但也很容易使我们陷进具体的工作里面，跳不出来，不考虑理论方面的问题。"[1] 当代的古籍整理和历史文献学研究，不是为了向故纸堆里讨生活 [2]；而是推进新文化、新学术的发展。因此以新时期的新观点解释历史文献，推动历史文献学向着更新的学术方向、更高的学术层面发展，应该是白先生对于历史文献学新框架的学术追求。

在上述背景下认识白先生 1997 年提出的历史文献学研究提纲，我认为它是一个"广文献学"的学科设想，是在原来学科体系的基础上，向着两个方向的新发展。一个方向是继续拓展与历史文献学有叠合的边缘学科如博物馆学、图书馆学、档案学的交叉研究，以深化历史文献学研究的深度，丰富历史文献学研

---

[1] 白寿彝：《古籍整理与通史编纂》，载《白寿彝文集·中国史学史论》，河南大学出版社 2008 年版，第 164 页。

[2] 刘乃和：《历史文献学》，载白寿彝编《史学概论》，宁夏人民出版社 1983 年版，第 122 页。

究的方法。比如，他所提出的"历史文献与公私图书馆""历史文献与博物馆""历史文献与档案"等专题，便可以从与图书馆学有关的典籍文献的收藏与流通，与博物馆学有关的甲骨和金文文献的整理研究，与档案学有关的明清内阁档案整理研究等角度，加深对文献学研究，或为文献学研究增添新方法。另一个发展方向是主张大跨度地和那些看似与文献整理考辨没什么关系的学科进行交叉综合，拓宽历史文献学研究的视野，在新园地里收获新成果。比如，白先生在提纲中提到的"历史文献与逻辑""历史文献与辩证法""历史文献的阶级分析"。在历史文献的研究中逻辑地考察历史文化的规律发展，就要关注历史文献的整理流传与社会环境诸因素的关系，将历史文献产生发展史、历史文献学史，放在社会历史的总相中去考察，就可以与政治史、经济史、文化史、学术史的研究发生联系，从而发掘出新的学科生长点，产生新的研究问题，形成"广文献学"研究的格局。"历史文献学与辩证法"提示的也是这样一个道理，辩证法是讲发展、讲联系的，白先生说过："对于历史文献学的专业工作者来说，考订文献可以说是他们的本职工作，但思想活跃一些，视野开阔一些，联系的方面多一些，对一个文献工作者来说，可能是有更多好处的。"[1] 其实，他多年前已经开始思考辩证地看待历史文献和历史文献学的考订工作了。"历史文献的阶级分析"就应该是辩证的、联系的一个例子。龚书铎先生说白先生重视历史研究中的政治问题，认为"政治是历史的脊梁"，龚先生还说："如果坚持马克思主义对史学研究的指导，那就离不开阶级分析方法和阶级斗争学说。"[2] 因此，阶级分析的方法并不过时，不过，白先生"历史文献的阶级分析"应该指的不是对文献的内容作阶级分析，否则就变成历史研究而不是文献学研究了，这里指的是用阶级分析的方法看待文献的整理和流传，历史上的禁书和毁书，实际上有不少还是和阶级斗争有关系的，所以历史文献学史研究要和政治史结合起来。

从上述几个要点的分析，可以看出白先生"广文献学"理念给予当代历史文献学研究的重要启示，这

[1] 白寿彝：《再谈历史文献学》，载《白寿彝文集·中国史学史论》，河南大学出版社 2008 年版，第 148 页。

[2] 龚书铎：《政治是历史的脊梁》，载北京师范大学史学研究所编《历史科学与理论建设——祝贺白寿彝教授九十华诞》论文集，北京师范大学出版社 1999 年版，第 13、19 页。

就是历史文献学要有新时代的发展，应该开创性地走出一条交叉综合的研究之路，这样才可以给历史文献学研究带来勃勃生机。本人研究的粗浅体会是，至少历史文献学史与社会史、文化史、学术史的交叉结合，是可以对历史文献学史的发展作出很多新阐释的。从大事件来讲，社会生产史上造纸术、印刷术的发明和不断进步，极大地影响了文献学专学的建立和发展；从藏书史来看，生产技术的进步绝对是藏书文化发展的动力。在文化史上，明代市民文化的出现与兴盛，无疑改变了明代图书生产、收藏、流通的方向，戏曲、小说、话本以及各种经史节本、选本的编纂印刷、收藏和流通，包括书业的消长，无疑都与市民文化有密切关系。在学术史上，一部经学史处处可见文献学在为经学史当开路先锋。每个时代经学的发展，都是依靠对经学文本的文献校勘、考辨、注释来完成一代经学的新陈代谢，从而推进经学的发展，甚至产生新经学。因此，如果不能从文献学上认清一代经学文本的变化发展，就很难说清一代经学的演进，这可能是今后深化学术史研究特别要注意的问题，这也是白先生"广文献学"学科理念的重要价值和意义。

　　以上所述，乃本人对于白寿彝先生在我国古籍整理事业和历史文献学学科建设中所作贡献的粗浅认识。白先生虽然离开我们 20 年了，但哲人虽逝，风范犹存。他在古籍整理及历史文献学研究上的成果与思想依然充满活力，而且必将产生持久的影响，推动我国古籍整理事业和历史文献学学科的不断发展。

　　　　　　　　　（原载《史学史研究》2020 年第 4 期）

张舜徽先生在新时期对文献学学科建设的贡献

　　中国历史文献研究会的创会会长张舜徽先生，是我国当代著名的史学家、文献学家和教育家。他的一生，以"笃志好学，未尝一日之或闲"[1]的勤奋精神，刻苦治学，为我们留下了30余部专著、800余万字著述的宝贵遗产。在史学、经学、诸子学、小学、文献学诸领域推动了中国学术的发展，被誉为集文、史、哲、艺为一身的国学大师。尤其是进入我国改革开放的新时期之后，张先生乘时代之风会，神思喷涌，以"老

---

[1] 张舜徽:《八十自叙》,《𫗧庵学术讲论集》,华中师范大学出版社2008年版，第708页。

正学时""锲而不舍"[1]的壮心，发奋著述，宏论激扬，为中国历史文献学学科的建设立下了不朽功勋。值此张舜徽先生诞辰 100 周年之际，本文拟就新时期以来，张先生对文献学学科建设的贡献作一粗浅的阐述，以纪念中国历史文献学的一代宗师张舜徽先生，并就教于学界方家。

一、文献学学科深层理念的阐发

学科是按科学性质而划分的门类，是在科学的发展中不断分化或整合而成的。以历史文献学而言，则是整合了多门学科而形成的一门颇具综合性特色的学科。对于这种综合性学科的建设，规范其学科范畴、认清其建设路径就显得尤为重要。那么，文献学作为一门独立学科，如何形成其独特的学科范式呢？从学科建设的层面来看，至少有三个层次。一是关于学科的基本理念，二是学科知识和理论的体系，三是学科的运作保障，也即学科制度、研究机构和学术组织的

---

[1] 张舜徽:《自传》,《张舜徽学术论著选》, 华中师范大学出版社 1997 年版, 第 644 页。

建设，等等。

　　文献学（也即历史文献学）是一门既古老又年轻的学科。正如白寿彝先生在 1981 年所说的："对于历史文献的整理、研究，很早就有了。我们可以说，就在这个时候，历史文献学就开始出现了。但如果作为一个学科体系来要求，现在还正在建设中。"[1] 在我国古代，自孔子整理、编纂《六经》始，就已经有对文献整理研究的实践了。数千年以降，历代文献学家积累了丰富的经验，也遗存下大量的文献整理研究的成果。不过只有进入 20 世纪后，才真正出现了以近代学科理念建设文献学学科的探索。自 20 世纪 20 年代以后，以"文献学"命名的著作开始问世。陈垣、陈寅恪、顾颉刚等史学家则在文献考据的工作中，为历史文献学的研究扩展了范围，充实了内容。特别是陈垣先生，在目录学、校勘学、避讳学、史源学等专学中，以其示范性研究，总结法则和范例，为文献学学科的建立奠定了坚实的基础。而顾颉刚先生在古书的辨伪方面、陈寅恪先生在中外历史文献的结合利用方

---

[1]　白寿彝：《谈历史文献学》，《白寿彝史学论集》上册，北京师范大学出版社 1994 年版，第 510 页。

面，也分别推动了文献学学科的建设。

　　然而，历史文献学学科的建立，是由白寿彝、张舜徽先生等前辈学者来完成的。20世纪80年代，以陈云为代表的中央领导和国务院，号召"整理古籍，把祖国宝贵的文化遗产继承下来"；教育部提出了"救书、救人、救学科"的一系列有关古籍整理研究和培养整理人才的方案[1]，时代赋予了文献学学科建立与发展的良机。张舜徽先生则早已蓄势待发，于是际时代之风会，相继发表了《关于历史文献的研究整理问题》《与诸同志再论历史文献的整理工作》《古籍整理与文科改革》《关于整理古籍的问题》等几篇重要论文，对建立文献学学科和古籍整理工作等一系列基本理念，表达了自己的真知灼见。

　　其实，早在20世纪60年代，张先生就在他的《广校雠略》和《中国古代史籍校读法》中阐述了文献的流别及文献学研究的若干方法。但是到了新时期以后，他在上述几篇重要论文中对于学科基本概念的表述则更为全面、系统和科学，从而为学科建设的深层理念

----

[1]　全国高校古委会秘书处编印《高等院校古籍整理研究文件汇编》，1983年版，第143—156页。

做出了准确的规定。其主要思想包括了以下几个方面：

第一，阐述学科的研究对象。

确定学科的研究对象，是学科理念很重要的一个方面。在新时期，张先生是第一个认真思考并阐述学科研究对象的学者。1980年，他在发表的《关于历史文献的研究整理问题》一文中，开篇就讨论了"何谓文献？它的概念，整理对象是什么？"这个问题。张先生说："'文''献'二字联成一词，出现在中国古书上，是从《论语》开始的。"接着他引用了孔子在《论语·八佾》中那段关于"文献不足"的名言，并分析了汉宋元明学者对"文献"一词的解释和运用，从而说明了"文献"即指各种文字记载的概念[1]。这种由训释词义导入确定学科研究对象的途径，几乎成为后来各种文献学专著的范式。张先生对"文献"一词的诠释，明确解决了文献学研究对象的问题，厘清了以往有关著作称"结集、翻译、编纂诸端谓之文，审订、讲习、印刻诸端谓之献"[2]的模糊说法。

---

[1] 见《张舜徽学术论著选》，华中师范大学出版社1997年版，第6—8页。

[2] 郑鹤声、郑鹤春：《中国文献学概要》，商务印书馆1933年版，第1页。

张先生几篇重要论文对文献研究对象的讨论，还有其他两点重要的界定：一是不能把具有历史价值的古迹、古物、模型、绘画概称为文献。区分的界限在于出土文物上有无文字。有文字的出土文物，这些文字可称为文献；无文字的实物，则应属于古器物学的研究对象[1]。二是指出，"'历史文献'四字，自可理解为'古代文献'"[2]。即将"历史文献"理解为历史上出现的文献，将历史文献学的研究对象确认为古代文献，从而纠正了那种以为历史文献学只以史部文献为研究对象的偏狭观念。

第二，指明学科的研究任务。

关于文献学学科的研究任务，张先生指出：

> 研究历史文献的任务，主要是对那些保存下来了的和已经发现了的图书、资料（包括甲骨、金石、竹简、帛书）进行整理、编纂、注释工作，

[1] 见《张舜徽学术论著选》，华中师范大学出版社 1997 年版，第 6—8 页。

[2] 张舜徽：《与诸同志再论历史文献的整理工作》，《张舜徽学术论著选》，华中师范大学出版社 1997 年版，第 24 页。

使杂乱的资料条理化、系统化，古奥的文字通俗
化、明朗化，并且进一步去粗取精，去伪存真，
条别源流，甄论得失，替研究工作者们提供方便，
节省时间，使之不走弯路错路，这便是研究、整
理历史文献的重要职责。[1]

这段论述首先指明文献学的总任务是使古奥、离
散的古代文献条理化、系统化、通俗化、明朗化；其
次提出了文献整理、研究进一步的要求。对此张先生
又有更深入的讨论。这些阐论高瞻远瞩，虽然已经过
去近三十年，但是其中有不少任务至今仍是文献学
学科今后仍要努力工作的目标。其内容包括以下四个
方面：

一是"去伪存真，去粗取精"。"去伪存真"即是
辨别真伪。文献学的辨伪工作历来为本学科同仁所重
视。然而"去粗取精"的工作则还重视不够，要达到
张先生所要求的甄审文献，"使轻重有别，处理适宜；
不至于盲目地进行整理，自乱步骤"的目标，还有很

---

[1] 张舜徽：《关于历史文献的研究整理问题》，《张舜徽学术论著选》，
华中师范大学出版社 1997 年版，第 8—9 页。

多事情要做。二是"校勘之后，写定群书"。这一目标更为宏伟。一般的校勘文献，只注意校字词的讹、倒、衍、脱；至于文献内容中的错简、窜入，或注文与正文相混，有时虽经校出，但并不改正。其实，这种情况则需在校勘之后，厘成定本，方能杜绝谬误流传，也使后人有真本可依。清人在考据文献的过程中作了不少这样的工作。阮元校《十三经注疏》即是经多人校勘后形成定本刻印的，尽管仍有不少可加工之处。黄丕烈的《士礼居丛书》，其中据宋本校定的《周礼》《仪礼》《国语》《战国策》也有这样的效果。这种校定群书的任务，依然任重道远，有待解决。三是"重新区分古籍的门类"。关于这方面的要求，张先生提出了一个极有见地的创见，即是在四部分类的体系之下，再按各部著作的内容区分为"著作""编述""抄纂"三类，为读者揭示各种典籍的不同性质和作用，以便读者了解典籍内容的高下深浅。四是"甄别汇刻诸书的功用"。即针对各种古籍丛书，如十三经、二十四史、九通等，张先生高屋建瓴地指出，当代的文献整理研究，大可不必为十三、二十四或九这些数字所限，要突破以往古籍丛书的范围，经过一番甄别优劣之后，选其精华，从而"开拓研读古籍的新领域"[1]。

第三，探讨研究的形式和途径。

张先生在探讨学科的研究途径时，提出文献整理和研究的四种形式：论著、编述、注释和抄纂。其中"注释"和"抄纂"两种形式乃历来文献整理常用的范式，而特立独创者，则是关于"论著"和"编述"两种形式。他举例说明，文献整理积累到一定程度时，就要向较高的形式发展。如司马迁写《史记》，就是将众多庞杂的材料，加以编述；而最高形式的文献整理研究，则是撰成有独立认识、独立发明的论著，如刘知几的《史通》。张先生提出这些见解，自然是为他后来撰述《中华人民通史》张目，然而更重要的目的在于打通文献整理和文献研究的关系。他说，"不能刻板地认为只有做校勘、标点、注释工作，才是整理古籍"，"整理古籍不单独是标点，应该包括研究成果，总结性的论著"[2]。这些论述反映出张先生的宏大气魄。

---

[1] 张舜徽：《关于整理古籍的问题》，《张舜徽学术论著选》，华中师范大学出版社1997年版，第33—38页。

[2] 以上叙述和引用皆见张舜徽《古籍整理与文科改革》，《䜣庵学术讲论集》，华中师范大学出版社2008年版，第106—110页。

张先生从思想认识的高度所阐述的有关学科理念，是胸怀远大，高瞻远瞩的。这些理念虽然分散于若干论文，显得有些零乱，甚至有的仍值得推敲。然而开创之功，要在恢宏而不计小隙，这些理念为当时文献学学科的建立廓清了基本的认识。令人深深感受到的，即从当今的学科认识来看，张先生的不少理念至今依然是处于前沿和颇具挑战性的，因而值得我们不断地理解和借鉴，并为他提出的那些宏大的目标，作不懈的努力。

二、文献学学科体系的建构

张舜徽先生于 1982 年 12 月出版了《中国文献学》，为文献学的学科建设构造了一个自成系统的学科体系。

张先生曾经谈到他 35 年来在教学和科研的实践中，分四步走，最后撰成《中国文献学》一书的经过。这就是从编撰《中国历史要籍介绍》到出版《中国古代史籍校读法》，由讲授《中国校雠学概论》到撰成《中国文献学》[1]。因而《中国文献学》既是张先生自新时期以来对学科建设思考的结晶，也浓缩了他数十年从事文献研究的思想成果。此书所创构的学科体系可从以下几方面来认识。

第一，学科体系规定了学科研究的主要内容。

《中国文献学》一书分 12 编、60 章，全书从基本理论、文献学史和文献学研究方法等几个部分构成了学科内容的体系。

一是文献观等基本理论和基本认识。这部分主要由第一编《绪论》来解决。《绪论》集中讨论了什么是"文献"、什么是"文献学"等本体论的问题。其中关于何谓"文献"、文献的范围及文献学研究的任务等阐述，与此前的表述大致相同；有所推进的认识在于指出所谓文献学，就等于以往的校雠学。张先生说：

> 我国古代无所谓文献学，而有从事于研究、整理历史文献的学者，在过去称之为校雠学家。

---

[1] 张舜徽：《三十五年来我是怎样把教学和科研结合在一起的》，《𬜯庵学术讲论集》，华中师范大学出版社 2008 年版，第 579—585 页。

所以校雠学无异成了文献学的别名。[1]

这里用简洁明了的类比，说明了文献学的概念。从以往校雠学研究的对象、范围来看，张先生的这个说法无疑是可以成立的。此外，在对"文献"本体的认识方面，则交代了我国古代文献在不同时期的载体材料，即甲骨、金石、竹木、缣帛等的交替使用。这也是对何谓"文献"这一基本概念的补充。

二是记载了我国不断进步的文献学发展史。《中国文献学》用第七编至第十编4编的篇幅，记载了古代学者在整理研究古代文献方面的业绩和成果，反映他们在整理研究文献上的经验，为文献学学科的建立提供可以借鉴的史实和材料。在记述的方式上，张先生选择了重点叙述的对象，如从修通史、绘地图、制图表、编字典、辑丛书等方面反映古人整理文献的成果；以刘向父子、郑玄、陆德明、郑樵、章学诚、纪昀等人为代表，阐述古代学者研究整理文献的业绩；突出地记载了古代文献整理研究事业发展到清代时在

---

[1]　张舜徽：《中国文献学》，中州书画社1982年版，第4页。

各方面的成就。

三是对文献学研究方法的总结。文献学的方法论是整理研究文献的具体手段，是开展文献学研究的基础知识。因而，总结以往文献整理研究的方法，是构建学科体系的重要内容。张先生根据多年来整理研究文献的经验，将目录学、校勘学、版本学的方法作为整理古代文献最重要的基础知识，单立三编分别进行论述。此外，又将抄写、注释、翻译、考证、辨伪、辑佚等作为古人整理文献的手段，予以条理和介绍。"俾学者由此入门，以得整理文献之术。"[1] 张先生在讲述方法时，既注意从方法论上加以概括，又注意示以范例。如讲校勘方法，则举清人校勘中有突出成就的王念孙、钱大昕二人的校勘实例，分别说明比勘文字、订讹补脱的死校法及广揽兼征、论定正误的活校法两种类型[2]，从而给人留下了深刻的印象。

第二，学科体系中的创新建设。

《中国文献学》中以基本理论、文献学发展史和研究方法构成的主要学科体系，为后来大多数文献学专

---

[1]　张舜徽：《中国文献学·前言》，中州书画社1982年版，第2页。

[2]　张舜徽：《中国文献学》，中州书画社1982年版，第121—124页。

著所继承，至今也仍成为文献学学科体系主要的构成模式。然而，还有值得我们特别注意的，是张先生在构建学科体系的过程中，提出了许多创新见解。这些见解不仅在当时有给人耳目一新的感觉，有的至今仍是我们完善学科建设要努力的目标。下边略述几点加以说明。

一是对于以往文献整理研究工作已有的经验和认识的突破。比如论述目录、校勘、版本学的研究方法，张先生就有不少突破旧规的见解。如在版本学的善本认识方面，他当然也十分看重宋元刻本的价值，但并不迷信，而是辩证地指出宋、金、元刻本也有不可尽信之处[1]。在谈到校勘方法时，他也突破以往只据宋元旧本校订讹误的局限，指出："龟甲、金石刻辞、汉初竹简帛书和六朝隋唐写卷，都足以作为校勘古书的依据，它们较任何刻本的时代都要早很多，可靠性就更大了。"[2] 从而大大扩充了校勘依据的材料范围。

在论述文献流传中的散亡时，张先生并未停留在前人对文献亡佚"五厄""十厄"现象的记述和散亡之

---

[1]　张舜徽：《中国文献学》，中州书画社 1982 年版，第 74 页。

[2]　张舜徽：《中国文献学》，中州书画社 1982 年版，第 110 页。

由的简单交代上，而是进一步深入发掘其亡佚的原因，概括为重德轻艺思想的影响、复制手段简单的局限、士大夫对朴学书籍的轻视、重修之书盛行而原书则被轻废、作者声名不佳而著作亦遭遗弃、藏家私秘导致典籍湮没等[1]。这种全面的分析既加深了对古籍散佚的认识，又为以后的文献保护所借鉴。

二是特别强调对古代文献的重新纂集。重视对古代文献的甄选纂集，是新时期以来，张先生在文献整理研究工作中多次提倡的有别于一般古籍整理方法的新见。《中国文献学》依然贯彻了这种思想。张先生说：

> 整理文献，不是单纯校勘注释几本书就完了。更重要的，在能从丛杂的资料中，去粗取精，去伪存真，将内容相近的合拢来，不同的拆出去，经过甄别审断、整理纂集的过程，写定为简约可守的新编。让人们在研究中国古代文化方面，能够节省时间、精力，较有条理有系统地了解过去，这诚然是文献学工作者的重任。[2]

---

[1] 张舜徽：《中国文献学》，中州书画社 1982 年版，第 21—24 页。

[2] 张舜徽：《中国文献学》，中州书画社 1982 年版，第 343 页。

因此，在构建学科体系时，他专门设立"甄录古代遗文"一节，将此作为整理文献的重要任务进行阐述，并且深入分析甄录文献的方法，举例说明了经、史、子、集各部文献中值得注意，可以专门抽出纂集的内容。比如，经、子文献中，《尚书·禹贡》记述自然地理和经济地理，《周礼·冬官》专讲科技制造，《大戴礼记·夏小正》记录时令气候，《管子·弟子职》反映古代教育的师生关系，《吕氏春秋》的《上农》《任地》《辨土》《审时》诸篇阐发了农业知识。"这都是有裨实用的古代遗文，也就是最宝贵的重要文献，值得我们重视。自可从原书中抽出来，加以整理和阐述。"[1] 而在历代文集中，也有许多经世致用的专论，"何尝不可继《明经世文编》《清经世文编》之后，编出《宋经世文编》《唐经世文编》《先唐经世文编》呢？"[2]

三是重视对社会史文献的发掘、整理和利用。社会史研究是新时期以来史学研究的一个新潮流。有的学者认为："20 世纪 80 年代以来，在史家对史学自身

---

[1] 张舜徽：《中国文献学》，中州书画社 1982 年版，第 345 页。

[2] 张舜徽：《中国文献学》，中州书画社 1982 年版，第 359 页。

反思的基础上，在西方社会史思潮的影响下，史家们将研究的视野投向描绘平民百姓的日常生活，于是出现了有关社区、家庭、民俗、消费、休闲、民间信仰、两性关系等众多的新课题。"[1] 可以说，张先生就是首开风气，提倡注重社会史研究的学者之一。而且他根本也不需要"在西方社会史思潮的影响下"，而是凭着他的史学自觉，敏感地意识到这一领域的重要性。

张先生对社会史研究的关注，一方面是注重对古代社会史文献的发掘与整理，尤其强调要重视对方志中社会史资料的整理引用。他说："方志是保存社会史料的渊薮，那里面的丰富记载，是在其他史籍中不能看到的十分珍贵的文献资料。"紧接着他以清代方志为例，列举许多方志中珍贵的社会史记载，如记"客民""山民""畲民"的生活习俗；记崇信伊斯兰教、西洋教、道教之事；记工匠日价、特产手工业与渔业发展；记农工商贾与军户的生活状况；记农业、养蚕业的发展；等等 [2]。另一方面，他在规划撰著的《中华人民通史》的提纲以及后来的撰写中，第二部分《社

---

[1] 刘新成主编《历史学百年》，北京出版社 1999 年版，第 460 页。

[2] 张舜徽：《中国文献学》，中州书画社 1982 年版，第 352—353 页。

会》编里，"痛苦的农民""痛苦的工人""痛苦的妇女"等篇章的有关材料；第三部分《创造》编里，"劳动人民祖先的集体创造"的大量记叙，也都利用了丰富的社会史文献。他所创立的《中华人民通史》，"以广大劳动人民历史为写作中心"的体例，也基本上是一部社会史通史的构架。[1]

四是将编撰通史作为整理文献的主要目的和重大任务。这是张先生文献学思想中最有别于他人的一个重要观点。诚然，这样的看法是否完全妥当，实有见仁见智之分。然而，这样的追求则表达了张先生作为一名史家，期望"成一家之言"的通史胸怀。《中国文献学》在文献学学科体系的构建中，专立一编，论述打破历代通史王朝体系的必要性，近代以来学者们拟编通史的追求以及编撰《中华人民通史》的构想。他创立的《中华人民通史》的编纂提纲，是一种全新的通史编纂体例，"打破了以历代王朝为中心的编述体例，从各方面体现出广大劳动人民在中国历史上的作用"[2]。全书分地理、社会、创造、制度、学艺、人物六编，

---

[1]　张舜徽：《中国文献学》，中州书画社 1982 年版，第 371—379 页。

[2]　张舜徽：《中国文献学》，中州书画社 1982 年版，第 388 页。

反映了张先生整理历史文献，为人民大众谱写新史的
壮志宏愿。

三、文献学学科建设的实践

从学科建设的三个层面来看，有关学科的运作和
保障，应是学科建设的实践层面，其中包括了学者的
职业化、固定的教席和教学培养计划、学会组织、专
业期刊，以及与之配套的学术制度，等等。张先生在
文献学学科建设的实践中，对上述诸多环节都投入了
力量，取得显著的成就。比如，倡导文科教学改革，
编制文献学教学大纲和一系列教材，创建华中师范大
学历史文献研究所，创立全国第一个历史文献学博士
点，培养专业博士、硕士60余名，举办第一个全国
性的历史文献学讲习班，发起成立中国历史文献研究
会并创办会刊《中国历史文献研究集刊》（即本学科专
业集刊，现改名为《历史文献研究》），等等。这里则
就张先生建立中国历史文献研究会的一系列工作略作
阐析，以见他在具体实践中为学科建设所作出的贡献。

第一，创建学会，推动学术研究。

中国历史文献学研究会成立于改革开放的春天。1979 年 3 月中旬，来自全国 19 所高校从事文史教学和研究的教师在广西桂林召开《中国历史文选》教材定稿会。这次会议是"文革"以后"历史文选"任课教师的第一次聚会。大家认为这种形式好，出成果快。有人提出要建立一个联络机构，以便定期交流学术信息和教学经验。张舜徽先生从学科建设的高度出发，因势利导，提出可以成立学术团体和研究会。这个倡议当场得到大家的支持。于是一致拥戴张先生带领其他几位代表着手建会的筹备工作。在讨论学会名称时，由于代表们对文献学的学科认识还不清晰，有人提出"历史文选教学研究会"的名称。张先生论述了历史文献学的内涵，明确指出新成立的学会，应定名为"中国历史文献研究会"。筹备组经过十余天的准备，拟定了学会的章程，讨论了学会的组织机构和人选。于是，4 月 2 日，召开了会员大会，通过学会章程，选举第一届理事会，共推张先生为学会第一任会长；4 月 4 日，召开成立大会，正式宣告中国历史文献研究会的诞生。当时为学会成立专门致电祝贺的有中国社会科学院历史研究所所长尹达教授、复旦大学周予同教授等个人及中华书局等单位[1]。

回顾学会的筹备和成立过程，可以明显地看出张先生对于建立学会的首创之功。中国历史文献研究会成立之初，就体现出一个全国性学术团体的性质，及其为推动文献学学科的建立和发展，推动全国性的文献学学术研究的重要作用。其意义是多方面的：首先，学会联系广泛，代表性强。学会《章程》指出，本会是"中国历史文献方面的科学研究与教学工作者自愿结合、自由参加的学术性团体"，这就凸显了学会的专业性和学术性。当时出席学会成立大会的代表虽然只有34人，却是来自分布于全国四面八方的19所高校，联系面很广。组成首届理事会的21名理事，也从19所高校的教师中产生，代表性也很强。其次，学会的宗旨明确，立志高远。从《章程》的规定可以看到，学会的宗旨是整理中国历史文献，继承祖国文化遗产，并以推动学术研究、加速人才培养、推广科研成果为己任。其目的在于以学会这种组织形式，为

[1] 参见崔曙庭《张舜徽先生创建中国历史文献研究会的重大贡献》，《华中师范大学学报》1997年专号；赵吉惠《艰难创业，团结奉献》，《历史文献研究》总19辑，华中师范大学出版社2000年版，第21—22页。

全国文献学专业工作者提供一个推动学科建设的实践平台和运作保障。这种学科意识，在当时无疑是很超前的，而其思想来源，则主要出自于张先生。再次，组织周密，运作规范。张先生不仅是学识渊博的学者，而且是策划、协调大型学术活动的高明的组织者和领导人。学会在筹备和成立过程中，既有规范的学会章程，又有合理的组织结构。学会成立之前广泛征求意见，学会成立之后又及时向教育部门和中国社会科学院报告备案，保证了学会活动的合法性。学会成立几年后，在张先生的指导下，又对《章程》和组织结构不断完善，如在《章程》中将学会的组织原则由原来的"民主集中制"修订为"民主协商制"，更符合了学术团体的性质。在组织机构上，新增了学会的核心机构——常务理事会，增设了便于指导学术活动的学术委员会和学刊编委会，从而更好地促进了会务工作的开展。

第二，创办学刊，展现科研成果。

中国历史文献研究会作为一个学术团体，要展示其学术成果，扩大在社会上的影响，就要有一个发表学术成果的园地。从更大的范围上讲，文献学学科的建设，也需要一个学术刊物作为推介专业成就的窗口。
而在当时，全国还没有一份文献学研究的专业刊物。
因此，筹备成立学会时，张先生就将创办研究集刊作
为一项重要的工作来抓。认为只有抓好，"研究会才
有生命力，把影响推广到国内外"[1]，为此成立了学刊
编辑小组。学会成立后，张先生就亲自出马，为学刊
的组稿和联系出版事宜辛苦操劳。他在给仓修良先生
的信中说："首先在计划刊物过程中，便遇着困难，没
有出版社肯承担刊物的出版、发行任务（出版刊物，
照例是要赔钱的）。几费周折，最后才征得湖南人民
出版社同意，承担了这一任务。我在夏秋两度赴京，
为与社会科学院联系和为《集刊》组稿，进行多方面
的联系。"[2] 由此信可知当年集刊初创之艰辛。1979 年
寒假，张先生又赴上海，拜会一批专家学者，组织稿源。
1980 年 9 月，《中国历史文献研究集刊》第一辑由湖
南人民出版社出版，所刊论文之中，既有王国维、孟

---

[1] 张舜徽：《三十五年来我是怎样把教学和科研结合在一起的》，《讱
庵学术讲论集》，华中师范大学出版社 2008 年版，第 106—110 页。

[2] 张舜徽：《致修良同志函·1979 年 12 月 31 日》，《中国历史文献研
究会成立 30 周年纪念集》，华东师范大学出版社 2009 年版，第 42 页。

森、陈寅恪、马宗霍等已故名家的遗作，又有当时的著名学者顾颉刚、谢国桢、商鸿逵、赵光贤等先生的论文。集刊出版后，学术界反应强烈，给予很高评价，在港台欧美也有很好的影响和评价，有的外国学者还主动来函预订集刊，或表示投稿意愿。张先生在世时，共主持了八辑集刊的编辑和出版。

集刊成为文献学界的一面旗帜，其学术特色十分明显：一是突出文献学专业的特色。集刊第一辑的《稿约》指出，"本刊是集中反映整理祖国文化遗产的研究成果的学术刊物"，"凡是有关历史文献的论文和注释、校勘方面的著述，以及题跋、书札、笔记和有一定学术价值的资料辑录等，都是本刊征稿的对象"，"凡是专篇论文，要求观点明确、内容充实，力求有新的材料或新的见解"[1]。这篇《稿约》其实具有"发刊词"的性质，其所阐述的办刊方针、征稿对象和要求，皆突出了文献学学科的特色。二是保证了高品位的学术质量。注意刊登名家著述，推出学术精品，是张先生主持集刊编辑的宗旨，也为后来接续出版的各辑集刊所

---

[1] 张舜徽主编《中国历史文献研究集刊》第一集，湖南人民出版社1980年版，第 277 页。

继承发扬。张先生不辞辛劳亲赴京沪组稿，就是为了突显集刊高品位的学术质量，而他自己也身体力行，在他主持的八辑《集刊》中，每辑都亲自撰文，为集刊增色。在集刊上刊载的名家名作，起到示范垂则、促进学科发展的作用。三是培养新人，繁荣学术。集刊的创办，不仅要出成果，而且要出人才。张先生在学会成立之时，就着重抓好集刊的编辑出版，目的也是为了给学会会员提供一个发表文献学成果的园地。可以看到，当时的许多中青年学者正是通过在集刊发表论作，交流和历练，成长为文献学界的中坚力量。

第三，以身作则，倡导学会优良会风。

张先生在担任学会会长期间，不仅以他的声望凝聚学会力量，而且在各项具体会务中，以身作则，殚精竭虑，倡导优良的会风，不断推动学会的发展壮大。他的示范作用有很多，择要言之，有以下数端。

其一，坚持以学术研究为中心。中国历史文献研究会成立的宗旨，就是为了促进中国历史文献学的发展，因此开展学术研究，是学会的中心任务。张先生主持学会工作期间，通过抓集刊编辑出版、要求会员提交年会论文、组织学会的集体科研项目等几个方面，在全体会员的努力下，取得丰富的科研成果，也形成了以学为本、以文会友的优良会风。单以学会的集体科研项目而言，张先生主持学会的十年间，就完成并出版了《中国史学家传》《中国古代科学家传记选注》《中国历史典故辞典》等12项成果。同时规划开展《二十五史辞典丛书》的大型集体攻关项目。张先生自己更是以身作则，自学会成立以后，几乎年年都有新著问世。十年左右时间，编撰出版了《中国文献学》《文献学论著辑要》《中华人民通史》《说文解字约注》等600余万字的著述，为全体会员树立了榜样。

其二，亲力亲为，开展各项会务活动。张先生出任会长后，为联系中国社会科学院对学会的支持、联系集刊出版、筹措活动经费、筹备各届年会，精心谋划，殚精竭虑，甚至不顾年高，四处奔波。为办好每年一次的学术年会，他付出了许多辛苦。学会的第一届年会，就是张先生亲自联系，由华中师范大学主办的。学会的第二届年会，是由仓修良先生在杭州负责筹备的，而张先生也对年会的诸多细节亲自过问，详细谋划，大至会议规模、经费筹措，小到住宿安排、会议资料、特邀专家名单，乃至请柬的发送时间，等等。

数月间信函不断，甚至一天之间就连发两信 [1]，由此可见他不辞辛劳，躬亲会务之一斑。张先生服务学会的奉献精神，倡导了关心会务、争为学会作贡献的优良会风。

其三，团结会员，提携才俊。张先生十分强调学会的团结，在筹备成立学会和后来学会理事会的换届改选时，对于领导机构人员的安排问题，总是注意照顾各方面的情况，从团结的目的出发，做出妥善解决。在学会活动中，他注意广泛联系会员，听取各方面意见。他热爱青年，平易近人，对青年会员在学术上取得的成就，总是热情鼓励，促其上进。学会中有会员完成新作，请他审阅、题辞时，他也常常不辞辛苦，牺牲休息时间对会员的学术成果进行指导和推荐，为提携才俊尽心尽力。张先生以他的学术声望和人格魅力，凝聚学会的人心，营造了全会上下互相关爱、互相支持、其乐融融的风气。

中国历史文献研究会自张先生等前辈学者创建至今，已过而立之年。30余年来，学会由小到大，不断

---

[1] 张舜徽:《致修良同志函》,《中国历史文献研究会成立 30 周年纪念集》, 华中师范大学出版社 2009 年版, 第 43—46 页。

发展，已成为一个组织健全、运转有序、声誉远播的重要学术团体，成为国内外历史文献学专业人员的精神家园。可以相信，中国历史文献研究会将继承和发扬张舜徽先生的学术精神，与时俱进，发展成为国内外具有一流学术影响力的学术团体，而张先生创建学会、推动文献学学科建设的功绩，亦将永载史册，令人敬仰。

（原载《历史教学》2011 年第 5 期）

饶宗颐先生对潮汕历史文献的
发掘与研究

　　20 世纪中叶，随着世界性新史学浪潮的兴起，人们逐渐意识到地域性史学研究有助于了解总体史的多层次、丰富性和差异性。法国年鉴学派的四代学者从50 年代开始，便接续地开展了地域史的研究；70 年代之后，美国的中国史研究者也逐步地用以中国区域与地方史研究为特征的"中国中心观"来取代传统的"冲击—反应"模式，探讨中国近代史的社会结构和经济变迁；80 年代以来，中国内地的区域史研究成果也如雨后春笋般出现。然而，香港中文大学教授饶宗颐先生则早在 20 世纪 30 年代就"预流"了这种历史研究方法的转移和变革，着人先鞭地开展了潮汕地方史的研究和文献积累。1993 年，饶先生在自己已有充分积累和研究的基础上，又郑重而明确地向海内外学术界提出了要全面开展"潮州学"研究的倡议，这是从学科建设的高度，为推进潮汕历史文化研究向着更高的理性化、规范化发展的一个里程碑式的贡献。

在海内外潮汕文化圈中，古往今来，大力发掘、传布和弘扬我潮历史文化，并取得卓越成就者，饶宗颐先生当属第一人。潮汕历史文化的研究，端赖史料与文献的积累。饶先生对潮学的建树良多，其中非常重要的一个方面，就是他多年来不知疲倦地开展对于乡邦文献的发掘、整理、研究和传播，从而嘉惠后学，为潮学研究的不断推进和发展，奠定了坚实的基础。千秋功业，值得我们深入地研究和评说。

一、网罗乡邦文献，为潮学研究奠基

子曰："夏礼吾能言之，杞不足征也。殷礼吾能言之,宋不足征也。文献不足故也,足,则吾能征之矣。" [1]中国史学历来有重视史料、以文献为依据开展史学研

---

[1] 《论语·八佾》，中华书局 1980 年版。

究的传统。饶宗颐先生发扬中国史学的优良传统，在潮学研究中以广征文献、博采群言为前提，而后自成一家，传诸不朽。他网罗文献，为潮学研究奠基的第一项工作，就是继承其先君的遗志，完成了地方目录专著《潮州艺文志》。

现存 14 卷的《潮州艺文志》是 20 世纪最有代表性的地方目录。地方目录通常有两种方式，一种是包含在方志中的艺文，一种是单独成书的地方目录专著，前者往往由于篇幅和撰者的见识所限，体例混乱而记载简单。在《潮州艺文志》之前，潮州方志虽曾有艺文之例，但明代方志记载漏略，清代方志则删削书目，仅载文章，均不足以见潮州文献之梗概。《潮州艺文志》以体例精审的地方目录专著的形式，综汇乡邦文献，考镜学术源流，故能"功在艺林"，令时人"叹为盛举"[1]。《潮州艺文志》之始，饶锷老先生全仿孙诒让《温州经籍志》体例，但经饶宗颐先生校补完稿后，义例有所更张，较之旧稿更为严密和完善。从目录学角度而言，《潮州艺文志》丰富发展了书目的著录

---

[1]　黄仲琴:《潮州艺文志序》，见《潮州艺文志》卷首，上海古籍出版社 1994 年版。

体例和分类方法，在继承孙氏《温州经籍志》体例的基础上，又有创新和突破。首先，孙书在著录体例上，仅有存、亡、未见三项，而没有残缺情况的记载，可见其所收典籍并未一一经眼，故不明卷帙全残，尚欠精审。饶书的著录则不仅完全具备存、佚、阙、未见四项，而且各项著录皆有材料佐证，以为依据。其言"佚"，则必注明前书著录亡佚的出处，如"盛端明《潮州府志》四卷"条下标"佚"，注："道光《广东通志·艺文略三》。"[1] 乃说明阮元主编的《广东通志》中已记盛志亡佚。其言"存"，则必举所见刻本，以证目验，如"薛侃《图书质疑》一卷"条下标"存"，则注有明万历重刻本和《薛中离先生遗书》本两种刻本[2]。《潮州艺文志》对典籍存亡的著录和引证，不仅达到目录学的"考镜源流"目的，而且符合了"言必有据"的信史要求。此外，在典籍的分类上，饶书也一改孙书墨守成规的做法，分类虽基本以"四库法"为准，但却根据地方图书的实际情况予以变通。删除了地方上无书的类目，

---

[1] 饶宗颐：《潮州艺文志》卷五，史部·地理类，上海古籍出版社 1994 年版。

[2] 饶宗颐：《潮州艺文志》卷一，经部·易类，上海古籍出版社 1994 年版。

如史部的"诏令"、子部的"谱录"、集部的"楚辞"等；而对地方先贤保存的重要的公文案牍类文献，则在史部增设"公牍"予以著录。《潮州艺文志》的改进和创新，提高了地方目录的学术价值，在中国目录学史上具有重要的意义。

然而，这里要特别申论的是《潮州艺文志》在记录潮汕典籍、历史人物、学术文化成就方面的重要价值。首先，它是第一部全面记载潮汕自唐代到民国年间文化成就的典籍总目。据粗略统计，书中著录的典籍有1002种，各部类收录的具体数目可见下表：

经部：易类21，书类15，诗类8，礼类19，春秋类6，孝经类2，五经总义类8，四书类32，小学类13。共计124种。

史部：正史类1，编年类4，纪事本末类2，别史类7，杂史类3，奏议类14，公牍类4，传记类5，时令类1，地理类71，职官类1，政书类4，目录类1，史评类3。共计121种。

子部：儒家类39，兵家类12，法家类5，农家类2，医家类9，天文算法类2，术数类8，艺术类17，杂家类34，类书类10，小说类4，释家类10，道家类

10。共计 162 种。

集部：别集类 520，总集类 45，词曲类 21，诗文评类 9。共计 595 种。

《潮州艺文志》以"纪百代之有无，广古今而无遗"[1] 的会通精神，综汇了潮汕各类存亡典籍。它详记存书，通过著录存书的版本反映出我潮现存典籍的流传范围，其涉及的版本类型极多，以子部·儒家类所存 9 部典籍为例，著录的版本类型就有 10 种之多，其中有明刻、清刻、今刻、写本，以及海外的日本刻本。它不仅详记存书，还广泛参考古今公私书目、各种史传方志，记载了大批亡佚图书，为今人了解我潮古今著述的总体面貌，并追寻亡佚图书提供了宝贵的线索。《潮州艺文志》是记载潮汕自唐以来千余年文化遗产的资料宝库，"足为考索潮汕人文演进轨迹之取资"[2]。

其次，它是一部潮汕先贤传记资料的总汇。孟子曰："颂其诗，读其书，不知其人，可乎？"[3]《潮州艺

[1] 郑樵：《通志·校雠略》，王树民点校《通志二十略》，中华书局 1995 年版。

[2] 饶宗颐：《重印潮州艺文志序》，见《潮州艺文志》卷首，上海古籍出版社 1994 年版。

[3] 《孟子·万章下》，中华书局 1960 年版。

文志》在记载典籍时，为能知人论世，广泛采摭史传、方志、族谱、文集、序跋、笔记，甚至诏谕、方外书等材料，用以介绍作者身世、行事、学术、思想和时代背景。如集部·别集类著录"林大钦《策对》二卷"，就分别采用了《林莆东先生全集》的两篇序、薛侃为林大钦作的传、《古今图书集成》和《海阳县志》等材料，详细记载了林大钦的生平、科考、文学和怀抱。当然，书中也并不因林大钦是状元而特为详载事迹，其他一般作者也大都附有传记材料，有的作者虽未附史料，也必交代其传记资料的线索。全书所收作者不下 800 人，每人都有传略材料或索引，因其人物众多，材料丰富，所收人物又与潮汕历史文化的发展密切相关，所以《潮州艺文志》实际上也起了潮汕耆旧传的作用。

最后，还可以说，《潮州艺文志》是一部潮汕学术、文化的简史。它以辑录的手法，汇集前人对潮汕古代各类典籍的评价和分析，或介绍内容梗概，或考镜学术源流，或条列师门流派，或评骘价值高低；再以按语的形式，拾遗补缺、考订谬误。看辑录内容和按语，具体而言，可了解每部典籍的学术价值；综合而言，可考察唐以后潮汕各门学术的成就。从宏观的角度来看，《潮州艺文志》也能反映出潮汕文化史的一些特点。比如，书中著录的明清典籍占绝大多数[1]，这除了时代较近典籍保存较多的原因，主要还是由于明清两代潮汕文化得以充分的发展。又如，潮汕先贤的著述以经义、文学为多，集部典籍以 595 种为冠，经部合以子部儒家类典籍也有 163 种之多，总的看来，先贤属意在于"道德""文章"。

以上归纳数点，概见《潮州艺文志》乃潮汕文献之眉目、潮学研究之门户。《潮州艺文志》虽是潮汕著述之渊薮，但它收录仅为典籍，而在典籍之外还有许多散篇文献，以及金石、档案值得注意，因此饶先生又有关于山志、桥志、州志的编纂和对相关文献的网罗和整理。

1935 年，饶先生编辑《韩山志》。韩山在韩水之东，山不在高，然"昌黎之所游观，诚斋于焉题咏，元明以还，兴造日众"[2]，是潮州著名的人文景观。山

---

[1]　仅明清别集就有 451 种之多，几近半数。

[2]　饶宗颐：《韩山志自序》，见《固庵文录》，台北新文丰出版公司 1989 年版。

志之辑既为考证事迹，增美山川，同时又使"山岩文献，赖以有征"[1]。《韩山志》分正副两编，正编为地理、胜迹、建置、人物四类，副编分金石、文辞、撰著三类，则全为征集文献而设。遗憾的是，《韩山志》书稿今已沦失，仅存序例。《韩山志》编后翌年，先生又着手收集有关郡中金山的诗文轶事，后将所辑资料附入同郡黄仲琴先生的《金山志》中[2]。同年，先生又有《广济桥志》之作。潮州广济桥建于南宋乾道七年（1171），为世界上第一座启闭式桥梁，是国内罕见的世界名桥，而桥之有志，在当时也是罕见的。广济桥因其历史悠久，与潮汕历史文化息息相关，故先生特重其文献价值，在桥志中收入明清碑刻11通，诗文29篇，又引多种方志史料，勾勒大桥修建沿革；引笔记文集，附记掌故传闻。

　　1946年总纂的《潮州志》和1965年编辑的《潮州志汇编》，是饶先生对潮汕历史文献的总结性汇集和

---

[1]　饶宗颐：《韩山志自序》，见《固庵文录》，台北新文丰出版公司1989年版。

[2]　饶宗颐：《金山志序》，见《潮州丛著初编》，广州市立中山图书馆1938年版。

整理。饶纂《潮州志》之体例创新、内容宏富，已有他文详论[1]，此不赘述。此书"艺文"之属，先生在原《潮州艺文志》的基础上，补充了清人别集的内容；在"实业志"，则综合收录了商业、农业、工业等方面的文献资料；在"沿革志"，则附有当地政府关于抗日期间市县行政区分并沿革的档案；在"户口志""交通志""地质志"，则有利用大量文献编制而成的图表。饶纂《潮州志》充分收集、整理和利用了近代潮汕的历史文献，这是它在文献综汇上的重要特点。1965年，饶先生又将世人未曾寓目的元《三阳志》、明嘉靖间郭春震所撰《潮州府志》两部稀世方志，以及清顺治吴颖志和他自己总纂的民国《潮州志》汇为一帙，总称《潮州志汇编》出版。此举超迈前贤，打破了潮人长期仅见清代方志的局限，汇编集古今潮志之大成，合元、明、清、民国数代有代表性的方志为一编，使潮汕历史文献得以上下贯通，灿然赅备，从而为潮学的深入研究和推进，奠定了坚实的基础。

---

[1] 可参见卢山红《饶本〈潮州志〉的编撰方法、旨趣和成就》，《汕头大学学报》1990年第3期。

二、不断拓展乡邦文献的收集和研究范围

王国维曾说:"古来新学问起,大都由于新发见。有孔子壁中书出,而后有汉以来古文家之学……晋时汲冢竹简出土后……同时杜元凯注《左传》,稍后郭璞注《山海经》,已用其说。"[1] 他的话道出了 20 世纪初学者们对于开拓史料范围、深化史学研究的识见。众所周知,在不断发掘新材料、开辟史学研究新领域方面,饶宗颐先生早已超越前贤,他研究甲骨、竹木简、帛书、敦煌经卷、金石碑刻、佛道经藏、外国旧典等诸多史料的成果,已在国际范围内赢得崇高的声誉。然而,在众多重大的国际课题研究之间,饶先生仍时时不忘挤出时间来关心乡邦文化的建设,他以国际汉学大师的开阔视野,不断拓展乡邦历史文献的收集和研究范围,为后学作出了典范。

首先,他冲破传统的经史子集四部文献的局限,大大拓宽了文献的研究范围,开掘的领域涉及金石、

---

[1] 王国维:《最近二三十年中国新发见之学问》,载《王国维遗书》第五册《静庵文集续编》,上海古籍书店 1983 年版,第 65 页。

戏曲、方外书和先贤图像等史料。在金石材料方面，饶先生很注意对金石的搜访和利用，以补潮汕方志著录之缺。他收录的潮州马公墓前《平潮寇碑》、郝尚久立溪东关圣帝庙碑，皆方志所未载。他充分利用这些宝贵的材料进行研究，如以前碑结合其他史料，驳《明史·外国传》记张琏逃三佛齐之误[1]；以后碑补府志记事、记人之缺[2]。在他编著的《韩山志》《广济桥志》中，也收集了大批金石碑刻，并以此考订了韩山史事和广济桥的修建沿革。先生在《韩山志序》中记述他为采集山岩金石文献，"访遗老，搜残碣于废宇，揽奇迹于穷谷"，颇费功夫，可惜此书已佚。《广济桥志》也收存了许多碑文，其中如明崇祯十一年陈先资所立《修建广济桥碑记》、清康熙六年杨钟岳等人所立《重建宁波寺碑》、清道光三十年黄钊所立《重修宁波寺碑》，这些碑文记载了修桥建寺的史事和沿革，记载了当时预事官员的姓名和职衔，皆为考史之资，所录碑石后

---

[1] 饶宗颐：《论〈明史·外国传〉记张琏逃往三佛齐之讹》，见《选堂集林（史林）》，香港中华书局1982年版。

[2] 饶宗颐：《郝尚久〈潮州溪东关圣帝庙碑记〉跋》，见《大光报·方志周刊》，汕头1948年。

来或损或亡 [1]，其碑文则全靠桥志保留了下来。

在旧的四部文献系统中，戏曲剧文历来被认为是"淫词俗调"而不登大雅之堂，饶先生却十分注意戏曲资料在研究潮汕文化史中的作用。对潮汕 1958 年在揭阳出土的明嘉靖间手抄本《琵琶记》、1975 年在潮安出土的明宣德间手写本《刘希必金钗记》，以及当时在国外发现的三种明刻潮剧剧本，他非常重视，认为这是"为元明戏曲史的研究提供了无上的可靠第一手资料"，"说明了潮剧源远流长的历史" [2]，并主动联系香港潮州商会资助出版了这五种戏文。他不仅大力促成这批重要戏文的传布，而且率先开展对这些珍贵文献的研究。首先，饶先生探究了在国外发现的三种戏文的版本情况，指出其中藏于日本天理大学的明嘉靖刻本《荔镜记》，又有相同刊本藏于英国牛津大学，二本可互相填补蛀损之处。其次，通过对几种戏文内容的考证，说明潮州戏出自宋代南戏，渊源甚早，而早

---

[1]　见饶宗颐《〈广济桥史料汇编〉序言》，《广济桥史料汇编》，香港新城文化服务有限公司 1993 年版。

[2]　饶宗颐：《〈明本潮州戏文五种〉说略》，见《明本潮州戏文五种》，广东人民出版社 1985 年版。

在明代潮汕也已有将地方故事编写成戏文的实例。再次，饶先生从宣德本《刘希必金钗记》中的"啰哩嗹"助声，联系到宋金词曲的助声、福建莆仙戏"哩啰嗹"的咒文，认为这些都与唐代敦煌经卷《悉昙章》中用梵语四流音（RRLL）作和声有关。最后，他指出宣德本《刘希必金钗记》剧名中的"正字"即"正音"之意，就是用潮州话的读书正音而不用土音来念词演唱，从而纠正了不少学者以为"正字"就是用官话即中州音韵来念唱的错误[1]。饶先生不仅注重潮剧戏文珍本，也珍视各种潮剧文献，并善于从中发掘乡邦文化的重要材料。他为法国学者施博尔博士所藏抄本《刘龙图》作跋，抄本别字累累，但先生独具慧眼，认为此"皆字书所无者，不特可推究方音，且保存'方文'（此为 lock script，与方言实同样重要），可为俗字谱添入不少资料，言小学者不应以其鄙俚而轻视之也"。他披沙拣金、俗中见宝，并以此忠告乡人，切不可轻视戏曲文献的价值，"漠然以为不足以珍爱"而"自弃旧家

---

[1] 饶宗颐：《〈明本潮州戏文五种〉说略》，见《明本潮州戏文五种》，广东人民出版社 1985 年版。

乔木"[1]。

在国际汉学广阔的舞台上，饶先生是宗教史研究领域的权威，因而他在开发和利用方外史料进行潮学研究时，自然也是独擅胜场、游刃有余的，这已经可以从《潮州艺文志》子部释道类典籍的考证及《〈潮州开元寺志〉序》等论著中得见。而先生对方外书《布水台集》的发现和对释道忞的再评价，则是他在开发方外史料进行地方史研究的一个典型事例。释道忞是我潮继唐代大颠之后的著名禅师，史学家陈垣先生曾在他的《明季滇黔佛教考》《汤若望与木陈忞》和《清初僧诤记》等著名论著中，论及释道忞。陈先生根据释道忞的《北游集》及其他佛教史料，批评木陈忞晚节不保，乃信而有征。然释道忞作为明末清初禅宗的重要人物，在明清鼎革之际，自也有其人生轨迹发展变化的过程。饶先生从《嘉兴藏》中发现了释道忞的诗文集《布水台集》，结合先生早年抄录的道忞自著《山翁忞禅师随年自谱》，对道忞进行了较为全面的研究。一方面，考察了《布水台集》的内容、编辑和流传，

---

[1] 饶宗颐：《钞本〈刘龙图戏文〉跋》，见《饶宗颐史学论著选》，上海古籍出版社 1993 年版。

指出集中对于清廷的"违碍、感愤之作不可胜数"，是可"供治晚明清初史事者参考"的重要史料；另一方面，先生从《布水台集》中《与介子黄居士》三信及《挽介子黄居士》诗、序看到道忞对抗清殉节义士黄介子的敬慕之情；从《新蒲陆序》看到道忞对崇祯皇帝的赞颂及对亡明黍离之情的抒发；指出释道忞在顺治末年未出山之前，其实是颇有复明思想的血性中人。此外，饶先生还高度评价了释道忞的书法成就[1]。至此，通过对《布水台集》这部方外书的发现，饶先生不仅为我们提供了一部研究明清史、禅宗史的重要文献，还展现了一个既曾有故国情思又于晚节不保的潮籍禅师的完整形象，这当是潮汕文化史中不可或缺的重要一页。

中国古代的人物画像历史悠久、寓意深远。《孔子家语》卷三曰："孔子观乎明堂，睹四门墉，有尧舜与桀纣之像，而各有善恶之状，兴废之诫焉。"这是对古代最早人物画像及其作用的记载。三国曹植在《画赞序》中也说："观画者，见三皇五帝，莫不仰戴；见三季暴主，莫不悲惋；见篡臣贼嗣，莫不切齿；见高

---

[1] 见饶宗颐《清初僧道忞及其〈布水台集〉》，《饶宗颐潮汕地方史论集》，汕头大学出版社1996年版。

节妙士，莫不忘食；见忠节死难，莫不抗首；见忠臣孝子，莫不叹息；见淫夫妒妇，莫不侧目；见令妃顺后，莫不嘉贵。是知存乎鉴者，图画也。"以上论述，都说明图画历史人物，能达到形神交接、扬善诫恶的历史教育意义，这种特殊效果是文字文献所不易实现的。在古代人物画中，自然又以仰慕前哲、图画圣人先贤为多。饶先生出于追思潮州先贤的爱乡之心，早就着意搜集乡先贤的图像资料，无奈日寇兴兵，先生所得乡贤遗像二十余帧尽佚于战乱。直到抗战结束后，他才得到实现夙愿的机会。经汕头民教馆吴长坡馆长动议，搜集选择了自唐朝大颠禅师至清末曾习经等30位乡先贤的图像。先生"溽暑键户，斟酌群书，汰繁正讹"，为各图系传，撰成《潮州先贤像传》。此书刊行的意义，正如先生所云："俾吾州前代巨人长德，于此一帙中，得以朝夕亲炙；申仰止之诚，偿尚友之志，启爱乡之心，长思齐之念，随在皆足发人深省。"[1]

在不断开拓乡邦文献研究范围的同时，饶先生还特别注意搜寻久已失传或罕见的潮汕文献，用以丰富

---

[1] 饶宗颐：《潮州先贤像传序》，见《大光报·方志周刊》第43期，汕头1948年。

潮汕文化遗产的宝库。在这些富有意义的"寻宝"工作中，饶先生尤为注意对我潮古地志的系统收集和整理，前已述及的《潮州志汇编》里就有两项这方面的重要成果。一是辑于《永乐大典》中的元《三阳志》。潮有方志由来已久，然多湮没失传，至清康熙二十二年林杭学修《潮州府志》时，因未见古志，竟说："考潮州志修于明弘治中郡丞车份。"[1] 近世方志学家张国淦（1876—1959）曾有《永乐大典方志辑本》，据大典"湖""门""堂""仓""梦"等字号，辑《三阳志》仅11条，所得甚少。饶先生则在日本从大典"潮"字号残本中辑元《三阳志》近二百条，恢复了元修潮州志的大部分内容。元《三阳志》为据今所知现存最早的潮汕方志，潮汕宋元间的建置沿革、户口田赋、学校书籍、题咏碑刻以及遗闻轶事，多为此志保存。实赖饶先生的发现，方使我辈眼福，迈胜清贤，抑何幸也。《潮州志汇编》中第二部重要方志是明嘉靖二十四年郭春震的《潮州府志》八卷。明修潮志到清初时已不多见，清顺治十八年吴颖修志还能利用郭书，至道光

---

[1] 《潮州府志》凡例，清康熙本。

二年阮元修《广东通志》时，则云郭春震嘉靖志已佚。然此书实未真亡，天壤孤本飘零海外。1964年，饶先生继于台湾得见郭书残卷一册后，又于日本东京内阁文库中访得全帙，并予复印刊行，广为传播。

在1993年的第一届国际潮学研讨会和此后的第二届研讨会上，饶先生又先后提供了两部潮学的重要文献。其中一部是1991年他托人从日本东京影印得来的明万历年间郭子章所撰《潮中杂纪》十二卷。子章乃郭春震之侄，后春震四十余年知潮州府，他本有意续修府志，然终未逮，只好捃拾旧闻撰成《潮中杂纪》。此书虽不明言为州志，却多循州志体例，如卷一"象纬解"乃星纪分野，"沿革考"乃建置沿革，"国朝文武官沿革"乃职官；卷三记寺庙祈祷；卷四记古迹；卷七卷八直标为"艺文志"；卷十二为"物产志"；书中除有"平寇考"两卷作为大事记外，其收录的许多官府文移，也可看作郡中大事的记载。清初吴颖作顺治府志时曾抄录了郭书不少内容，因而《潮中杂纪》实乃方志之属，是自明嘉靖志到清顺治志之间不可或缺的重要史料。饶先生曾作《〈潮中杂纪〉序》[1]对其重要价值给予详尽的阐述。在 1997 年的第二届国际潮学研讨会上，饶先生又从北京的国家图书馆找到林杭学主修的康熙《潮州府志》，并撰《记康熙林杭学修志〈潮州府志〉》，将其提供给大会。

至此，先生已为潮汕历史研究奉献了 4 部古旧方志，这些重大的文献发掘，在潮汕文化研究史上、在中国方志史上都是划时代的贡献。尤其是上述提到的 4 部方志史料中，竟有 3 部是求之于海外异邦的。这种宝贵的机缘自然有因先生在国际学术界的崇高声望和影响，但更在于先生对家乡文献的了然见识和执著追求。正由于他孜孜不倦的努力，才能一而再、再而三地寻获异书秘籍，使稀世宝典，回归乡梓，其苦心追索之旨已超越前贤"求书八法"[2]，传为士林佳话。

---

[1] 见《潮中杂纪》卷首，香港潮州商会 1993 年印行。

[2] 南宋郑樵在《通志·校雠略》提出"求书八法"，有所谓即类以求、因家以求、因地以求、因人以求，等等，岂能料千百年后，一郡之志竟能数数求之于海外异邦。

三、文献考辨：为潮学开路，供后学取法

史学之功，不仅在于广泛发掘利用史料，还在于考辨史料，还史实本来面目。清代乾嘉学者钱大昕特重文献考辨，他说："夫史非一家之书，实千载之书，祛其疑，乃能坚其信；指其瑕，益以见其美。拾遗规过，匪为龃龉前人，实以开导后学。"[1] 饶先生也一贯重视从文献到史事的考辨，他吸取近代以来的科学成果和方法，考证的范围和成就皆已大大超过前人而不胜枚举。这里仅简要列举先生考辨潮汕文献、嘉惠后人的几个方面。

第一，通过目录学、版本学钩沉索隐、补正前说。研究文献，离不开目录、版本之学，目录明可以辨章学术，版本明则知授受源流。饶先生娴熟地运用这两门专学，阐幽表微，发人所未发，揭示我潮文献的各种情况，以为后学所用。比如，先生就曾有过专文，以《全唐文》中的赵德《昌黎文录·自序》，以及宋方

---

[1] 钱大昕：《廿二史考异自序》，见陈文和主编《嘉定钱大昕全集（增订本）》第2册，凤凰出版社2016年版，第3页。

崧卿《韩集举正》序称取赵德《昌黎文录》校订，宋人刘昉序称北宋末其父参用赵德《文录》旧本以刊韩集等事，揭橥赵德首编韩集之功。赵德编韩文于韩愈生前，而李汉编于韩愈殁后，然世人只知韩文编集始于李汉，实乃可憾。先生在文中指正了晁公武、陈振孙二家书目及《宋史艺文志》《文献通考经籍考》均未著录赵德所编《昌黎文录》的失误，还赵德在文献学史中应有的地位[1]。

先生还常常在《潮州艺文志》中分析文献的版本类型，以说明不同版本间的差异。如在经部易类的"薛侃《图书质疑》"下，说明此书明万历本一卷，而民国遗书本则厘为三卷；子部儒家类的"薛侃《研几录》"下，说明此书所录薛氏讲学内容295条，明万历本和民国遗书本虽条数相同，但各有4条内容完全不同；以及不同版本在卷数或内容上的差异。在史部传记类的"唐伯元《二程年谱》"下，标出此书明刻本附于《二程类语》之后，而《四库总目》所著录者乃清初重刊之单行本，这是交代两种版本间合刊与单行的不同。在

---

[1] 饶宗颐：《赵德及其〈昌黎文录〉》，见《东方杂志》42卷12号，1946年。

子部医家类的"刘昉《幼幼新书》"下，则特别注明，现传虽为明刻，但清代黄丕烈仍收过宋本原刻，故天壤间或仍有异书可求。

在运用版本目录学钩稽文献的同时，先生还特别注意补正旧书目的阙误。如《潮州艺文志》在史部地理类就指出，明嘉靖周用的《饶平县志》"旧书目及阮《通志·艺文略》均不著录，今补入"。子部释道类也在按语中点明清代释德薪的《义安弘释录》乃"《海阳县志·艺文略》不载，今补入"。除有大量补录外，他还对其他书目或方志的一些错误记载进行辨正。如辨作者：阮元《广东通志·艺文略》著录康熙《潮州府志》曰："国朝林杭学修、杨钟岳辑。"先生指出，此志王岱序已记志由陈衍虞、林隽胄撰稿，杨钟岳仅为校订；杨钟岳在此志序中也明言自己"叨越敦请，辞不获命"；再从陈衍虞《郡乘代言》一书看，内容也多与志书有关，故撰稿应出自陈氏之手[1]。《潮州艺文志》中辨正作者的内容很多，比如经部四书类辨薛侃《鲁论真谛》确为薛氏自撰，非《广东通志·艺文略》所题"薛

---

[1]　饶宗颐：《潮州艺文志》卷六，史部·地理类，上海古籍出版社1994年版。

侃、叶萼同撰"。史部地理类辨弘治《潮阳县志》乃刘寅、戴炯二人所修，《千顷堂书目》和《广东通志·艺文略》题王銮编修则误。史部地理类还指出，乾隆《揭阳县志》称康熙县志为邑令郑濂纂辑，于事实不符，按郑濂序文所记，应是佘伟明、罗岂藏二人纂辑。除辨作者外，其他问题亦予辨明。如经部诗类就指出，清人吴兰的《诗经颐谈》被乾隆《潮州府志》误记作《诗经颇谈》，这是辨书名；子部医家类又指出，刘昉的《幼幼新书》四十卷，明《国史经籍志》和《绛云楼书目》都误记为五十卷，此乃辨卷数。以上种种，足证饶先生的目录、版本之学在文献考辨中去芜求真的重大作用。

第二，以精湛的校勘考订，拾遗补缺，辨伪去讹。先生在校勘考订潮汕历史文献中，是正他人缺误甚多，这里略引数例予以说明。一是校订文献，以明地理。潮州有韩山，又名东山；金山，又名金城山，地志常将几个山名混淆。如吴颖顺治《潮州府志》卷八曰："潮阳县东三里曰东山……唐昌黎、宋文山尝游其地。"校嘉庆《潮阳县志》卷二曰："东山在龙首山东三里，高百丈，绵亘六十里，接连莲花峰。"先生指出："考韩山亦名东山，与潮阳东山名同，而地复相近，而地志载述东山者，辄以相混。"又，光绪《海阳县志·金石略》称："《舆地纪胜》别载金山亦称'韩山'。""金山之称韩山，必以韩祠得名。"先生校《舆地纪胜》，实无是言。于是指出，县志所举殊误，臆测金山以韩祠而名韩山，尤为无稽。"韩山在城东，金山在城北，迥不相及，绝无名称互用之理。"[1] 二是校订文献，以明沿革。潮州韩祠凡五迁，又有韩山祠、城南祠二处，沿革变迁繁复，地志所记或语焉不详，或谬误相沿。饶先生以郭子章《韩公二祠沿革》为主，参以其他碑记史乘，校订了方志的失误。如顺治、康熙、乾隆《潮州府志》及雍正《海阳县志》皆云，宋咸平中陈尧佐始辟韩祠在河东韩山；光绪《海阳县志·建置略》则云咸平中陈尧佐建于金山；先生引元《三阳志》，说明陈尧佐始建韩祠皆不在韩山、金山，而在潮州府官署正室之东；"咸平中"语焉不详，应为咸平二年。此后韩祠又有四次变迁，先生皆一一考明，订正了府县方志的讹

---

[1]　饶宗颐:《韩山名称辨异》,《禹贡》半月刊, 6 卷 11 期, 1936 年。

误[1]。另外，先生又曾辨韩祠内《白鹦鹉赋》书法之伪，以为"《白鹦鹉赋》亦署退之，惟字体近米襄阳，非唐人书，以曹娥题字正之，更形不类"[2]。三是校订文献，以明人物。先生广搜金石，故对于考订志书大有裨益。如他所收清初郝尚久关帝庙碑，则为地志失收，于是以此补顺治府志"兵事"、乾隆府志"征抚"有关史事；碑末署"古汴"则补方志所缺郝尚久籍贯；人名尚久，则可改方志"尚文"之误[3]。

第三，以史源学方法追寻潮汕方志源流，正本清源，祛疑解纷。饶先生说："作为文献学者，对于史源认识须掌握确切材料，方不至于误解而导致不确之判断。地方史足为国史之辅车，由于记载较为翔实，又富有亲切感，大有助于史学，自未容忽视。"[4]为了彻底厘清潮汕方志的源流线索，扫除纷纭歧说，饶先生

---

[1] 饶宗颐：《潮州韩文公祠沿革考》，《潮州丛著初编》，广州中山图书馆1938年版。

[2] 饶宗颐《赵德及其〈昌黎文录〉》，见《东方杂志》42卷12号，1946年。

[3] 饶宗颐：《郝尚久〈潮州溪东关圣帝庙碑记〉跋》，见《大光报·方志周刊》第95、96期，汕头1948年。

[4] 饶宗颐：《三阳志小考》，见《潮汕文化论丛初集》，广东高等教育出版社1991年版。

曾先后写了《广东潮州旧志考》《清以前潮志纂修始末》《三阳志小考》《〈潮州志汇编〉序》等一系列文章，专门探讨潮志的史源问题。其一，他纠正了林杭学康熙府志、周硕勋乾隆府志等以为明弘治"车份创修府志"的错误结论，指出在南宋淳熙以前，潮志就有《潮阳旧图经》流传，这可见于王象之《舆地纪胜》卷一百的引用和淳熙二年常袆的《潮阳图经序》所述。其二，先生指出已知作者、并有序言可考的最早潮志乃淳熙二年常袆序、王中行纂的《潮阳图经》；此后南宋嘉泰间的赵思岌、端平间的叶观等，又多次编修潮志。其三，说明元修潮志为《三阳志》，辨证有些学者将宋图经志与元《三阳志》混为一谈、将明初纂修的《三阳图志》误为宋元所修的错误。其四，指出《千顷堂书目》著录明永乐至嘉靖间的七种府志；阐明郭春震所纂嘉靖志八卷实存，而各种书目对此著录讹误颇多，如徐（火＋勃）《书目》谬称弘治间修，《明史·艺文志》将作者记为"郭春"，阮元《广东通志·艺文略》误卷数为十二卷，并以为此书已佚。其五，介绍了清代顺治、康熙、雍正、乾隆四种府志的情况，经过先生的一番梳理，潮志源流水落石出，各种歧说误解涣然冰释，这无疑为潮学研究的深入进行扫清了障碍，开通了道路。

钱大昕曾说："通儒之学，必自实事求是始。"[1] 通观饶宗颐先生的文献考辨之学，则自始至终贯穿着实事求是的精神，他以严谨的治学风格细心考索，从不夸大，也不缩小潮汕历史文献与历史文化的地位和价值。为了达到实事求是的目的，他不为贤者讳，也不为尊者讳，对于饶锷老先生的立说也敢于商榷或订正 [2]。这种不囿旧说，一切以求实求真为指归的精神，正是我们需要不断继承和发扬的优良学风；而饶先生运用目录、版本、辑佚、考据等专学考辨乡献的种种方式和途径，则已成为供后学取法的成功范例。

饶先生不仅是潮学的大师，而且是国学的大师，是国际性的学术大师。本文仅就饶先生对潮汕乡献的

---

[1] 钱大昕：《潜研堂文集》卷二十五《卢氏群书拾遗序》，见陈文和主编《嘉定钱大昕全集（增订本）》第 9 册，凤凰出版社 2016 年版，第 389 页。

[2] 可参见《潮州艺文志》经部·易类 "林巽《易范》" 条按语、"王大宝《周易解》" 条按语；书后附录《大颠禅师与心经注》，上海古籍出版社 1994 年版。

发掘和研究略表数端，挂一漏万，阙误之处幸祈师友垂教。

（原载《潮学研究》第10辑，花城出版社2002年版）